ELAS
NA
LIDERANÇA!

Coordenação Editorial
MÁRCIA RIZZI
PRISCILA GARCIA
ZULDENE CIPRIANO

ELAS NA LIDERANÇA!

© LITERARE BOOKS INTERNATIONAL LTDA, 2021.
Todos os direitos desta edição são reservados à Literare Books International Ltda.

PRESIDENTE
Mauricio Sita

VICE-PRESIDENTE
Alessandra Ksenhuck

DIRETORA EXECUTIVA
Julyana Rosa

DIRETORA DE PROJETOS
Gleide Santos

RELACIONAMENTO COM O CLIENTE
Claudia Pires

EDITOR
Enrico Giglio de Oliveira

ASSISTENTE EDITORIAL
Luis Gustavo da Silva Barboza

REVISORES
Samuri Prezzi e Sergio Ricardo do Nascimento

CAPA
Gabriel Uchima

DESIGNER EDITORIAL
Lucas Yamauchi

IMPRESSÃO
Gráfica Paym

Dados Internacionais de Catalogação na Publicação (CIP)
(eDOC BRASIL, Belo Horizonte/MG)

E37 Elas na liderança / Coordenadoras Márcia Rizzi, Priscila Garcia, Zuldene Cipriano. – São Paulo, SP: Literare Books International, 2021.
328 p. : il. ; 16 x 23 cm

Inclui bibliografia
ISBN 978-65-5922-246-9

1. Executivas. 2. Sucesso nos negócios. 3. Liderança. I. Rizzi, Márcia. II. Garcia, Priscila. III. Cipriano, Zuldene.

CDD 658.4

Elaborado por Maurício Amormino Júnior – CRB6/2422

LITERARE BOOKS INTERNATIONAL LTDA.
Rua Antônio Augusto Covello, 472
Vila Mariana — São Paulo, SP. CEP 01550-060
+55 11 2659-0968 | www.literarebooks.com.br
contato@literarebooks.com.br

SUMÁRIO

9   PREFÁCIO
Márcia Rizzi

11   ELAS NA LIDERANÇA
Márcia Rizzi

19   A TEORIA DOS UNICÓRNIOS: A CRIATIVIDADE E A LIBERDADE PARA SER FELIZ SENDO VOCÊ MESMA
Priscila Garcia

27   LIDERANÇA, CARREIRA, TROPEÇOS E APRENDIZAGEM
Zuldene Cipriano Guimarães Gomes

35   SUA CARREIRA NÃO ACABA QUANDO...
COMO AVANÇAR NA CARREIRA ENQUANTO SUA VIDA PESSOAL ACONTECE?
Aline de Aguiar Canuto

43   A INCRÍVEL JORNADA EMPRESARIAL DE UMA LÍDER DE SUCESSO
Aline Ruge

51   RELATOS DE MINHA EXPERIÊNCIA COMO LÍDER NO TERCEIRO SETOR
Ana Cláudia do Nascimento Ferreira

59   FLORAIS DE BACH PARA LÍDERES
Bianca de Morais Morello de Campos Russo

65   AUTOCONHECIMENTO: O CAMINHO PARA O SUCESSO NA LIDERANÇA!
Carla Valicek

71   PERSPECTIVAS SOBRE LIDERANÇA FEMININA EM SITUAÇÕES DE INSTABILIDADE
Carolina Nascimento Silva Aguiar

79   AS FASES DA VIDA E DA CARREIRA
Cassia Hiramoto

87	CULTURA DO SUCESSO **Christina Cassens**
97	LIDERANÇA JOVEM NO SERVIÇO PÚBLICO **Clarissa Leite A. Ribeiro**
105	LIDERANÇA ECO-LÓGICA: FOCO EM PESSOAS PARA GERAR RE$ULTADOS **Cláudia Barros**
117	AS QUATRO ESTAÇÕES DA LIDERANÇA **Claudia Gonzalez**
125	*CASE* SENADO FEDERAL: MENTORIA DE LIDERANÇA CORAJOSA E GENTIL **Cláudia Nogueira**
133	ELAS POR ELAS, ELAS POR ELES **Claudia Serrano**
141	LIDERANÇA PELA PERSPECTIVA ESPIRITUAL **Cristina Camargo**
149	DESCUBRA SUA MELHOR VERSÃO E ENCONTRE UM(A) LÍDER SAMURAI **Eliana Lopes da Silva**
155	LIDERANÇA FEMININA NO SERVIÇO PÚBLICO: DO CONTROLE À GENTILEZA **Glauciene Lara**
161	FRACASSO ENSINA MUITO MAIS QUE O SUCESSO **Ingrid Morbelli Kotvan**
167	A SAÚDE MENTAL POR MEIO DO AUTOCONHECIMENTO: UMA HISTÓRIA INSPIRADORA DE SUPERAÇÃO E CONEXÕES **Jackcely Gouveia**
175	POR UMA LIDERANÇA FEMININA MAIS PRESENTE **Janes Sandra Dinon Ortigara**
183	LIDERANÇA, AUTORRECONHECIMENTO E APRENDIZAGEM **Jessiene Laisse Soares Mourão**
189	ACULTULIDERANÇA: UM NOVO OLHAR PARA GESTÃO E ATINGIMENTO DE RESULTADOS ESTRATÉGICOS **Josiane Arantes**

197   SALÁRIO EMOCIONAL: UM CAMINHO PARA MOTIVAR PESSOAS NO SERVIÇO PÚBLICO
Juliana Borges

205   A HISTÓRIA DE UMA MENINA QUE SONHAVA EM MUDAR O MUNDO
Léia Grechi

211   A LIDERANÇA HUMANIZADA DA MULHER VIRTUOSA: APLIQUE OS PRINCÍPIOS DA LIDERANÇA DE JESUS PARA SER UMA LÍDER CADA VEZ MELHOR
Lindalva Lima Silva Reis

219   *STARTUP:* FLEXIBILIDADE, AGILIDADE E INOVAÇÃO PARA LIDERAR
Manuele Peglow

227   APRENDENDO LIDERANÇA COM OS ANIMAIS
Maria de Fatima Martins

233   NOVE MULHERES E UM *CASE* DE SUCESSO
Maria Vilela George e Márcia Tomiyama

241   CARREIRA E MATERNIDADE: SIM, É POSSÍVEL!
Mariana Terzoni

247   SUPERAR OS LIMITES DA PERFEIÇÃO
Marlize Brandão Ribeiro Cardoso

255   EM BUSCA DE UMA LIDERANÇA DISRUPTIVA E HUMANIZADA
Marta França

263   O PODER DA COMUNICAÇÃO PARA SER LÍDER DE SI MESMA: A MAGIA DA CONEXÃO
Nivia Maria Raymundo

271   ESCOLHER O SIGNIFICADO DE SER LÍDER
Pollyana Lima

277   LIDERANÇA COM JORNADA PARA A LUCIDEZ
Rejane Filadelfi Cabral

287   E NA MATERNIDADE APRENDI O SENTIDO EM SER LÍDER DA MINHA VIDA
Renata Maria Dias Andrade

293   O SEXO DO CÉREBRO: EXISTE UMA LIDERANÇA FEMININA DO PONTO DE VISTA NEURAL?
Solange de Castro

301   LIDERE SUA VIDA LITERALMENTE
Telma Mello

307   TRAJETÓRIAS DE UMA VIDA EMPREENDEDORA: HISTÓRIA DE DUAS
NUTRICIONISTAS QUE NÃO SE CONTENTAM COM O COMUM
Thágrid Rocha de Oliveira e Paula Moreira Rodrigues da Costa

315   AUTOLIDERANÇA PARA EMPREENDER: ESTRATÉGIAS PARA VOCÊ SAIR DA CLT E VIVER A LIBERDADE DE EMPREENDER
Thalita Lopes

321   COMPETÊNCIAS DE LIDERANÇA QUE PODEM LEVAR VOCÊ AO TOPO
Virgínia Lima Ribeiro

PREFÁCIO

Escolher entre se tornar uma líder bem-sucedida ou mãe e esposa tem levado muitas de nós à frustração frente às próprias expectativas.

O questionamento aqui é como ser a líder que se desenvolve continuamente, dá bons resultados na organização enquanto também se realiza como mãe e esposa. Desafio cada vez maior neste momento em que, conscientemente, buscamos realização na vida pessoal e na vida profissional, bem como participamos ativamente da composição da renda familiar.

Com base em minha experiência como líder em uma grande empresa nacional, estudante, esposa e mãe, a ideia de trabalhar com desenvolvimento de mulheres me encantava, permanecendo como sonho engavetado por alguns anos. Eis que o distanciamento social, provocado pela pandemia do covid-19, nos levou a permanecermos dentro de casa e zerou, a princípio, nossa agenda. Hora de desengavetar sonhos, planejar e realizar. Assim nasceu o Programa de Desenvolvimento de Líderes Elas na Liderança, que descrevo com mais detalhes no capítulo que abre este livro.

Transformando vidas, ao longo das turmas on-line já realizadas, nosso Programa empodera, mostra caminhos e sinaliza opções passíveis de conciliação, equilibrando necessidades e interesses. Nossas escolhas continuam desafiadoras, mostram-se possíveis, nos fortalecem, ampliam nosso nível de consciência e nos trazem bem-estar.

Nesse contexto, a ideia do nosso livro se materializou. Junto de Priscila Garcia e Zuldene Cipriano, convidadas a compor a coordenação desta obra conjunta, com a participação das mulheres que se dedicaram a cada capítulo, nossas coautoras, e com o apoio da Editora Literare Books International, apresentamos o livro *Elas na liderança*.

Desejamos a você, querido leitor, uma jornada enriquecedora na companhia de mulheres dispostas a viver e se realizar plenamente, mulheres essas que nos trazem seu testemunho de autenticidade, garra e coragem no exercício da gestão humanizada e no fortalecimento dos laços em família.

Boa leitura!

Márcia Rizzi

1

ELAS NA LIDERANÇA

Por que a tendência é que as mulheres sejam líderes boazinhas quando o esperado é que sejam boas líderes?
O Programa de Desenvolvimento de Líderes ELAS NA LIDERANÇA tem desafiado essa tendência ao garimpar as mulheres que reconhecem seu potencial, desejam se desenvolver, e vêm conosco para aprimorar a competência liderança. Sorrindo, dizemos que transformamos pedras brutas em diamantes, Líderes Diamante!

MÁRCIA RIZZI

Márcia Rizzi

Master Coach e mentora de líderes, com mais de 10 mil líderes desenvolvidos em treinamentos, *coaching* e mentoria nos últimos 20 anos.
Criadora do Programa de Desenvolvimento Pessoal e Profissional ELAS NA LIDERANÇA e do Líder Diamante Club no Telegram. Formada em Direito e Administração de Empresas, pós-graduada em gestão pública, gestão estratégica de pessoas e negócios e MBA em RH pela USP. Cursa pós-graduação em Psicologia Positiva e Neurociência Aplicada à Educação.

Contatos
Instagram: @marciarizzi

Mulher boazinha não chega ao topo!

Que afirmação ousada para um começo de capítulo, não é mesmo? Essa afirmação não é minha, mas de Sally Helgesen e Marshall Goldsmith, autores do livro "Como as mulheres chegam ao topo".

Segundo os autores, as mulheres têm mais tendência a desenvolver comportamentos que prejudicam chegar ao topo, e ser boazinha é um deles.

Mas o que quero dizer quando falo em ser uma líder boazinha?

Líderes boazinhas não são assim porque querem. Tenho mais de 40 anos na área de liderança, e 20 deles desenvolvendo líderes, como mentora de líderes.

Já vi os mais variados tipos de liderança, tanto de homens quanto de mulheres, e sempre aparecem queixas de líderes que se acham boazinhas demais ou são rotuladas como tal.

Esse não é o perfil que esperam de uma líder. Percebemos que qualquer líder, seja homem ou mulher, segue um modelo "masculino", conscientemente ou não.

É estereótipo, eu sei, mas quando você imagina que alguém está à frente liderando pessoas, você pensa em líderes que falam mais alto, são energizados, rápidos para decidir, pouco emotivos e mais racionais, falam o que pensam, cobram, chamam atenção, amam um desafio, agem com coragem. Não é assim?

E, então, esse perfil fica bem distante de como a mulher boazinha age. Lá em seu íntimo, ela sente que agir como o estereótipo acima é errado. Que demonstrar poder sobre os outros é errado e, por isso, até mesmo inconsciente evita agir assim, mas gostaria de poder liderar e ser respeitada, mantendo a sua própria essência.

Calma, Líder Boazinha, isso é possível e vamos chegar lá ainda neste capítulo.

Comportamentos de líderes boazinhas

Antes de tudo, se você já se identificou com esse perfil, preciso lhe falar que você não está sozinha. A maioria das líderes, no início, por falta de experiência ou por falta de desenvolvimento das competências necessárias para liderar, apresentam comportamentos que não condizem com a liderança.

As mulheres boazinhas sentem muita dificuldade para se apropriar do poder e das conquistas alcançadas. Em contrapartida, sentem facilidade para se apoderar de culpa, ressentimento e medo.

Nós, mulheres, já rompemos várias barreiras quando o assunto é liderança e percebemos que ainda há muitos desafios que são exclusivos da mulher. Começando pelo nosso comportamento. Somos educadas desde sempre para sermos meigas, femininas, simpáticas, aceitar mais e questionar menos. Quem nunca ouviu afirmações do tipo: "Esse comportamento é inadequado, ainda mais vindo de uma mulher"?

Por isso, na liderança precisamos nos autoafirmar. Isso é desgastante, ainda mais para a líder boazinha, porque tudo o que ela quer é um ambiente de harmonia, sem conflitos.

Será que você está agindo como uma líder boazinha? A seguir temos um exercício para reflexão. Reflita sobre o seu comportamento e marque X em SIM se você considera que tem esse hábito ou X em NÃO, caso você não o tenha.

Comportamentos/hábitos	Sim	Não
Cria um clima de amizade com todos os seus liderados e depois não sabe como cobrá-los ou corrigi-los.		
Quando precisa falar algo desagradável a um liderado, fica nervosa e adia esse momento o máximo possível.		
Seus superiores já chamaram sua atenção para ter "mais pulso firme".		
Não consegue dizer não e se sente culpada quando precisa dizer.		
Sobrecarrega-se de tarefas que poderiam ser delegadas para seus liderados.		
Foge de qualquer situação que possa virar conflito.		
Evita o *feedback* de correção, porque não quer chatear ou conflitar com um liderado.		
Acha que "mandar nos outros" não é algo de sua personalidade.		
Já pensou que liderança não é para você, porque todo líder tem que saber mandar e você não sabe.		
Percebe que seus liderados são acomodados ou indisciplinados.		
Sempre tem alguém querendo passar por cima da sua autoridade. Parece, às vezes, que o liderado é que é o líder e não você.		

Diferenças entre a líder boazinha e a boa líder

Chega a ser curioso quando abordo esse tema nas minhas redes sociais. Chovem comentários do tipo "preciso deixar de ser assim", "sou assim e não sei como mudar", "esse texto parece que foi escrito para mim". E, ao mesmo tempo, um ou outro comentário questiona o tema, perguntando como uma líder tem que agir, ser boazinha é errado, correto é ser uma líder arrogante, ruim, grosseira, que age humilhando os funcionários?

Quem me conhece sabe o quanto bato na tecla sobre humanizar as organizações a partir da liderança. Agir com extremos não inspira, não engaja a equipe e não leva a bons resultados. Nem boazinha e nem a "ruinzinha", há um meio termo, um equilíbrio.

Quando uma líder deixa de ser "boa" e passa a ser considerada "boazinha", sabemos que tem algo a melhorar nesse estilo de liderança.

Uma boa líder sabe dar *feedback*, tanto positivo quanto de correção, considerado, por muitas, o mais desafiador. Já a boazinha, foge de conflitos e por isso só elogia. O *feedback* que ela dá nem sempre é sincero, quer agradar, então enche seus liderados de elogios, mesmo que não seja isso que ela queira dizer. Feedback é ferramenta para desenvolver pessoas, e tem que ser usada da maneira correta: parabenizar quando há motivos e corrigir quando houver necessidade. Só assim as pessoas saberão que estão agindo certo ou errado.

A boa líder sabe inspirar, acolher e ser empática, sem precisar ser amiga de todos. A boazinha quer a todo custo manter a imagem de "amigona de todos", e essa relação tão próxima com seus liderados faz com que ela não consiga corrigir ou cobrar quando algo não sai como o esperado. Ela pensa que cobrar e corrigir são atitudes negativas, geram conflitos e clima desconfortável, por isso resiste tanto.

Quando se fala em engajamento da equipe, a boa líder tem liderados motivados, com vontade de mostrar resultados e que se desenvolvem continuamente. A boazinha não consegue ter os mesmos resultados, porque sua equipe se acomoda.

A mulher que age assim, boazinha, tem medo da rejeição, de não ser aceita. Viver a infância em ambiente que não a estimulou para se expressar e questionar ou a punia quando desagradava alguém pode tê-la levado a se sentir assim. A convivência com pessoas que a criticaram, julgaram e diminuíram suas conquistas, nada que ela fizesse estava bom o suficiente, pode ter moldado a adulta passiva de hoje.

"Não nasci para ser líder"

Liderar é sempre desafiador e, dependendo do setor, da empresa ou até mesmo da equipe em que estão, liderar pode levá-las para longe da zona de conforto.

Conflito é algo natural e tem que ser desmistificado como algo ruim. Para líderes, os conflitos servem de aprendizado e crescimento. Não existe família de comercial de margarina, e muito menos uma liderança assim.

Com tantos estereótipos em relação à liderança, seja em filmes, séries ou até mesmo no dia a dia, fica aquela impressão de que os líderes já nascem líderes, não é verdade?

Segundo a "lei do estereótipo", aqueles que preferem os bastidores nunca serão líderes. Já os que tomam a frente, organizam a turma, lançam tendências que são seguidas pelos amigos, nasceram para liderar. Isso é mito!

Uma líder pode, inclusive, ter nascido com uma personalidade introvertida e ser uma líder incrível, com resultados excelentes.

Respeite a sua personalidade, a sua essência, e desenvolva as competências e habilidades da liderança.

A introvertida, tímida, precisa desenvolver a comunicação, a autoconfiança por meio do autoconhecimento, inteligência emocional. E a extrovertida também precisa se desenvolver para saber dosar a extroversão.

Sim, eu também recebo SOS de líderes que são rotuladas de grosseiras e mandonas, elas também sofrem.

Como já disse, quando se trata de liderar, nada de extremos!

Ter autoridade não é ser autoritária

Sua equipe precisa vê-la como autoridade para respeitá-la. Entretanto, se você não souber conquistar essa autoridade, corre o sério risco de não conquistar também o respeito.

Você não precisa gritar, ser grossa ou dura em excesso com seus liderados. Respeito não se impõe, se conquista.

Agradar a todos

Esta fábula de Esopo exemplificará por que você não terá sucesso ao tentar agradar a todos.

Um senhor convidou seu neto para ir até a cidade vender seu burro. Foram a pé porque esse senhor acreditava que venderia melhor o burro se ele chegasse com aparência "descansada".

Algumas pessoas passaram e acharam um absurdo ter um burro e andar a pé. Então o senhor colocou o neto em cima do burro.

Passaram outras pessoas por perto e acharam um absurdo o menino não ceder o lugar no burro a um idoso. Então o senhor se sentou no burro e desceu o neto.

Mais adiante, outras pessoas criticaram o senhor porque a criança estava a pé e ele em cima do burro. Então o senhor pediu para o neto sentar-se no burro junto com ele.

Os dois seguiam viagem em cima do burro quando algumas pessoas acharam um absurdo duas pessoas em cima do burrinho. E disseram que senhor e o neto eram mais fortes que o animal e podiam carregar o burro. Então, os dois pegaram o burro no colo e continuaram.

Chegando na cidade, as pessoas diziam às gargalhadas: *"Vejam, os dois são o burro do burro."*

Imaginem o que os possíveis compradores devem ter pensado ao ver um burro sendo carregado, que o animal não era tão forte assim, porque senão teria aguentado os dois.

Sei que você sente necessidade de ser aceita e agradar, porém nunca conseguirá ser aceita e agradar a todas as pessoas ao seu redor. Desagradar faz parte da jornada da liderança. Lembre-se de Dante Alighieri: *"Siga o teu caminho, e deixe que as pessoas falem."*

Como deixar de ser líder boazinha?

Para deixar de agir como uma Líder Boazinha, busque se desenvolver começando pelo autoconhecimento, um dos pilares da Inteligência Emocional. Sentir-se confiante e segura é essencial para liderar, e isso você adquire se conhecendo. Identifique seus pontos fortes e pontos a melhorar, saiba o que fazer com suas emoções, autocontrole, valorize relacionamentos. Assim não dependerá tanto da aprovação dos outros, você já confia "no seu taco". E essa busca por desenvolvimento pode acontecer com respeito à sua essência e personalidade, liderar não é assumir um personagem de líder. Líderes que assumem personagens se distanciam da própria personalidade, não conseguem manter esse personagem a longo prazo e se sentem desconfortáveis exercendo a liderança.

Somos pedras brutas em constante lapidação

Nosso dia a dia como mentoras de líderes passa por identificar o potencial a ser desenvolvido em cada pessoa que vem em busca da nossa orientação. Tal qual um garimpeiro que recolhe em sua peneira cascalho, barro, pedregulho e consegue enxergar algo diferente entre aquilo tudo.

Imagine se o garimpeiro e o lapidador só olhassem o exterior de um diamante ainda no estágio de pedra bruta e afirmassem *"é pedra bruta e será assim para sempre!"* Imagine se eles não pensassem em processos para tornar aquela pedra bruta em pedra valiosa.

Todas nós, líderes, somos pedras brutas que necessitam de lapidação e, por meio de cursos, workshops, livros, eventos que participamos, aprendemos e nos aprimoramos para o exercício da liderança que seja exemplo e inspiração para cada liderado.

Assim, com essa ideia em mente: **Garimpo**, onde as pedras brutas são encontradas; **Lapidação**, fase em que surge o diamante; e **Polimento**, fase em que a luz nos torna pedras valiosas e disputadas no mercado, surgiu o Programa de Desenvolvimento de Líderes ELAS NA LIDERANÇA, que inspirou a reunião de mulheres neste livro para, juntas, abordarmos o tema liderança.

Em nosso Programa de Desenvolvimento de Líderes, ELAS NA LIDERANÇA, que aprimora tanto o aspecto pessoal quanto o profissional, já recebemos centenas de aspirantes a líder, bem como líderes experientes, em busca de aprimoramento. Nas versões on-line e presencial, já atraímos milhares de mulheres desejando se desenvolver. Passamos juntas em torno de 80 dias entre a seleção, o curso em si e a mentoria garimpo, lapidação e polimento das **Líderes Diamante**, como carinhosa e respeitosamente chamamos essas que chegam para ser alunas e, ao longo da jornada de desenvolvimento, se tornam queridas amigas. Nossas Líderes Diamante vêm do país todo e algumas do exterior. O on-line facilita nossos encontros e dia após dia a transformação acontece passando a ser perceptível para aqueles que convivem com nossas alunas. Assim, os depoimentos espontâneos se multiplicam, atestando que nossa metodologia as transforma. É realizador sentir que, fazendo o que tanto me identifico e amo, posso contribuir no despertar e no empoderamento de mulheres que já não acreditavam em si como líderes.

Queridas **Líderes Diamante**, gratidão pela confiança!

2

A TEORIA DOS UNICÓRNIOS
A CRIATIVIDADE E A LIBERDADE PARA SER FELIZ SENDO VOCÊ MESMA

Já que estamos falando entre mulheres, dedico este capítulo às mulheres da minha vida. A primeira: minha mãe, Dalva Edvirgem Garcia (*in memoriam*), a mulher mais incrível que já conheci. E também à minha irmã, Patrícia Rodrigues Garcia, que tem sido um espelho e um grande suporte desde sempre. Ambas foram essenciais para eu acreditar que ser um unicórnio era bom em um mundo que nem sempre me aceitou.

PRISCILA GARCIA

Priscila Garcia

Pisciana de ascendente em gêmeos, Priscila é curiosa, apaixonada por criatividade e tem sede de conhecimento. Considera-se uma pessoa introvertida, mas com algumas características dos extrovertidos. Herdou o bom humor do pai e o lado boa ouvinte e conselheira da mãe. Tem formação em técnico em Administração e Marketing pela Universidade Paranaense e atualmente faz pós-graduação em Docência do Ensino Superior, Games e Gamificação na educação. Já foi locutora de rádio, repórter, produtora e diretora de programa de TV, redatora de jornais, revistas e portais de notícias. Hoje atua como *copywriter* e estrategista de marketing, ajudando profissionais a lançarem seus cursos no universo on-line por meio das redes sociais. Tem 28 anos e pergunta o signo de todo mundo que conhece. É aspirante a patinadora, apaixonada por pinguins, cores alegres, enfeites fofos, cachorros, roupas retrô e rock dos anos 50/60. Acredita que uma vida feliz é uma vida livre para se expressar e ser o que quiser. Uma vida que você é a primeira a se aceitar. A Teoria dos Unicórnios fala sobre isso.

Contatos
priscilarodriguesgarcia@gmail.com
Instagram: @priscilagarcia.com.br
TikTok: prigarcia.com.br
44 99716 7379

O unicórnio que habita em mim saúda o unicórnio que habita em você! Quero que você deixe esse capítulo bem colorido. Tenha lápis de cor, giz de cera, *post-its* e marca-texto em suas mãos e pinte tudo o que vir pela frente, grife as frases que você gostar, desenhe caracóis e o que quiser, cole *post-it* por tudo, quero que de fato você inspire e liberte o unicórnio que está dentro de você. Coloque uma música para ler este capítulo, sugiro uma música instrumental, mas você pode escutar o que quiser.

A alma de unicórnio

Talvez você ache estranho o título deste capítulo em um livro para líderes, mas logo você vai entender. Hoje vamos resgatar a sua alma de unicórnio. Toda pessoa que tem alma de unicórnio precisa estar perto de cores, e receber outros estímulos para despertar a criatividade. Quando a gente é bebê, recebemos muitos elogios e carregamos os melhores adjetivos da face da Terra, tipos esses que eu tinha.

Você já reparou como uma criança é livre, divertida e espontânea? Pensando nisso, eu gostaria muito de saber qual foi a última vez que eu e você agimos assim. Como criança? Não. Como pessoas livres! Livres de rótulos e de crenças negativas!

Por que silenciamos a alma de unicórnio?

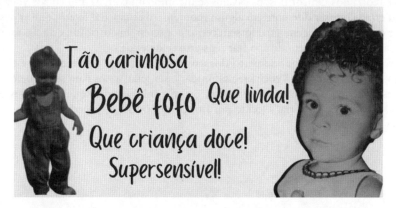

Convivi com a minha mãe até meus seis anos. Foi tudo muito de repente e um infarto a tirou da gente. O trauma me fez ser uma criança quieta, introspectiva e preocupada. E não só na infância; tive uma adolescência em que recebia inúmeros rótulos: quieta, lerda, nerd, desorganizada, sonsa, ouvia que me fazia de vítima (por chorar demais).

E eu não sabia me defender, simplesmente acreditava que era assim. Sentia-me errada no mundo. Fui me calando, escondendo o que sentia e acreditando nas pessoas.

Por que estou contando isso a você? Não é para você sentir pena ou ficar triste, mas para entender que ouvir o que os outros consideram verdade sobre nós faz a gente silenciar a nossa alma de unicórnio, e podemos pagar caro por isso e não viver aquilo que combina com a nossa essência, nem descobrir o nosso propósito.

A Teoria do Unicórnio: a coragem para ser quem somos

Um conto infantil diz que quando um bebê unicórnio nasce, os unicórnios adultos vêm e sussurram em seu ouvido: "A sua maior contribuição para o mundo é ser você. Basta você escolher quem você quer ser e nós vamos apoiar. Você não é apenas perfeito, é único e amado." Quem aqui queria ter uns unicórnios desse por perto levanta a mão! (risos) Esse conto é tão marcante para mim porque ele só confirmou a teoria sobre aceitação que eu tinha criado uns meses antes, que eu chamo de **Teoria dos Unicórnios**.

Unicórnios têm aparência semelhante aos cavalos, mas são praticamente opostos. Cavalos têm uma visão (assustadoramente) limitada, são conduzidos por outras pessoas e vivem cercados, presos, se alimentando de grama ou de outra coisa que as pessoas dão.

Segundo o dicionário que acabei de criar, o nome unicórnio vem da palavra único, e não porque ele tem um chifre só. Pessoas que têm alma de unicórnio gostam de sonhar, de tudo que inspira criatividade, autenticidade e liberdade, tudo que é artístico e sensível. Também não são muito fãs de regras, planejamento e organização. Para elas agirem, têm que ter um significado maior e muita diversão. Essas pessoas gostam de viver mais no mundo da imaginação do que na realidade.

E como alguém assim sobrevive no meio das pessoas realistas, pessimistas, que são acostumadas a planejar, organizar tudo e que cobram pelo politicamente correto e sério? É aí que tá. No meio dos outros, quem tem alma de unicórnio sempre vai se sentir errado e deslocado.

Na Teoria dos Unicórnios, os cavalos se incomodam com as diferenças. Você já se sentiu errada por ser diferente em algum momento da sua vida? Sentiu que as pessoas que se comportam e agem igual fossem certas por serem maioria? Ou que elas estavam certas por terem coragem de apontar seus erros e defeitos?

Os unicórnios sentem isso perto dos cavalos! Os cavalos geralmente questionam muito e dão o veredicto: "Você precisa mudar e ser igual a nós para ser alguém bom, para estar certo." De tanto falarem isso, o unicórnio acredita que os cavalos estão certos, porque são maioria. Decide por fim corresponder às expectativas, mas ainda não se sente feliz.

O unicórnio passa boa parte de seus dias se perguntando por que se sente tão vazio, por que sua vida parece não fazer sentido, por que não está feliz, já que agora é aceito e acolhido pelos demais. Então, em um dia muito triste, o unicórnio escuta uma voz dentro de si e começa a prestar atenção, e essa voz vai ficando cada vez mais próxima. Quanto mais ele silencia o lado de fora, mais escuta o seu interior. E aí vem a descoberta: ele não estava errado, mas no lugar errado, com pessoas erradas.

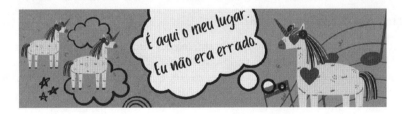

Ele não quer mais ser igual aos outros e vai atrás de pessoas como ele, que imaginam, que vivem nas nuvens, que se alimentam de sonhos e não de coisas materiais. Unicórnios alegres que inspiram, que motivam, que o aceitam como ele é.

Quantas vezes eu não fui esse unicórnio? Quantas vezes você não foi esse unicórnio? Quantas vezes ainda não somos esse unicórnio? Essa teoria foi inspirada na minha vida. Em diversas situações tive que agir como os outros queriam que eu agisse, seja para ter um bom convívio ou evitar ouvir coisas que machucavam. Sentia-me errada e um fracasso por não corresponder às expectativas. Até que um dia li uma frase que dizia: *"Se você julga um peixe por subir em uma árvore, ele passará toda sua vida se achando um fracasso"*. E aí caiu minha ficha: eu não estava respeitando a minha personalidade, e estava deixando que outras pessoas também não a respeitassem. Sendo assim, a teoria dos unicórnios mostra muitas lições preciosas, como Encontre o lugar certo e se afaste das pessoas que não aceitam você!

Quanto você paga para ver seu unicórnio livre e feliz?

Na verdade, tudo tem seu preço. Você paga caro por não ser quem os outros esperam, e mais ainda por ser um personagem que vive uma vida que não combina com a sua essência. Eu tenho alma de unicórnio e paguei um preço alto por me calar e me sentir errada por apenas ser eu.

Na adolescência, em que eu era tímida e estudiosa, admirava as pessoas falantes e extrovertidas, mais ainda quem trabalhava com comunicação. Eu tinha tanta vergonha de falar, de me expressar, mas buscava, até de forma inconsciente, estar em situações que teria que me expor. Aprendi que a pessoa que não tem comunicação bem desenvolvida não chegaria tão longe.

Quando consegui uma oportunidade para trabalhar em uma emissora de TV da faculdade, ouvi de uma pessoa que eu não tinha perfil para isso. Quando disse que queria fazer faculdade de comunicação, ouvi de pessoas próximas que isso não era pra mim, que eu ia passar fome, que isso não dava dinheiro, que eu era muito tímida para isso.

Dessa vez, silenciei o barulho de fora para me ouvir e decidi entrar para o curso. Essa faculdade me rendeu oportunidades únicas, inclusive trabalhar com comunicadores da TV e do rádio que tanto admirava. Fiz reportagens de TV, tive programa de rádio, escrevi para portais de notícias, jornais e revistas, fui produtora e diretora de programa de TV. Tem horas que nem acredito o que já vivi por desenvolver a comunicação. Tudo isso me fez chegar a mais uma descoberta sobre mim: eu não era tímida, eu fui silenciada! Por muito tempo não ouvi o unicórnio que estava dentro de mim implorando para que eu o escutasse. Eu não mudei, apenas despertei o que já estava em mim.

A Maria que não foi com as outras

Peço desculpas para as Marias que foram, mas eu nunca fui. Sempre fui alguém que prezei pela minha autenticidade, sempre tentei me destacar pela diferenciação. Cresci em um ambiente de comparação e competição, e isso me deixava triste. Depois de muitas doses de autoconhecimento, descobri que não gostava de comparações porque a criatividade é um dos meus talentos. Demorou um tempo para descobrir, porque a criatividade precisa ser exercitada para fortalecer. E eu a fortaleço cada vez que faço algo para deixar o meu unicórnio feliz. Aqui vai um segredo: todas as pessoas que têm alma de unicórnio são criativas, mas muitas não sabem disso ainda e preferem continuar seguindo as multidões. Acredite: na maioria das histórias, a multidão sempre está errada!

A caminho da Unicorniolândia

Chamo de Unicorniolândia a vida dos sonhos. Uma vida que você resgata o seu unicórnio e é feliz. É errado ter alma de cavalo? Não. Mas é muito triste ver quem tem alma de unicórnio se sujeitando a uma vida como se não a tivesse. O meu caminho para a Unicorniolândia veio por meio de um período bem difícil. Entrei em depressão e não saí até entender o que ela queria me mostrar.

Eu estava sufocando o unicórnio que habitava em meu coração vivendo uma vida que não era minha: um emprego que não era o que eu gostava, não tinha *hobbies*, me preocupava mais com os outros do que comigo, não estava prestando atenção em mim.

Um dia, quando estava bem cansada de sentir esse vazio, eu parei de orar pedindo para sair da depressão, porque era isso que eu fazia todos os dias. A minha oração mudou e passei a pedir força para passar por isso e que, se tivesse algum aprendizado, eu queria aprender. E aprendi muito.

A partir desse dia, minha visão foi mudando pouco a pouco. Eu digo que a escrita salvou a minha vida, mas foi Deus quem fez eu reativar essa vontade de escrever e estudar. Eu voltei para a faculdade, consegui um trabalho para escrever em uma revista e tomei coragem para sair do emprego em que estava e montar o meu próprio negócio. Trabalhar escrevendo. Era a vida que o meu unicórnio queria.

Quando comecei a trabalhar com escrita, fui verificar a biblioteca do meu passado e não é que a resposta estava ali o tempo todo? O hábito que a minha mãe tinha de sempre escolher um livro e trazer para ler para mim quando criança me fez crescer apaixonada pelos livros, e, mais tarde, pela escrita. O dom da escrita sempre esteve presente, eu só não sabia que poderia vir a ser uma profissão.

Hoje escrevo e auxilio profissionais a se destacarem no mercado digital por meio de cursos on-line. E todas essas coisas, assim como ter uma casa colorida cheia de quadrinhos e enfeites fofos, ouvir músicas que gosto, patinar, ter um companheiro que me apoia e me aceita do jeito que sou (te amo, Daniel), além de ter apoio de meu pai, meu irmão e minha irmã, outras pessoas da família, amigos... entre outras coisas, fazem meu unicórnio se sentir no verdadeiro Lar Doce Lar.

A descoberta do jardineiro unicórnio

Toda pessoa com alma de unicórnio se depara com um grande problema: o de ter 50 milhões de sonhos, mas não conseguir tirá-los do papel.

Semente e terra são dois elementos que promovem vida, mas você precisa saber a técnica correta. Eu digo que os sonhos que temos são como semente nas mãos. Se você for um unicórnio que ainda não aprendeu a plantar, corre o sério risco de enterrar seus sonhos e não ver os frutos depois.

Sim, há diferença entre enterrar e plantar. Falo por experiência própria. Sou muito sonhadora, e tenho um banco inesgotável de ideias, mas chegou na hora de botar em prática.... pééénn... meu sensor apita e eu travo. O que descobri ao longo dos anos é que as pessoas de alma unicórnio têm seu próprio ritmo para executar tarefas. Descobrir o seu vai ajudá-la a ser mais produtiva.

Agenda não costuma funcionar, viu?! É preciso usar métodos mais divertidos e não se importar com a "bagunça". Pessoas criativas se importam mais se a sala é colorida o suficiente ou se a tarefa pode ser divertida do que se a mesa está sem papel e organizada. Até porque se você for pensar bem, existem vários conceitos de organização e cada um tem o seu. Pensar fora da caixa não é o suficiente, você precisa jogar a sua caixa fora.

Exercício para resgatar o seu unicórnio

Para que sua alma de unicórnio seja ouvida, você precisa querer escutá-la. Então faço algumas sugestões. Você vai marcar um encontro por semana com o seu unicórnio. Vai levá-lo para passear e fazer coisas fora da sua rotina. Esse encontro tem que ser criativo, alegre e divertido.

Mergulhe dentro de si mesma e se pergunte sobre *hobbies* que você gostaria de ter e acha que não tem mais idade para isso (tipo eu, no auge dos meus 28 anos, voltando a patinar) ou lugares que gostaria de ir e não vai por medo do que os outros vão achar. Ouça músicas que não ouve há tempos... Sabe as bandas da adolescência? Sim, elas mesmo de que estou falando! Faça algo fora da sua rotina. A ideia é que seu unicórnio seja resgatado e você tenha felicidade plena com a certeza de que está vivendo em liberdade para ser você mesma.

Ah, se isso que estou falando para você parecer assustador, talvez sua alma não seja de unicórnio. E tudo certo. O importante é você se sentir livre para se expressar, independentemente se tem alma de cavalo ou unicórnio.

Jung dizia: "Todos nascemos originais e morremos cópias". Vamos provar para Jung que ele estava errado? E se ele estiver certo, se for para morrer cópia, que seja copiando alguém que tenha a vida que você sempre quis e que fará você feliz. Lembre-se: a sua maior contribuição para o mundo é apenas ser você mesma.

3

LIDERANÇA, CARREIRA, TROPEÇOS E APRENDIZAGEM

Fui líder, fiz carreira, vários tropeços e muitos aprendizados. A mulher divide esse papel de liderança com vários outros igualmente importantes. Quais seriam as dores, os desafios e obstáculos ao longo da nossa carreira? Questões biológicas, força e maternidade estão entre os assuntos estudados. Dos homens, força e competência me parece o bastante. Mas das mulheres, a luta é ainda maior para evidenciar que dá conta do recado.

ZULDENE CIPRIANO GUIMARÃES GOMES

Zuldene Cipriano Guimarães Gomes

Reside em Brasília com sua família, é palestrante conceituada e facilitadora em treinamentos organizacionais, atende em processos de *coaching* e sessões de mentoria. É consultora em organizações (estratégia organizacional desenvolvimento de pessoas), professora das disciplinas: Comportamento Organizacional, Liderança Positiva, *Assessment*, Empreendedorismo e Diversidade nas mesmas organizações em que se formou, AEUDF e IPOG. É pedagoga, MBA em Gestão de Pessoas Baseada em Competências, MBA em Desenvolvimento Humano e Psicologia Positiva, *coach* executivo certificada pelo Integrated Coaching Institute (ICI) e pelo Instituto Brasileiro de Coaching (IBC). Certificada em aplicação de *Assessment* – básico e avançado – Disc/e-Talent e analista comportamental pelo IBC.

Coautora dos livros *Gestão do tempo e produtividade* e *Gestão de pessoas*, ambos pela Editora Literare Books International. Autora do Livro *Feedback: crescendo com a visão do outro*, 2020, pela Literare Books International.

Contatos
www.zuldenecipriano.com.br
zuldenec@gmail.com
Instagram: @zuldenecipriano
61 98172 8816

Não tropeçamos nas grandes montanhas, mas nas pequenas pedras.

Era janeiro de 2012: após 34 anos de trabalho ininterrupto questionei pela primeira vez minha capacidade de produção geral. Para mim até então isso era impossível, pois trabalhar é um dos meus maiores prazeres. Estava sob forte estresse causado pela ansiedade de filhos adolescentes. **Sim, eu sou mãe e dividi esse papel com trabalho, estudo, casa, casamento etc. Claro que o trabalho levava vantagem no quesito tempo.** Sempre tive uma boa plataforma de apoio quanto aos cuidados das crianças. Porém, quando se fala de filhos, muitos deveres e prazeres são indelegáveis. As preocupações de uma mãe com os novos experimentos dos filhos na adolescência, a questão da segurança deles, e sem saber como controlar tudo, faz com que nada pareça maior. Meu projeto de vida era proporcionar condições físicas e intelectuais para que esses dois seres gerados por mim pudessem andar em bons caminhos, bem como escolher o seu próprio. Para isso, procurei escolas que tinham valores que se assemelhavam aos meus. O acompanhamento das atividades escolares era feito diariamente pelo pai e isso foi um grande ganho na minha jornada de trabalho. O tempo foi passando e as coisas foram voltando ao estado de equilíbrio e, claro, eles responderam bem a essa fase.

Quando me deparei com a menopausa, a capacidade laboral perdeu um pouco sua qualidade. **Mais uma vez a questão de gênero bateu à minha porta.** Com ela, a menopausa, descobri a minha vulnerabilidade, sem entender bem esse processo, sem controle inicial e na sequência sem conhecer essa nova versão do meu ser. Precisei de apoio mais uma vez e me lembrei da citação "Você será amado no dia em que puder mostrar sua fraqueza sem que o outro se sirva dela para afirmar sua força". Sei que você que está lendo conhece alguém que passou por isso.

Na primeira situação relatada, em 2012, tive apoio da empresa e por isso expresso minha genuína gratidão. A segunda situação foi muito difícil, pois tinha responsabilidades e uma sobrecarga de trabalho impossível de controlar como Gerente.

Outra situação em que a questão de gênero apareceu foi quando tive meu segundo filho, nascido prematuro. A empresa estava ao meu lado, e isso foi marcante e me deu segurança psicológica para viver aquele momento. Infinitamente grata e apaixonada pela Xerox do Brasil, que me proporcionou, além de aprendizados, amigos que tenho até os dias atuais.

Para que você possa entender a minha capacidade de produção: nunca fiquei sem carteira assinada e trabalhei com jornada mínima de 8h diárias (15 anos em uma multinacional, 13 anos em um banco, ambas com períodos mais longos que as demais). Durante a carreira, ministrava aulas à noite em MBAs. Era Consultora Organizacional, Palestrante, Instrutora de cursos, *Coach* e Mentora. 12 horas dia em média durante a semana e oito horas nos fins de semana. Essa era a minha rotina.

Comecei minha carreira por iniciativa própria aos 15 anos de idade, **por necessidade**, também para suprir alguns desejos e pelo orgulho de não depender da minha mãe para questões não essenciais. Não passou pela minha cabeça se era uma mulher, sempre me senti apenas como uma pessoa. A questão de gênero nunca tomou conta das minhas noites, sempre dormi bem com essa questão. Minha mãe trabalhava fora, minha avó era uma pessoa totalmente independente e corajosa, portanto, tive exemplo de mulheres fortes tinha em casa. Como pessoa, sempre tive alguns temores, mas nenhum ligado à questão do gênero.

Em 1982, trabalhei no serviço público, área de atendimento hospitalar com uma equipe toda feminina, exceto o coordenador. Nossa equipe era acolhedora, empática e unida. Tive sorte. Coloquei meu talento a serviço do outro, atendimento sempre foi para mim solução, rapidez e cortesia.

Em 1983, iniciei em uma multinacional no cargo de Secretária. Veja você, uma função de predominância feminina! Observei as áreas e percebi em quais lugares as mulheres estavam. Escolhi me candidatar para a área de Gestão de Pessoas, nessa área fui muito feliz e onde a questão de gênero não era sequer falada. Na área de atendimento técnico ao cliente, 100% era constituída por homens e nas outras áreas os gêneros se dividiam. Em cargos mais elevados, a presença masculina predominava. Meu talento foi sendo utilizado para processos, atendimento e também para treinamento, **onde descobri o meu lugar no mundo**. Ensinar, facilitar o aprendizado do outro é para mim uma missão, um propósito, minha vida com significado.

Minha grande experiência e a mais marcante foi na Xerox do Brasil, onde atribuo a minha formação profissional. Fazer as pessoas se sentirem felizes, competentes e engajadas era uma preocupação e orientação da empresa. Todas as pessoas que conheço e que trabalharam lá sentem orgulho, aquela sensação de pertencimento, de valorização. Destaco aqui competências importantes que aprendi por lá: fazer o trabalho bem-feito e da primeira vez; inovar e trabalhar em equipe. Após 15 anos de vínculo, passei por mais cinco como instrutora contratada para treinamentos de que já fazia quando era funcionária.

Aprendi muito com erros e procurei aprender e não repeti-los.

"Não corrigir nossas faltas é o mesmo que cometer novos erros", disse Confúcio. Na sequência, um grande desafio, implantar área de Gestão de Pessoas em um banco promissor. Uma felicidade tomou conta de mim, era a oportunidade de aplicar o conhecimento adquirido. Lá, diminuí minhas atividades extras e me dediquei por 13 anos.

Parece-me comum no mercado financeiro a presença masculina predominar, especialmente em cargos mais elevados. Eu fazia parte da média gerência, porém, pela importância da área – Gestão de Pessoas, que estava voltando ao patamar estratégico –, tinha contato com o alto escalão. O número de mulheres gerentes não era expressivo, mas já se tinha um número representativo de mulheres na supervisão e no corpo funcional. Nessa caminhada, percebi o quanto ser mulher é difícil. Menopausa, filhos adolescentes, ansiedade, depressão, ganho de peso etc. Perguntava-me diariamente:

"Quem cuida de quem cuida?" A área de Gestão de Pessoas se assemelha a muitas outras que não tem um suporte emocional presente. Será que é porque na alta direção tem poucas mulheres?

"Eu fiz tudo certo, só errei quando coloquei sentimentos" (Clarisse Lispector).

Sabemos que a presença da mulher em posições de liderança é crescente, apesar de que em alguns casos as empresas se utilizam para melhorar a imagem com um índice razoável de diversidade.

As mulheres já representam quase 50% do mercado de trabalho mundial, segundo a Organização Internacional do Trabalho (OIT). Entretanto, ainda são poucas mulheres na liderança, principalmente em países emergentes. Segundo uma pesquisa da empresa Grant Thornton, no Brasil, apenas 29% das companhias possuem mulheres em algum posto de chefia, ultrapassando a média global de 24%.

Dado curioso é que, no Brasil, apenas 8,6% dos cargos de liderança são ocupados por mulheres, segundo pesquisa realizada pela empresa Deloitte, em 2020. Em outros países, 16% ocupam cargos de liderança.

Salta aos olhos a morosidade das mudanças para alcançar a equidade de gêneros no ambiente organizacional.

Dificuldades em alcançar posições melhores ainda estão na nossa agenda. Quais seriam os obstáculos ao longo da nossa carreira? Questões biológicas, força e maternidade. Dos homens, força e competência me parece o bastante. Mas das mulheres a luta é maior, evidenciar que dá conta do recado.

Passei por competição entre mulheres e fico feliz com essa questão da sororidade atual. Passei por competição com homens que achavam e falavam que eu era um trator, que queria aparecer, que queria cargos mais elevados, que me incluía em assuntos que não eram meus aos olhos deles. Mas como enfrentar estando em um ambiente onde as mulheres não são ouvidas? Ressalto aqui que tive um supervisor sob a minha gestão que foi uma parceria leal, positiva e agregadora. Busquei trabalhar com a teoria da liderança situacional, com as equipes que tive. Acredito que aprendi muito com cada um e que os ajudei a procurar a excelência naquilo que faziam.

Trabalhei na área de Recursos Humanos a maior parte da vida organizacional, e sempre lutei para que no planejamento estratégico organizacional a parte relacionada a pessoas fosse importante, mas, em muitas vezes, ficava para o final da reunião que se encerrava antes de chegar nessa pauta. E minha frustração com isso às vezes me apequenava e tinha que filtrar para não passar para a equipe, que, por sua vez, era atenta. Uma das minhas lutas foi colocar as pessoas na agenda dos executivos.

Foi a duras lutas que conquistei alguns espaços, guardei muitos projetos na gaveta e, algum tempo depois, um homem chegava com a ideia e implementava. Talvez isso não seja uma questão de gênero, só um recalque meu mesmo.

Passei pela minha carreira lutando como uma mulher, por ter meus próprios objetivos, por ter o projeto crianças nas melhores escolas, língua estrangeira e prática de esportes para saber trabalhar em equipe para que pudessem, além de ter competências técnicas, aprender a trabalhar em equipe.

A que atribuo uma carreira que considero satisfatória? À coragem de me expor e humildade para aprender.

Um fato curioso: em 2019, fiz um processo seletivo com 105 pessoas para uma empresa que admiro muito, fiquei entre os três primeiros e um homem foi selecionado. Não atribuo a questão de gênero, mas seria melhor capacidade?

Fiz uma transição de carreira em 2017, com a contribuição da psicologia positiva. Especializei-me e coloco em prática todos os dias, na minha vida e na vida das empresas por onde passo.

Outra questão que registro aqui foi a quantidade de formações que me dispus a fazer, média de 200 horas por ano.

Esse artigo até aqui foi uma breve biografia, pois a minha contribuição para você, leitor, não é falar da minha capacidade de produção, mas sim da minha capacidade de colocar em prática a ciência do bem-estar, a Psicologia Positiva, ou seja, o entendimento da felicidade com um meio para ajudar outras pessoas. Práticas como a da Gratidão, *Flow*, Savoring, Apreciação da beleza, meditação, *midnfulness* etc.

A psicologia positiva proporciona maior satisfação e felicidade na vida, fornecendo motivação e energia para a conquista dos objetivos. De acordo com o livro "Authentic Happiness", publicado por Seligman em 2002, quem alcança essa felicidade autêntica, sente e consegue expressar gratidão.

Em 2011, o mesmo autor lançou o livro *Florescer*, leitura obrigatória para quem quer usufruir dessa ciência e ter uma vida melhor e mais satisfatória.

A psicologia positiva me ajudou a recuperar a minha essência, a ser ainda mais resiliente, aumentar a empatia, ressignificar as tristezas, nomear as emoções e buscar por momentos em que as emoções de boa qualidade pudessem estar presentes com maior frequência. Equilíbrio em situações difíceis e consciência da importância do autocuidado.

Após essas experiências minhas principais características e aprendizagens como líder são: tomada de decisão rápida e assertiva, busca por novidades, curiosidade, atendimento, busca pela ética, ou seja, pelo bem comum, capacidade de criar soluções, resiliência e comunicação. Como atributo, eu me reconheço como uma mulher sensível às necessidades das pessoas.

Essas características não são a chave do sucesso, mas contribuem. Atualmente, ano 2021, são requeridas outras que listo aqui para vocês: 1. Polimatia – amplo repertório de conhecimentos. 2. Visão sistêmica, o que não é novidade. 3. Gestão Rizomática – conhecimento não tem começo, fim ou centro, e sim conexões imprevisíveis entre os diferentes conteúdos. 4. Darwinismo digital – capacidade de evoluir continuamente no ambiente digital. 5. Futurismo estratégico, acompanhado de design do futuro.

Numa pesquisa de 2016, Zender e Folkman descobriram que as mulheres são líderes mais corajosas do que os homens. Essa conclusão rompe o tradicional estereótipo que os homens tendem a ser mais ousados do que as mulheres. E numerosos estudos demonstraram que os líderes empresariais masculinos tendem a assumir mais riscos. Os pesquisadores analisaram um banco de dados de avaliações de 360 graus de 75 mil líderes em todo o mundo. Concluíram que, em média, as mulheres são mais ousadas do que os homens. As mulheres apresentaram altos índices de ousadia nos seguintes comportamentos: elas desafiam abordagens convencionais, criam uma atmosfera de melhoria contínua, fazem tudo para alcançar metas, levam outros a ir além do que eles pensaram originalmente possível, energizam outros para assumir objetivos desafiadores, reconhecem rapidamente situações em que a mudança é necessária, têm a coragem de fazer as mudanças necessárias, e quando são medidos apenas homens e mulheres em alta administração em perspectiva estratégica, suas pontuações relativas são as mesmas.

Em 2021, com a crise gerada pela Covid-19, as mulheres estão mostrando a sua capacidade de planejamento, de priorizar e de acolher. Fácil? Não! Mas desafiador para alguém que tem em sua biologia força interna.

Durante toda a minha carreira, ganhei prêmios por ter inovado. Nada fiz sozinha, mas sinto-me feliz por, anos depois, ter deixado alguns legados.

Concluindo, todas nós, de algum modo, exercemos nossa **liderança**, em nossa própria vida, em casa, no trabalho, em causas que julgamos importantes na comunidade. As causas são inúmeras e as minhas sempre foram: justiça, formar filhos conscientes e ativos pelo bem comum na sociedade, e o impacto que eu podia causar nas pessoas para que fossem melhores e mais competitivas, no sentido de empregabilidade, utilidade, felicidade. É preciso ter coragem para tanto e eu agradeço às grandes mulheres que vieram antes de mim por caminharem nessa jornada linda que sigo me divertindo e que precisei **tropeçar** para aprender com a dor e, com ela, ressignificar o meu caminhar. Espero deixar em cada coração que se aproximou do meu a vontade de ousar saber (*sapere aude*) continuamente para transformar a sua existência em uma vida que valha a pena, ou seja, colocar vida dentro da vida, planejar, ter atenção plena no momento presente e infinita gratidão pelo passado. Deixo aqui uma citação que me acompanha ao longo da minha jornada.

> *Para manter uma lamparina acesa, precisamos continuar colocando óleo nela.*
> MADRE TERESA DE CALCUTÁ

Gratidão. Pratique!

Referências

BROWN, B. *A coragem de ser imperfeito*. São Paulo: Saraiva 2016.

FREDRICKSON, B. L. *Positividade*. Rio de Janeiro: Rocco, 2009.

GOLEMAN, D. *Inteligência emocional*. São Paulo: Editora Saraiva, 1996.

MORSCH, M. 7 razões por que as mulheres lideram melhor. Disponível em: <https://administradores.com.br/artigos/7-razoes-por-que-as-mulheres-lideram-melhor>. Acesso em: 21 jan. de 2021.

OIT. *Desigualdades de gênero continuam grandes no mercado de trabalho global*. Disponível em: <https://www.ilo.org/brasilia/noticias/WCMS_458115/lang--pt/index.htm>. Acesso em: 21 jan. de 2021.

PIAZZA, C. *Por uma carreira 5.0*. Disponível em: <https://www.revistahsm.com.br/post/por-uma-carreira-5-0>. Acesso em: 21 jan. de 2021.

SELIGMAN, M. *Florescer*. São Paulo: Objetiva, 2011.

SELIGMAN, M. *Felicidade autêntica*. São Paulo: Objetiva, 2002.

SPONVILLE, A. C. *O Pequeno tratado das grandes virtudes*. São Paulo: Martins Fontes, 1999.

4

SUA CARREIRA NÃO ACABA QUANDO...
COMO AVANÇAR NA CARREIRA ENQUANTO SUA VIDA PESSOAL ACONTECE?

Imagine esse cenário: maternidade, casamento, a melhor idade e outros acontecimentos da vida pessoal chegando e a sua carreira continua linda e intacta. E você sabendo conciliar sua vida pessoal com a profissional. Parece distante ou complicado? Se sim, convido você a ler este capítulo.

ALINE DE AGUIAR CANUTO

Aline de Aguiar Canuto

Coordenadora de Qualidade por 5 anos. Coordenadora de QSSMA (Qualidade, Saúde, Segurança e Meio Ambiente) por um ano. Atualmente, é gerente de QSSMA. Cursou Secretariado pela Escola Técnica Estadual Lauro Gomes (2011), Gestão de RH pela Faculdade Anchieta (2015), Sistema de Gestão Integrada SENAC (2017). Atualmente, cursa Segurança no Trabalho (Senac) e Engenharia Ambiental pela Universidade Cruzeiro do Sul.

Contatos
Instagram: @aline_aguiar10
LinkedIn: https://www.linkedin.com/in/aline-aguiar-908a9524
11 99196 8951

Se a sua vida fosse um filme, você saberia como ele termina? Se você respondeu que termina com a morte, não é bem por aí que eu quero fazer você refletir.

Se pensar que a morte é a nossa única certeza e por isso deve deixar a vida seguir sem planejamento, você não experimentará 1% do que está disponível para se viver.

> *[...] serenidade para aceitar aquilo que não posso mudar, a coragem para mudar o que me for possível e a sabedoria para saber discernir entre as duas. [...]*
> Reinhold Niebuhr

De fato, há muitos fatores externos que não podemos controlar e nem adianta tentar; já outros dependem muito mais de nós mesmas do que dos demais. E é nesse ponto que quero chegar.

Você está tendo essa sabedoria em relação à sua vida? Sabe distinguir o que depende de você e o que não pode controlar? Trazendo para a sua carreira, você sabe para onde esse barquinho está te levando? O remo está em suas mãos?

Reflita!

Qual o papel que você está assumindo?

Você se vê como protagonista da sua história? Repare que em todo filme vibramos com os protagonistas e sempre esperamos que ele vença minutos antes do filme acabar. Não importa se pareça impossível, nós estamos ali, acreditando.

É preciso entender que você sempre terá obstáculos na sua jornada profissional, e é aí que a sua visão precisa ser ressignificada!

Uma pesquisa feita pela Catho mostrou os motivos que levam mulheres com alta qualificação profissional a abandonarem a carreira. A seguir, vou abordar sobre eles e lhe mostrar que isso não precisa ser uma regra. E que, sim, podemos avançar na carreira enquanto nossa vida pessoal acontece.

Você não é só mãe, esposa, amiga... Você também é uma líder que sonha crescer na carreira em que está

É uma verdade! Algumas áreas da vida de uma mulher são romantizadas. A sociedade fez com que acreditássemos que essas áreas deveriam ser exclusivas e prioridade na vida de uma mulher.

Ser mãe, ser esposa, ser avó são papéis muitos especiais. No entanto, a mulher, quando se torna mãe, esposa e avó, não deixa de ser uma líder, uma profissional competente e com sonhos de crescer na carreira.

É como se as pessoas ao seu redor lhe julgassem por você priorizar todas essas áreas de igual modo, sendo que os filhos, o esposo e os netos deveriam vir em primeiro plano.

Para avançar na sua carreira, o objetivo precisa ser muito maior que dinheiro, você precisa de um **significado**, um **propósito**.

Quando estava pensando sobre o que escrever neste capítulo, revivi a minha história e percebi que não abri mão da minha carreira por conta de nenhum desafio que passei. E acredito que o motivo disso acontecer é que sempre tive muita clareza de onde eu quero chegar e para onde eu quero ir.

Por que planejar uma carreira?

"Quem nasceu para ser lagarto, nunca será crocodilo." É mesmo? Essa frase só vale para a natureza e não para você. Se você pensar que nunca vai ocupar a cadeira da diretoria só porque entrou em uma empresa sendo recepcionista, por exemplo, você está pensando errado.

Foi o meu caso. Em 2011, tinha seis meses de casada e estava desempregada. Aceitei um emprego com um salário pela metade do último que recebia. Eu ainda não tinha graduação, só tinha um curso técnico em secretariado. Entrei como recepcionista e, seis meses depois, com 23 anos, entrei na primeira faculdade. Fui promovida com o triplo do salário e aí só cresci ainda mais nessa mesma empresa.

Hoje, com quase dez anos de casa, sou Gerente em quatro áreas QSSMA, estou cursando mais uma graduação e outro curso técnico referente a essas áreas. Lidero uma equipe de quase 20 pessoas.

Sua carreira não acaba... No altar!

"Quando você se casar, terá de cuidar da sua casa e do seu marido".

Essa frase é familiar? Não quero entrar em questões feministas aqui, mas essa frase não faz o menor sentido.

A conta simplesmente não fecha! Se você precisa trabalhar, chegar em casa e fazer tudo sozinha, e ainda dar atenção para seu esposo e ser agradável, você precisaria ter umas 48 horas no seu dia para essa rotina ser, no mínimo, possível.

Uma pesquisa publicada pela *Revista Brasileira de Ciências Sociais* mostrou que mais da metade das mulheres associam o casamento como um ideal de felicidade.

Sim, esse ideal foi construído lá atrás e repassado de geração em geração.

E sim, é um ideal de felicidade, desde que seja um relacionamento saudável, com respeito, companheirismo, e que não te anule.

As mulheres foram educadas para ceder. Pense: Se você está no ápice da sua carreira profissional e seu esposo recebe uma boa proposta de trabalho, mas em outro Estado, você o acompanharia? A maioria das mulheres sim.

Se o motivo de você estar na sua carreira é por um propósito maior, se você tem paixão pelo que faz, talvez seja difícil decidir se mantém o casamento ou avança na carreira.

Mas quem disse que você tem de escolher ou um ou o outro?

Seu cônjuge e sua carreira podem ter prioridade de igual modo em sua vida. O local que ele preenche, sua carreira não ocupa, e vice-versa.

E se você perceber que ele não lhe apoia, ou está pedindo para escolher, coloque na balança e veja como você se vê daqui há dez anos.

Uma pesquisa publicada em um artigo on-line do BBC News mostrou que mulheres casadas têm o dobro de tendência a se divorciarem após assumirem um cargo como CEO. Você precisa estar com a pessoa certa. E esses comportamentos você precisa analisar ainda no namoro. Eu passei por um divórcio. Independentemente dos motivos que tivemos para que isso acontecesse, percebo que há muitos casos parecidos. A mulher sobe de cargo, não consegue conciliar a carreira com o matrimônio ou não tem a disponibilidade para o esposo da forma que ele gostaria, e o relacionamento acaba em divórcio anos depois.

Para finalizar, se você vive bem com seu esposo e gostaria de melhorar ainda mais essa conciliação entre a sua carreira e o seu casamento, diria que você precisa aceitar que não tem que fazer tudo sozinha! Lembre-se: a carreira é tão importante quanto o seu relacionamento. Ambas as partes lhe preenchem e lhe fazem sentir-se realizada? Não tem jeito, tente equilibrar!

Sua carreira não acaba... Na maternidade!

Cerca de 30% das mulheres abandonam suas carreiras após a chegada dos filhos.
Eu pensei em desistir da carreira no primeiro dia em que descobri minha gravidez. "Agora é tudo para o meu filho", eu pensava.

É muito curioso isso, porque quando você descobre que vai ser mãe, parece ser automático esquecer que é mulher e uma mulher que tem muita vontade de crescer na carreira.

Eu imaginava que, quando voltasse da licença-maternidade, seria desligada da empresa. E por isso passei esse tempo todo já trabalhando o meu sentimento, para aceitar que, dali em diante, passaria no mínimo uns três anos em casa cuidando dele. Só que a vida se encarrega de nos colocar no lugar que temos de estar. É preciso entender os sinais.

Quando nasce um bebê, nasce uma mãe que se sente culpada. Vejo que muitas mães abandonam a carreira na maternidade porque se sentem culpadas de deixar o filho em uma escola ou com uma babá.

A bolha da maternidade um dia acaba. E não demora muito para eles crescerem e se tornarem independentes. E vai restar uma mulher "frustrada" por ter abandonado tudo para cuidar dos filhos.

Quando entendi que não era o fim do mundo deixar meu filho na escola para eu poder trabalhar, a minha chave virou. E sabe como isso aconteceu? Três dias depois que voltei da licença-maternidade, fui convidada a assumir um novo desafio, praticamente uma promoção. Deixei de trabalhar a 70km da minha casa para ser transferida para uma unidade que ficava a 2km.

Eu nem tive dúvidas, não hesitei. Entendi naquele momento de que tudo estava colaborando para que eu continuasse com a minha carreira.

Sugestões para conciliar as duas coisas:

- Encare a maternidade de forma prática.
- Organize a rotina do bebê e a sua durante a licença-maternidade já pensando em como será quando você voltar a trabalhar.
- E por último: ame seu filho, mas não se anule por ele.

Antes de ele chegar, você já era uma mulher, com sonhos e planos para o seu futuro. Parece um pouco frio e sem coração falar assim, mas isso faz muita diferença para você não se sentir esquecida quando seu bebê nascer.

Sua carreira não acaba... Na melhor idade!

Será que você é uma mulher que vai chegar na melhor idade e vai querer só tricotar, cuidar dos netos e fazer biscoitos?

Se isso lhe causa um pânico, é melhor começar a planejar sua carreira para, quando chegar nessa etapa, você saber exatamente o que fazer e com o que trabalhar.

Planeje agora. Talvez esse seja o planejamento de maior prazo que você fará em relação à sua carreira, mas o tempo vai passar da mesma maneira.

Uma alternativa para nós líderes é trabalhar como *coach*, mentora, dar aulas, palestras... Nessa etapa, podemos reunir toda a nossa bagagem que temos na liderança e ajudar outras líderes. Para isso acontecer, é preciso acompanhar a evolução e continuar estudando e se desenvolvendo.

Conheço algumas mentoras de líderes com mais de 60 anos que esbanjam energia fazendo o que fazem, mas elas não esperaram a idade chegar para ver o que seria da carreira. Fizeram planejamento de longo prazo e buscaram seguir à risca.

Agora, se ao chegar nessa idade você quiser descansar, tudo bem também. O importante é você saber que fez tudo o que queria fazer na sua carreira, é olhar para o passado e sentir orgulho de si mesma.

O que é preciso para alcançar metas a curto, médio e longo prazos?

Se eu pudesse resumir em uma única palavra o que é necessário para alcançar metas a curto, médio e longo prazos seria PACIÊNCIA.

A vida está tão atropelada que queremos tudo pra ontem. Não é assim? Para planejar a sua carreira você precisará se perguntar três coisas: com qual idade gostaria de parar de trabalhar? O que quero conquistar na carreira até lá? Dessas coisas, o que posso conquistar a curto, médio e longo prazos?

É necessário entender que a trajetória para alcançar um objetivo pode ser uma escada com poucos ou muitos degraus pela frente, por isso é tão importante entender o tamanho dessa escada para cada conquista que você quer.

Vamos praticar? Faça uma lista de tudo o que você quer conquistar na carreira até_____ anos. Preencha os campos abaixo com dez coisas que gostaria de realizar até essa idade. Não pense em nada que envolva sua vida pessoal nesse momento.

1. _____
2. _____
3. _____
4. _____
5. _____
6. _____
7. _____
8. _____
9. _____
10. _____

Agora que você sabe tudo o que quer conquistar até essa idade, nós vamos separar esses desejos em curto, médio e longo prazos.

Curto	Médio	Longo

Quando se fala em plano de carreira, plano de ação não existe uma quantidade de anos específica. Isso é você quem vai ter de definir, porque o que é curto para mim pode não ser para você.

Só ferramentas não adianta, se você...

- não for apaixonada pelo que faz;
- não souber para onde quer ir;
- não priorizar sua carreira assim como prioriza as outras áreas da sua vida.

Se você chegou até aqui, quero lhe dizer que nada do que falei é regra e que se você não é apaixonada por tabelas e planilhas, tudo bem. Você pode escrever seu planejamento até no saquinho de pão. Entenda que a mensagem é mais importante do que qualquer ferramenta ou regra.

Sua carreira não acaba nem quando de fato acaba mesmo. Você é líder, todos os dias impacta seus liderados e as pessoas ao seu redor.

Se você for uma boa líder, com certeza deixará seu legado e todos vão se lembrar de você com carinho. E você? Sentirá orgulho de todos os caminhos por que passou, e que valeu cada desafio, cada obstáculo, porque você se sentiu realizada e feliz.

Sua carreira não acaba... Nunca!

Referências

ANPOCS. *Revista brasileira de ciências sociais*, v. 21, n. 62, p. 61. São Paulo, 2006.

SAVAGE, M. Por que executivas mulheres se divorciam mais. *BBC News*, 2020. Disponível em: <https://www.bbc.com/portuguese/geral-51252462>. Acesso em: 20 abr. de 2020.

5

A INCRÍVEL JORNADA EMPRESARIAL DE UMA LÍDER DE SUCESSO

O que é liderar? É a arte de inspirar um grupo de pessoas a fazerem o seu melhor dentro da empresa e fora dela. Quando uma criança nasce, os médicos dizem: "é uma menina" ou "é um menino", mas nunca ouvi dizer "é um líder". Isto porque as pessoas não são predestinadas para serem líderes, elas escolhem ser. E, na minha trajetória de vida, eu posso confirmar essa frase, porque me tornei uma líder… liderando.
Neste capítulo, nós mulheres vamos entender que ainda que existem várias maneiras de liderar, a jornada empresarial passa por quatro etapas que definem a sua jornada como líder de sucesso.

ALINE RUGE

Aline Ruge

Empresária graduada com mestrado em Arquitetura pela FIU (Florida International University) em Miami. CEO das rádios Aline FM, Bianca FM e Futura Massa FM em Umuarama. Presidente da AERP Jovem (Associação de Radiodifusão do Paraná). Diretora do Conselho da Mulher da ACIU (Associação do Comércio e Indústria de Umuarama). Criadora do canal Aline Ruge, o melhor canal no YouTube sobre empreendedorismo feminino. Morou 22 anos nos Estados Unidos e regressou ao Brasil para cuidar das empresas do pai. Seu diferencial é ser mãe de três filhos, esposa, dançarina e apaixonada por inspirar as pessoas a serem sua melhor versão.

Contatos
aline@alinefm.com.br
Instagram: @alinerugeoficial
YouTube: Aline Ruge
Facebook: Aline Ruge
LinkedIn: aline.ruge

Resiliência: como os desafios podem te deixar mais forte?

Dificuldades preparam pessoas comuns para destinos extraordinários.
C. S. LEWIS

A **primeira etapa** para se tornar uma grande líder de sucesso está relacionada ao desenvolvimento da resiliência. A pessoa resiliente apresenta uma capacidade incrível para transformar os desafios em aprendizado ou vitórias, superando pressões e situações adversas, sem abalar o seu emocional por muito tempo ou, em outras palavras, sem ficar louca.

Talvez você acredite que a pessoa resiliente precise ser uma rocha sempre e é algo da personalidade dela, mas não, a resiliência é desenvolvida ao longo da sua vida. A minha história está cercada por episódios em que eu tive de ser resiliente. O início da minha carreira como líder começou de forma inesperada, e me fez entender que é possível se reinventar, se transformar e se tornar uma grande líder, mesmo que isso nunca tenha feito parte das suas metas.

"Dormi dona de casa, acordei empresária! E agora?"

Com 12 anos de idade, minha família e eu nos mudamos para os Estados Unidos. Estudei, aprendi a língua, a cultura e me formei com o mestrado em Arquitetura em Miami. Meu sonho era me formar, casar e ter uma família. Casei-me, tive meus filhos e decidi que ficaria em casa para cuidar das crias e ser a mãe mais incrível do mundo. Eu tinha muito orgulho de me dedicar 100% ao cuidado com a minha família. Nossa vida estava bem tranquila. Até que um dia recebi a pior notícia da minha vida: O trágico falecimento do meu pai.

Meu pai morava a maior parte do tempo no Brasil, gerenciando as empresas. Ele tinha acabado de passar três dias comigo em Chicago. E, voltando para o Brasil, foi à praia somente para tomar um banho de mar e agora não está mais aqui conosco. Foi um choque muito grande para todos. De repente, todos nossos planos de vida nos Estados Unidos mudaram e voltamos para o Brasil para cuidar dos negócios.

Desafiador não chega nem perto para definir o que foi assumir as empresas do meu pai. Posso dizer que foi um pouco traumatizante. Empreender não é fácil em lugar nenhum, mas no Brasil a dificuldade é de outro nível. Leis, burocracia pra tudo, impostos etc. Mas o bichinho do empreendedorismo me mordeu e eu me apaixonei por tudo isso, pelos desafios e pela oportunidade de aprender, de crescer e fazer a diferença na vida das pessoas.

Você pensa que eu me achava resiliente? Não, nem sabia o que era isso até um certo dia. Em uma das minhas viagens, puxei assunto com uma pessoa que estava do meu lado no avião e contei a minha história, e sobre a mudança para o Brasil. Ele me contou que era psicólogo e na hora pensei: "Pronto, ferrou, agora vai me dizer que sou meio louca." Mas, para minha surpresa, ele achou tudo muito incrível e notou o quão forte eu era diante de algo tão trágico como a perda do meu pai. E aí ele disse uma frase de Friedrich Nietzsche que me impactou tanto que jamais esqueci: "Às vezes temos que deixar o caos da vida entrar para que a estrela bailarina comece a dançar".

Descobri o quanto a resiliência fazia parte da minha vida e a importância que ela teria em minha jornada empresarial.

Sinais de que falta resiliência em uma líder

- Dificuldade para tomar decisões e sair da zona de conforto.
- Autoconfiança baixa. Abala-se muito com críticas ou perdas e demora muito para se levantar.
- Baixa inteligência emocional. É incapaz de lidar com os seus sentimentos e reconhecer os sentimentos do outro.
- Intitula-se de realista, mas na verdade é pessimista.
- Não lida bem com mudanças. É a primeira a reclamar quando algo muda.

Se você se identificou com algumas das características acima, fique tranquila. Todas nós, em certos momentos da nossa vida, atuamos dessa forma. O importante é perceber esses comportamentos e buscar desenvolver a resiliência.

Seis passos para se tornar mais resiliente

1. Aprenda com os erros do passado, mas deixe o passado no passado.
2. Estabeleça uma rotina saudável. O que você faz antes de ir para o trabalho influencia no restante do seu dia.
3. Cultive relacionamentos positivos.
4. Autoconhecimento. Leia livros, faça cursos e treinamentos que vão lhe ajudar a ter outra perspectiva sobre a vida.
5. Seja otimista. Veja o lado bom das coisas e seja grata até pelos desafios.
6. Estabeleça uma meta ou objetivo claro para a sua vida e persista.

Liderar pelo exemplo e construção da confiança

*Uma líder de sucesso lidera de três maneiras: pelo exemplo,
pelo exemplo e pelo exemplo.*
MARY KAY ASH

Depois de assumir esse desafio de ser resiliente, **a segunda etapa** da jornada do Líder são as pessoas. Se não houvesse as pessoas, nem líderes seríamos.

Por que você seguiria ou faria algo que te pedem? Geralmente a construção desse relacionamento se inicia pela admiração, que se torna respeito, e por fim temos a confiança que gera engajamento entre o líder e seus liderados. Principalmente no início dessa construção da confiança, a relação entre o líder e seus colaboradores deve ser pautada na transparência, no respeito e na humildade.

Por isso, liderar pelo exemplo lhe ajuda a construir a **confiança**, que torna o seu vínculo com os colaboradores muito mais forte.

Logo que assumi a empresa de rádio do meu pai, que tinha quase 40 anos de história e colaboradores com muitos anos de casa, me deparei com um grande desafio. Além do momento difícil, os colaboradores se sentiam muito inseguros com tudo o que estava acontecendo. "Uma menina que veio dos Estados Unidos, não entende nada de rádio, e agora vai ser nossa chefe?", imagino eu que muitos deles pensaram isso.

E eles estavam certos. Quem era eu pra dizer o que eles deveriam fazer? Então entendi que, se eu quisesse conquistar a minha equipe, teria que liderar pelo exemplo. Assim iniciou a minha jornada como empreendedora. Comecei a buscar conhecimento, visitar outras empresas do mesmo segmento, estudar dia e noite sobre gerenciar os negócios, lidar com pessoas e sobre as tendências do mercado. Eu era a primeira pessoa a chegar na empresa e a última a sair.

A virada de jogo aconteceu depois de três meses, quando as rádios participaram fisicamente do maior evento da cidade, a Expo Umuarama. Um mês antes desse evento, decidimos que a nossa empresa participaria do evento, com um estande e transmissão ao vivo. "Uma missão impossível", me diziam. Não tínhamos dinheiro, equipamento adequado ou experiência para fazer isso, mas corremos atrás de parceiros e aos poucos deu tudo certo. A equipe ficou muito animada porque nunca nenhuma rádio esteve presente dessa forma nesse evento.

Foram dez dias de evento em que me comprometi a estar presente todos os dias, enquanto a equipe revezava em turnos para não haver sobrecarga. Trabalhando das 7 da manhã até a meia-noite, quando encerrava o evento. Todos deram o seu melhor e foi um grande sucesso. Esse evento foi um marco positivo tanto para a empresa como para a equipe. A equipe percebeu que eu não pediria nada a eles que eu não pudesse fazer também. Conquistei a admiração, respeito e confiança da minha equipe liderando pelo exemplo.

Se você espera ter excelentes resultados, precisa ser uma boa líder. E aqui vão minhas sugestões em uma lista que hoje considero indispensável:

- ter humildade;
- amar o que faz;
- ser entusiasta;
- ser boa ouvinte;

- gerenciar as emoções com inteligência;
- separar a pessoa de seus comportamentos;
- trabalhar em equipe (ser colaborativa);
- solucionar problemas;
- comunicar corretamente;
- saber delegar corretamente.

Quem não lidera para servir, não serve para liderar!

De líder boazinha ou centralizadora a uma líder de resultado

Você acha que construir uma relação de confiança é fácil? Se você já experimentou a cadeira da liderança, deve saber que não é, e que podemos "perder a mão" nessa questão de ser uma líder servidora.

O líder é o responsável pelo sucesso ou fracasso de uma empresa. É comum, em alguns casos, ver empresas que estão no auge do sucesso e, com a mudança do líder, entram em falência. Este livro fala sobre liderança humanizada, isto porque, diante das mudanças do cenário empresarial, não há mais espaço para líderes autoritárias, centralizadoras e, principalmente, boazinhas demais. Todos esses perfis são extremos e geram resultados negativos a longo prazo.

É preciso equilíbrio nessa **terceira etapa**, na qual você vai se conhecendo melhor como líder! Um verdadeiro malabarismo entre motivar, inspirar, delegar e dar *feedback* positivo e construtivo. Se somente um desses pontos é feito, o resultado não será o esperado para a empresa e seus colaboradores. Como eu assumi a empresa sem nenhuma experiência, digamos que fui, sim, uma líder boazinha de início.

E quais as consequências de ser uma líder boazinha?

- perda de autoridade;
- liderados com muita autonomia;
- não tem clareza na delegação de tarefas;
- não sabe cobrar;
- queda de resultados pela falta de correção efetiva;
- liderados não respeitam.

Quando percebi que isso estava acontecendo, comecei a me preparar melhor para saber me posicionar corretamente e fiz algo que poucas empresas tomam o seu tempo para criar: Processos! O processo sistematiza a sua empresa. Você traz mais clareza sobre o que é esperado de cada colaborador e, com isso, diminui tomadas de decisões porque estas já estão definidas no processo.

O que você pode fazer para melhorar sua liderança?

- conversar com outras empresárias e líderes;
- procurar o Sebrae ou consultorias para lhe ajudar a criar os processos;

- estudar sobre liderança e gestão de pessoas (cursos, livros etc.);
- quebrar crenças limitantes que lhe fazem querer agradar a todos, ser aceito por todos, evitar a rejeição e conflitos a qualquer custo.

Hoje eu sei a importância de estar sempre aprendendo e encontrar o equilíbrio entre liderar, servir e ter resultados.

> *Nenhum homem será um grande líder se quiser fazer tudo sozinho ou se quiser levar todo o crédito por fazer isso.*
> ANDREW CARNEGIE

Identificando talentos para desenvolver novos líderes

Quanto menos o seu negócio depender de você, mais valor ele terá. Simples assim. Se você passa o tempo todo apagando incêndio, ou no operacional da sua empresa, não está cumprindo o seu papel de líder, que é criar estratégias para sua empresa trilhar.

Por isso a **quarta etapa** na jornada empresarial de líderes de sucesso é desenvolver novos líderes. Para a sua empresa ir para o próximo nível, você não pode ter medo de ser substituída, porque todos nós podemos ser substituídos. Mas não seria incrível se isso pudesse ser feito sob o olhar do líder, para ser uma transição sem tantos traumas na cultura da empresa?

Para iniciar esse processo, sair do operacional e focar na criação de novos líderes e estratégias da empresa, avalie qual função você executa que traz o maior resultado e avalie também todas as outras funções que poderia delegar. Terceirize, delegue e treine outras pessoas para fazer aquilo que não é a sua função principal.

Com o tempo, se você deseja ter mais tempo pessoal, treine alguém para fazer a sua função principal também. Eu acredito que a meta de todo empresário deva ser a de se tornar NÃO ESSENCIAL para o funcionamento da empresa. E isso só é possível com processos, sistemas e outros líderes na função adequada.

Como escolher os próximos líderes

- escolha pessoas com os mesmos princípios e valores que você;
- desenvolva um colaborador que mostre potencial (eu acredito muito nisso). Às vezes será necessário trazer algum talento de fora;
- opte por a alguém que acredite na sua visão e para onde a empresa está indo;
- prefira alguém que tenha o desejo de crescer na empresa.

Se a empresa já tem esse colaborador em potencial, você precisa

- identificar se ele tem o desejo de crescer na empresa;
- oferecer treinamento;
- investir seu tempo para acompanhamento um a um;
- acreditar e confiar que ele fará um bom trabalho.

Depois de três anos à frente da empresa, só agora estou conseguindo treinar novos líderes. Ainda tenho muito que aprender e crescer para chegar no sucesso que desejo, mas já consigo visualizar os resultados positivos dessa jornada como líder até aqui.

Os líderes proeminentes saem de seu caminho para aumentar a autoestima de seu pessoal. Se as pessoas acreditam em si mesmas, é impressionante o que elas podem fazer.
SAM WALTON

E quando você não estiver mais aqui?

Faça-se essa pergunta. Parece um pouco triste, mas é necessário para pensarmos que temos tempo limitado para sermos e fazermos tudo o que queremos.

Que legado você quer deixar? Há muitas maneiras de liderar, mas o mais importante é que devemos estar sempre aprendendo e evoluindo para a próxima etapa. Comigo a jornada empresarial passou por todas essas etapas: tive resiliência, construí um vínculo de confiança com meus liderados pelo exemplo e depois criei processos em minha empresa. Agora é o momento de desenvolver novos líderes. Uma excelente líder constrói uma empresa de sucesso com valores e com pessoas que amam o que fazem. Ela alcança a liberdade financeira e se torna livre para escolher como usar o seu tempo da melhor forma. Nosso tempo é limitado e talvez seja o recurso mais precioso que temos na vida, que dinheiro nenhum compra.

Se suas ações inspiram outros a sonhar mais, aprender mais, fazer mais e tornar-se mais, você é um líder.
JOHN QUINCY ADAMS

6

RELATOS DE MINHA EXPERIÊNCIA COMO LÍDER NO TERCEIRO SETOR

Neste capítulo, vou compartilhar a minha experiência de liderança no Terceiro Setor, com a implantação e profissionalização da área administrativa, para contribuir com o alcance de sua missão com engajamento, impacto social, criação de mudanças, diminuição de desigualdades, compreensão do contexto social e político do país, responsabilidade social e voluntariado.

ANA CLÁUDIA DO NASCIMENTO FERREIRA

Ana Cláudia do Nascimento Ferreira

Administradora hospitalar graduada pelo Centro Universitário São Camilo, com pós-graduação e docência em Administração Hoteleira pelo SENAC SP, atualmente cursando MBA em Gestão Estratégica pela FIA. Sólida carreira em gestão voltada para a área da saúde, iniciada no Segundo Setor em hospitais. À convite da gerente geral de uma organização do Terceiro Setor iniciou o trabalho de implantação da área administrativa para contribuir com o alcance da missão da instituição, com processos administrativos organizados e transparentes. Seu diferencial é a paixão pelas pessoas, abertura para a realidade e disposição para enfrentar os desafios do Mundo BANI.

Contatos
diretoria_adm@cren.org.br
LinkedIn: Ana Claudia do Nascimento Ferreira
Instagram: anaclaudia.nf
11 98455 3953

Relatos de minha experiência como líder no Terceiro Setor

Mulher, negra, filha de migrantes mineiros, paulistana, terceira filha de quatro irmãos, casada, que viveu a maior parte de sua vida em uma região da periferia da cidade de São Paulo.

Tracei uma trajetória profissional com muitos desafios e conquistas, com mais de 23 anos de experiência como líder de equipes na área da saúde.

Em 2008, fui convidada a desenvolver e implementar o setor administrativo em uma organização do Terceiro Setor, atualmente denominada como OSC – Organização da Sociedade Civil.

Início da minha trajetória

Modelo organizacional

Para iniciar a jornada proposta de desenvolvimento e constituição de uma área administrativa, foi importante entender a constituição de uma OSC. É feita por meio de uma associação composta por voluntários que têm um propósito em comum e desejam contribuir com a sociedade de forma organizada, desenvolvendo determinado tipo de atividade.

Uma vez criada a associação, é feita uma eleição para escolha da diretoria da associação (diretor-presidente, primeiro-secretário, segundo-secretário e tesoureiro) e do conselho fiscal (conselheiros e suplentes).

Algumas organizações optam por criar conselhos administrativos ou de gestão com o intuito de compartilhar o desenvolvimento e acompanhamento do planejamento estratégico da organização.

Profissionalização e implementação de processos administrativos

Há 13 anos trabalho como executiva da área administrativa de uma OSC que atua na área da saúde, educação e cultura.

Fui convidada para implementar a área administrativa. Na ocasião, não havia papéis definidos para o desenvolvimento de atividades administrativas, e os responsáveis pelas áreas de assistência também tinham a responsabilidade de responder por todas as demandas administrativas. Com isso, a energia que poderia ser direcionada para os atendimentos das crianças, adolescentes e seus familiares era dividida com tarefas burocráticas.

Outro aspecto a ser considerado é a sustentabilidade financeira das OSCs no Brasil. De maneira geral é muito desafiadora. Na ocasião, a organização havia feito um planejamento estratégico para ampliação de parcerias e expansão dos atendimentos. As organizações sociais não geram lucro, portanto, dependem de investimentos e patrocinadores diversos, como conveniamentos com órgãos públicos, fundações, empresas, institutos, doações de pessoas jurídicas e físicas, editais, campanhas de captação, eventos, entre outros, sempre considerando se a parceria com o potencial investidor ocasiona conflito de interesses.

Uma vez que a sustentabilidade financeira parte de fontes tão diversas, as organizações cada vez mais precisam ter processos que demonstrem transparência e idoneidade.

Estudei modelos administrativos de empresas e organizações consolidadas com processos claros e definidos e a partir deste estudo comecei a desenvolver e implementar os setores administrativos com as respectivas definições de responsabilidades.

Para este processo foi necessário investimento financeiro e de tempo, e foram definidos os setores e as prioridades.

No desenho organizacional, eu era a gerente administrativa, a maestrina dos setores de Departamento Pessoal, Compras/Suprimentos, Recebimento, Contas a Pagar, Financeiro, Prestação de Contas, Contratos, Certidões e Certificados.

Essa jornada trouxe muitas dificuldades e, principalmente, muitas conquistas, porque, como mencionado anteriormente, não existia a área administrativa e as estruturas dos departamentos. As demandas administrativas eram realizadas basicamente por um assistente administrativo, dois auxiliares administrativos e um *office boy*.

Gestão de pessoas (DP)

Considerando que o recurso humano é o bem mais precioso da organização, este setor tem um papel muito importante, pois é responsável por todo o processo de contratação, integração do novo colaborador, pagamento de salário e benefícios.

Para que toda a equipe se dedique com todo o seu potencial é importante que não haja preocupação com as questões relacionadas ao pagamento e benefício. O não cumprimento pode gerar desgaste à equipe, insatisfação, *turnover* e perda de credibilidade da organização.

Em casos extremos, quando ocorrem imprevistos que impactam a rotina definida, todos os profissionais devem ser informados, o que significa afirmar a posição de transparência e o valor que cada profissional tem dentro da organização.

Essa área também é responsável pelo desligamento dos colaboradores. É importante que sempre seja realizado de maneira discreta e respeitosa, garantindo que todos os direitos previstos na legislação brasileira sejam cumpridos. Foi desenvolvido um questionário para ser respondido pelo ex-colaborador com perguntas estratégicas para os gestores lerem e refletirem se há pontos a serem melhorados, modificados e/ou implementados.

Compras/Suprimentos

Tem uma relação direta com as áreas de assistência e educação, uma vez que a maior parte dos produtos, materiais e serviços adquiridos são utilizados para o desenvolvimento do trabalho prestado aos nossos pacientes e familiares.

É importante que a equipe esteja sensibilizada e entenda a finalidade última do seu trabalho, que é contribuir indiretamente para que o paciente receba o melhor atendimento possível, com os melhores produtos, materiais e serviços.

Além disso, é fundamental que o processo demonstre transparência e lisura, para responder aos valores da instituição e também para a manutenção e captação de novos financiadores.

Financeiro

É fato que uma parte da população no Brasil associa as OSCs a atos ilícitos de desvio de recurso financeiro ou utilização para benefício para um pequeno grupo de pessoas, não aplicando o recurso para os objetivos estatutários. Vale ressaltar que já foi comprovado que isso, infelizmente, acontece, mas numa proporção muito pequena, em que as OSCs podem ser avaliadas de forma pejorativa não condizente com suas práticas.

Essa área é responsável por toda a movimentação financeira da organização. A equipe deve ter clareza da sua importância e relevância e ter os processos definidos de forma clara e transparente. As contas bancárias devem ser consolidadas e os relatórios disponibilizados para os gestores e para a equipe de Prestação de Contas, para que cada centavo utilizado seja apresentado por meio das prestações de contas para os financiadores.

A situação das contas bancárias deve ser acompanhada para que todas as despesas previstas sejam liquidadas. E, ao perceber descompasso no fluxo de caixa, imediatamente deve acender o sinal de alerta notificando o gerente administrativo e, posteriormente, os demais gestores, para que seja avaliada alguma medida de enfrentamento do problema.

Como mencionado na área de Compras/Suprimentos, o aspecto de transparência é muito importante e determinante para a manutenção e captação de financiadores para projetos desenvolvidos pela OSC, pois a credibilidade da organização passa pela vida financeira saudável e pelas contas auditadas por auditores independentes.

A equipe precisa ter clareza e ser sensível para a importância da legitimidade dos processos.

Prestação de contas

Esse processo é uma forma de aproximar o financiador ao projeto apoiado. São realizados relatórios financeiros com a demonstração dos gastos realizados seguindo o orçamento pactuado. O setor também é responsável por apresentar as ações desenvolvidas de acordo com o escopo do projeto. Relatórios qualitativos e quantitativos são elaborados pela equipe técnica responsável pela execução do projeto.

Novos desafios

Em 2017 fui convidada a assumir a gerência geral da organização em um modelo compartilhado, ou seja, assumi a gerência geral de operações conjuntamente com a gerência geral clínica.

Com isso, criamos uma função de coordenador administrativo para coordenar a área administrativa acima descrita.

Como gerente geral de operações, tornei-me responsável pelas áreas administrativa, projetos, mobilização de recursos, comunicação, ambulatórios, semi-internato, atividades comunitárias, enfim, todas as áreas da organização. E, também sob a minha responsabilidade, os protocolos técnicos, que fazem parte da gerência geral clínica.

Descrevo algumas das áreas que estão sob a minha responsabilidade.

Mobilização de recursos

Considerando que a OSC não gera lucros, a sustentabilidade depende de mobilização e captação de recursos, para arcar com as despesas que os convênios e parceiros não assumem, e da criação de fundo, caso haja imprevistos e investimentos para o alcance de sua missão.

É importante diversificar as fontes de receitas, pois isso reduz a instabilidade financeira. E caso algum patrocinador rescinda o contrato, os impactos podem ser menores, havendo possibilidade de suprir as necessidades para continuidade da execução do projeto.

Estabelecer estratégias para mobilização de recursos que permitam que a organização possa fazer investimentos, que muitas vezes não são abarcados pelos projetos, profissionais das áreas de mobilização de recursos e comunicação, equipamentos como balanças, macas, computadores para equipe administrativa e de recepção e manutenção dos automóveis também é de grande importância em uma OSC.

Comunicação

Como diz o ditado, "quem não é visto não é lembrado". A comunicação é uma área estratégica das organizações, responsável pela visibilidade externa por meio de conteúdos veiculados no site, Instagram, Facebook e outras mídias sociais.

O departamento de comunicação é responsável também pela elaboração do Relatório Anual Institucional e por manter todas as pessoas que se relacionam com a instituição, atualizadas sobre as ações desenvolvidas por meio de *newsletter*, e dá suporte às áreas técnicas, administrativa e de captação de recursos, desenvolvendo materiais e campanhas conforme necessidade das áreas e estratégias institucionais.

Projetos

O objetivo é desenvolver novas metodologias de intervenção e/ou educação nutricional que gerem impacto e possam ser replicadas.

Uma vez aprovado o projeto, são contratados profissionais para o desenvolvimento e execução do projeto técnico e financeiro.

São realizadas reuniões periódicas de monitoramento para avaliação e alinhamento sempre que necessário, seguindo continuamente o escopo ora pactuado e com acordo das partes (financiadores).

Gerência geral operacional

Considerando a abrangência e diversidade de áreas sob a minha responsabilidade, a estratégia que utilizo para acompanhar as áreas é seguir uma agenda semanal ou quinzenal, para troca de informações e avaliação dos relatórios de cada área.

Recentemente iniciamos um treinamento de Liderança Integral para auxiliar gerentes e coordenadores. É a oportunidade de criar um momento de maior integração e troca de experiências, em que são oferecidos conceitos e instrumentos que atuam nas demandas cotidianas e no desenvolvimento de novas estratégias, o que ajuda no desenvolvimento das equipes e no alcance dos resultados.

Finalizo dizendo que desde a minha infância aprendi que o ser humano tem um valor incomensurável. Vale a pena investir nas relações humanas.

Quando os relacionamentos são cultivados com respeito, discernimento, inteligência, garra, disponibilidade, escuta qualificada, sem preconceitos, contribuímos com a construção de um mundo mais justo e com mais oportunidades.

7

FLORAIS DE BACH PARA LÍDERES

Neste capítulo, trago um pouco da trajetória de Dr. Bach e o que resultou no encontro dos seus 38 florais. E a vocês, mulheres, líderes corporativas ou em busca de liderar seus caminhos, alguns florais significativos da personalidade. Ao identificar-se com alguma característica, tenha certeza de que o processo de transformação e ressignificação começou a acontecer. Permita-se! "Cura-te a ti mesmo."

BIANCA DE MORAIS MORELLO DE CAMPOS RUSSO

Bianca de Morais Morello de Campos Russo

Terapeuta floral pelo Instituto Bach Center - Inglaterra. Acupunturista, Acupuntura na Saúde Integral da Mulher, Na (In)fertilidade (da mulher e do casal), acupunturista em oncologia, psicanalista, facilitadora e coordenadora de cursos em Terapias Integrativas. Palestrante em atuação no desenvolvimento da mulher, aromaterapeuta emocional, mentoria para o desenvolvimento feminino a partir do Curso "Elas na Liderança", facilitadora da Jornada da Felicidade com foco no desenvolvimento comportamental, emocional, habilidades e potenciais femininos. Graduanda no curso de Fisioterapia.

Contatos
bia.terapiasintegrativas@gmail.com
Instagram: @biamoraisterapeuta
19 99679 3937

Falar de Florais de Bach é pontuar algo que o próprio dr. Bach fez ao longo dos anos em que se dedicou nas pesquisas dos seus 38 Florais de Bach. Ele era médico, bacteriologista, patologista e homeopata. Em seu trabalho na área da medicina, sempre observou o comportamento, o humor e a personalidade das pessoas com as quais lidava ou tratava. Sendo assim, percebeu em si uma grande vontade de encontrar e deixar uma forma de cuidado, que, de tão simples, fosse acessada por todos. E orientada, apenas, por aqueles que estudassem a fundo seu método. Dentro deste anseio que o motivava a cada dia, abdicou de sua atuação médica e se tornou um grande observador das plantas, bem como elas se integram ao meio em que vivem. E trouxe esse raciocínio aos que se dedicam a cuidar e trabalhar na transformação e na elaboração de suas emoções, decisões ou crenças. Bem como cada uma dessas plantinhas, que juntas se tornariam seus florais, poderiam atuar e agir contra algo negativo, improdutivo, difícil de ser lidado, dentro dos processos emocionais e sociais de cada indivíduo único, porém dentro de seus contextos sociais e pessoais. Desta forma, escolheu uma pequena casa em Oxfordshire, **Mount Vernon, sede do Bach Centre**. Instituto, até hoje.

Trazendo todo o conhecimento dos florais e traçando uma linha de raciocínio com os aspectos que podem impedir as mulheres de liderarem ou exercerem suas funções de líderes, seja de suas vidas ou em suas corporações, como um salto no desenvolvimento e transformação de cada uma delas. O apoio na transmutação do que eu acredito ou tenho como "crença" está certo para verdadeiramente aquilo que tenho dentro de mim e irá fazer com que cada uma de nós alcance o sucesso.

Nessa perspectiva, iremos encontrar o autopoder de conhecer a si mesmo, as emoções que bloqueiam o desempenho, lidar e entender os medos, parar a autossabotagem e trazer aquilo de positivo que cada uma, por diferentes fatores, esconde ou suprime dentro de si. Algo que podemos definir como talento natural, uma vez que as experiências vividas por cada indivíduo trará marcas, hábitos e respostas, que são reproduzidas inconscientemente no dia a dia. No entanto no ambiente de trabalho, tornam-se posturas, emoções, atitudes ou ações que prejudicam a maioria de nós de chegar ao topo, seja da liderança externa ou de liderar nossos próprios desafios ou frustrações. Para isso, temos um "buquê" com 38 flores, nas quais algumas cabem muito bem nesse processo de transformar mulheres em verdadeiras líderes! Primeiro de si, depois... o mundo é o limite.

Vale ressaltar que tudo que os florais irão fazer é potencializar, reforçar e aflorar algo que já existe dentro de cada um de nós, principalmente como potencial de vida, transformação e qualidade, uma abertura da consciência individual. Nenhum floral atua no sintoma, por exemplo a raiva, a frustração, o medo de perder o controle diante de uma situação ou alguém, "aquela preguiça da segunda-feira" ou se decidir entre uma ou outra tarefa e não saber o que fazer, ficando em cima do muro. Para nós, terapeutas florais, isso é um sintoma que encobre algo muito mais subjacente. Desse modo, irei apresentar a vocês alguns florais que chamamos de característicos para cada pessoa – é o tom da personalidade, daquilo que sou, um aspecto mais marcante. Então, vamos lá? Com certeza você irá se identificar com algumas dessas situações em sua jornada como Líder!

Nós, mulheres e líderes, já nos deparamos com momentos em que recebemos uma proposta, mas, para que sejamos aceitas, sentimos a necessidade de perguntar para várias pessoas, esperando a aprovação ou uma confirmação dos outros, como um eterno "O que você acha?". E quantas oportunidades se perderam por isso? Seu floral potencializará sua intuição, transbordará uma onda de autoconfiança e te inundará de uma certeza na escuta daquela voz que diz "Vai!", e, por não confiar em si mesma, busca nos outros a afirmação do "vai e faz!" Irá te libertar da indecisão e da busca da sua certeza interior partindo da voz do outro.

Quantas vezes ficamos frente a duas situações ou dois posicionamentos, principalmente na posição de liderança, e não sabemos o que decidir, qual deles escolher ou para que lado ir. É um verdadeiro "melhor ficar em cima do muro". Afinal, como posso escolher entre essas duas opções? Parece que falta um eixo de equilíbrio. Seu floral vai te auxiliar na clareza de qual decisão tomar, qual caminho seguir e, principalmente, dar estrutura para saber que a escolha vem do coração. Ele vai te permitir a doce sensação da decisão e do posicionamento.

E quando, ao liderar uma equipe, assumimos as tarefas acreditando que ninguém é perfeito o bastante para fazer o que fazemos? Sim! Somente EU sei fazer isso, o melhor projeto, o melhor trabalho, a melhor ideia, essa capacidade, essa perfeição em fazer qualquer coisa é unicamente minha, afinal, tenho de ser O exemplo para todos. Fim! Delegar algo na minha equipe, jamais! Hum, mas isso não me traz prazer, apenas obrigação em cumprir metas e tarefas! Ah, seu floral vai te mostrar que viver é a harmonia entre o prazer de realizar as tarefas com leveza, amorosidade e autocompaixão, ressignificar a necessidade de perfeição para uma vida com mais espontaneidade e menos cobrança, muitas vezes inalcançável.

"Uma boa líder não mostra o que sente, ela age! Demonstrar emoções, nunca! Isso é para os fracos, mando e mando mesmo, o controle está nas minhas mãos e sou eu quem dito as regras. Minha autoridade, minha vontade, minha razão". Nesses casos, o floral é aquele que transmutará a autoridade em força para demonstrar a direção e o caminho a ser seguido, surgirá o potencial da liderança, do mestre que sabe usar o comando e as palavras para direcionar as pessoas e as equipes com compaixão e empatia.

E aquela mulher, superconcentrada, mas que sempre se isola num canto, seja para trabalhar, estudar, prefere sempre ficar na dela ao interagir com os colegas, fala pouco, extremamente séria. Sua liderança permeia poucas palavras, pouca interação com sua equipe, chega à rigidez do contato, com poucas palavras e até uma dificuldade de entender o que ela quer expressar, pedir ou até mesmo o que quer compartilhar para que seja resolvido. Nada melhor que um floral que a auxilie a abrir o coração e a fala, onde todo o potencial de seus conhecimentos serão expressos claramente. Abrirá uma porta em seu coração que auxiliará a sua participação, sua convivência e sua forma de liderar mais interativa, leve. Ela não deixará de ser quem é em suas características reservadas, porém permitirá uma fluidez no contato com os outros e na comunicação de seus objetivos.

"Eu preciso disso para ontem!" Essa líder tem o potencial de estar impaciente com tudo e com todos. Não é incomum ver pelos corredores uma mulher altiva, imponente, brava, apontando para a lerdeza de todos aqueles que a rodeiam. Reclama do tempo que os seus colaboradores estão executando uma tarefa. Vive pensando de modo acelerado, agitado, nunca fica em sua mesa. Afinal, o tempo é curto e ficar parada é perder tempo, e todos devem seguir o ritmo dela, uma vez que não sabe esperar. Paciência é algo que ela não tem. Essa líder necessita de um floral que auxiliará na jornada interior para que encontre dentro de si um ritmo mais equilibrado, a gentileza, a paciência e, principalmente, a perseverança e o entendimento de que para tudo existe um tempo, um ritmo e um equilíbrio, inclusive para a vida.

Que maravilha é trabalhar com uma líder boazinha! Afinal, ser legal é a chave do sucesso. Precisa agradar sua equipe, uma vez que só assim se protege e mantém seu cargo, profissão e posição na empresa, pois se desagradar alguém, colocará tudo a perder. Ela aceita tudo, sorri para todos, não delega, prefere ir e fazer, mas por dentro ela sofre. Sabe que está errado, tudo errado, mas enquanto se condena e sofre em seu interior, seu rosto estampa um belo sorriso. Para parar com essa atitude, o floral que ela irá usar permitirá a transformação de absorver tudo para si em palavras e atitudes que permitam dizer não, porém, sem perder a gentileza, delegando sem se colocar como a boazinha e trazendo paz e equilíbrio interior. Afinal, o potencial que está nessa mulher é dela e não existe a necessidade de sempre agradar ou dizer sim, liberando-a para ser ela mesma.

Diferente daquela líder que não vê tempo para nada ou da que acredita que só ela sabe fazer as coisas, existe uma líder que é intolerante e negativista com tudo e com todos. Ela delega as tarefas, mas junto já coloca defeito ou uma crítica negativa, já que é ela que sabe tudo. E sabe mesmo. Supercompetente, inteligente, capacitada para desempenhar sua função, então que algo seja feito e perfeito. Essa líder precisa restaurar em si a tolerância e o papel de educadora que ela também desempenha. Aprender a despertar e ver o positivo no outro e na vida que lhe cerca, seu floral motivará a positividade, potencializará a beleza e a bondade que a rodeia.

Toda empresa tem aquela líder que faz hora extra, finais de semana são em função do trabalho e da própria equipe. Não é raro ela abrir mão de férias, feriados e trabalhos em casa para que tudo seja perfeito e todos fiquem satisfeitos com os resultados. Ela gosta de trabalhar, ela adora estar com sua equipe. Apesar disso, não vê que sua energia se esgota, mas mesmo assim quer continuar desempenhando seu papel. Não consegue ver seus próprios limites indo embora. Coloca-se como forte, trabalha muito bem, não reclama, não para, contudo se sobrecarrega. Ela precisa do floral que permita que enxergue em si todo esse potencial de trabalho, permitindo-a parar, repor as energias e motivá-la a respeitar seus limites físicos e emocionais.

Apresentei a vocês alguns florais e perfis de mulheres líderes, nos quais você poderá ter se visto em certas características ou em alguma colega de trabalho, ou na líder com quem trabalha. Trago características marcantes em algumas mulheres com as quais já trabalhei. E dentro de um processo terapêutico dos florais, transformamos essas características ruins em potenciais criativos, em oportunidade de crescimento e, principalmente, em aprendizado mútuo. Não foi mágica, nem a ação desse ou daquele floral, foi o primeiro passo que essas líderes natas quiseram dar rumo ao crescimento pessoal e profissional. Não é o floral que vai mudar você, essa mudança já lhe pertence. O poder de transformação é seu, só seu. O que nós faremos, eu como terapeuta e o floral como conversor do que é negativo em potencial positivo, é auxiliar na condução dessa jornada, no encontro desse objetivo lindo que é transformar e desabrochar as pessoas na totalidade de seu melhor.

Referências

BACH, E. *Os remédios florais do Dr. Bach – incluindo cura-te a ti mesmo. Uma explicação sobre a causa real e a cura das doenças e os doze remédios.* São Paulo: Pensamento, 2006.

HELGESEN, S.; GOLDSMITH, M. *Como as mulheres chegam ao topo.* Rio de Janeiro: Alta Books, 2019.

HOWARD, J. *Os remédios florais do Dr. Bach passo a passo – guia completo para prescrição.* São Paulo: Pensamento, 2006.

MONARI, C. *Participando da vida com os Florais de Bach – uma visão mitológica e prática.* Acallanto Editora, 2018.

8

AUTOCONHECIMENTO: O CAMINHO PARA O SUCESSO NA LIDERANÇA!

Quando falamos em liderança, o que vem à nossa mente? O que é ser um líder de sucesso nos dias de hoje? O autoconhecimento e a autoliderança são fundamentais para que sejamos líderes mais humanizados e dispostos a transformar não só a nossa vida e também a dos nossos liderados, bem como a das pessoas à nossa volta, em uma eterna busca pelo conhecimento e aprimoramento. Por meio de processos de *coaching*, por exemplo, percebemos quais as nossas forças e virtudes e também os pontos fracos que fazem parte do processo e nos ajudam a amadurecer e retirar as amarras que nos impedem de crescer tanto na vida pessoal quanto na profissional. Vamos descobrir como o autoconhecimento é o caminho para uma liderança de sucesso!

CARLA VALICEK

Carla Valicek

Servidora Pública Estadual. Possui experiência como gestora em Unidade Judiciária por mais de dez anos. Graduada em Direito pela Faculdade de Direito Milton Campos. Pós-graduada em Direito Penal e Processual Penal pela Universidade Gama Filho, e em Direito Público pela Universidade Católica de Minas Gerais. Iniciou o *Coaching* no Programa Ser *Coach* do IBC – Instituto Brasileiro de Coaching – e concluiu a formação do PSC – *Professional Self Coaching* pelo mesmo Instituto. Certificação em *Professional & Self Coach, Leader Coach, Life Coach*, Analista Comportamental com certificado internacional pelo IBC.

Contato
carla0823@gmail.com

Quando nos referimos à liderança, o que nos vem à mente? O que significa ser um líder de sucesso? Como podemos chegar lá?

Estas perguntas são fundamentais para o processo de autoconhecimento e sucesso tanto na vida pessoal quanto na vida profissional, especialmente na liderança, que é o assunto aqui tratado.

Na atualidade, percebemos que líder é aquele que trabalha junto com a equipe, se preocupa em saber quem são as pessoas que fazem parte da sua equipe. É aquele que tem um tempo para conversar com os seus liderados, saber como está a família, quais os seus sonhos e desafios.

Nós, seres humanos, precisamos de atenção, seja através de um sorriso, uma palavra de motivação e carinho. Tudo isso faz a diferença na nossa vida e na das pessoas com quem convivemos.

A tomada de consciência de que somos luz e sombra, que somos vulneráveis, faz com que tudo fique mais leve e transforme a nossa forma de viver.

A vulnerabilidade, conforme salienta Brené Brown, em entrevista dada à Revista TPM, no site da UOL.

> *[...] é definida como algo incerto, arriscado e que te expõe emocionalmente. Mas, na verdade, ela é positiva. É dela que nascem emoções importantes que vivenciamos como humanos, como o amor. Isso é a base para se ter coragem. Em um mundo cheio de problemas complexos e possibilidades intermináveis, precisamos de líderes corajosos, de uma cultura da coragem. E só chegaremos lá quando aceitarmos e usarmos nossa vulnerabilidade. O ser humano é vulnerável. Não existe nenhuma pessoa que nunca experimentou emoções como ter incerteza, sentir que está em risco e com medo de exposição.*

Assim, o autoconhecimento que leva à autoliderança envolve a consciência desta vulnerabilidade. Quando aceitarmos isto, nos tornaremos seres humanos melhores e com mais coragem de enfrentar os nossos inimigos internos e vencermos a nós mesmos.

O processo de autoconhecimento abre muitas perspectivas e novas possibilidades. E o que é o autoconhecimento? Você já parou para pensar?

> *Autoconhecimento é conhecer a própria essência, ou seja, é ter pleno domínio de si mesmo: em pensamentos, desejos, esperanças, frustrações e crenças. Esse conceito nos permite traçar um mapa pessoal que faz com que tenhamos oportunidade de interpretar melhor quem somos e, principalmente, onde queremos chegar. Assim, teremos um foco maior e uma certeza do real motivo de estarmos aqui.*
> BRAVIN, 2014

Assim, o autoconhecimento consiste em saber quem somos de verdade, lá no fundo, sem máscaras, quais os nossos desejos, as nossas crenças limitantes e, a partir do momento em que começamos a nos questionar sobre isto, abrimos espaço para um processo de aprendizado e transformação.

O que isto tem a ver com um líder de sucesso?

Quando, enquanto líderes, começamos a trabalhar o nosso interior, buscando respostas sobre qual é a nossa missão, percebemos não só que nossos pontos fracos devem ser trabalhados e, numa maior importância, os pontos fortes que, uma vez descobertos, trarão a transformação interior necessária para ampliarmos a nossa percepção, facilitando o convívio com as pessoas à nossa volta.

Este caminho pode ser traçado por nós mesmos e também com a ajuda de profissionais qualificados como um *coach*, por exemplo, que pode ser o início de uma senda de transformação e excelentes resultados.

O *coach* é um profissional que, através de técnicas e ferramentas, junto com o seu cliente, *coachee*, trabalha os pontos fracos e fortes, traçando metas e objetivos claros que visam alcançar sucesso tanto na vida pessoal quanto profissional. Vamos imaginar o caso de um líder de equipe, por exemplo, que busca se tornar uma referência para os seus liderados. Por meio desse processo irá perceber o que o impede de utilizar o seu potencial ao máximo, a fim de se tornar um profissional de excelência.

O processo de conhecer a si mesmo pode ser doloroso e requer a mudança de vários paradigmas. Aceitarmos que somos luz e sombra é um grande passo em direção ao aprimoramento.

Aí começamos a pensar sobre o sentido da vida, sobre a nossa missão e então, com esta mudança da percepção do eu, passamos a enxergar o mundo com outros olhos e, consequentemente, as pessoas passam a ser vistas como "aliados" para a realização da nossa missão de vida.

Neste momento nasce um líder que tem consciência, uma visão ampliada não só de si mesmo, mas também dos indivíduos que fazem parte do seu caminho, o que permite uma melhor interação e busca de concretizar o objetivo maior: servir e cumprir a sua missão.

> *Grandes líderes têm uma visão e capacidade de manifestá-la. Definir sua própria visão começa por observar e ouvir. Você observa e ouve a situação ao seu redor, mas também observa e ouve no interior. Isso envolve quatro passos: Observação imparcial – observe e ouça com os seus sentidos. Análise – observe e ouça com a sua mente. Sentimento – observe e ouça com o seu coração. Incubação – observe e ouça com a sua alma. Uma vez terminados os quatro passos, sua visão pessoal pode começar a se expressar.*
> CHOPRA, 2010

Na nossa vida diária, em que muitas vezes colocamos tudo no piloto automático, perdemos a noção do que realmente é importante, do que estamos fazendo aqui, qual o nosso objetivo de vida. E isto tudo tem a ver com o sentido de qual seja a nossa missão no mundo.

Como fazemos para descobrir qual a nossa missão?

Existem vários exercícios para que cheguemos a esta resposta. Que tal fazermos um exercício que irá nos ajudar a desvendar qual é a nossa missão no mundo?

Vamos lá! Pegue um papel e caneta e, juntos, iremos iniciar este processo de descoberta!

Silenciando a nossa mente, deixando o corpo relaxar e, com isto, vamos pensando nas coisas que mais gostamos de fazer no dia a dia, no fim de semana. Vamos escrever tudo o que vem à nossa mente. Vamos escrevendo e, agora, pensemos nas características que mais admiramos em nós mesmos. Difícil, não é mesmo? A princípio pode parecer muito desafiador refletir sobre as características positivas, pois na maioria das vezes aparecem nossos defeitos, incongruências. Agora lembremos das vezes em que as pessoas falaram algo positivo a nosso respeito; o que elas realmente disseram? Qual o sentimento que vem à tona nesse momento? Então, com isto em mente, vamos nos lembrar das vezes que nos sentimos extremamente felizes. Quais momentos foram esses? Vamos escrevendo tudo no papel. Agora, iremos escrever um pequeno texto utilizando o que veio à mente com este pequeno exercício. Vamos direcionar as ideias que foram escritas no papel para construirmos uma declaração para o mundo e mostrar a que viemos. E, assim, direcionamos todo este exercício para encontrarmos a nossa missão de vida, o nosso propósito para construir um mundo bem melhor e, consequentemente, uma liderança mais humanizada e direcionada a esta intenção.

Nesta caminhada tenho percebido a cada dia que o autoconhecimento é a estrada que nos leva à evolução e à compreensão do ser humano como um todo.

Assim, cheguei ao que considero a minha missão: crescer como pessoa e, através disto, ampliar a percepção sobre mim mesma e sobre as pessoas com quem convivo. Viver cada dia com determinação e coragem para superar os desafios que, por mais impactantes que sejam, me levam ao aprendizado e evolução a cada experiência.

Ter a fé ampliada e, com isto, trilhar os caminhos que levam ao Criador, Deus Pai, que nos criou à sua semelhança. Através desta percepção de Deus em minha vida, compreender que tudo o que acontece tem um propósito maior, o que me leva a exercer a gratidão por cada processo vivenciado e lição aprendida.

Saber me posicionar nos sistemas em que estou inserida, sendo exemplo de bondade, respeito e atenção plena com todos aqueles com quem convivo, tendo em mente que somos luz e sombra e, portanto, não emitir julgamentos, mas sim aprender com a manifestação de cada ser que passa pelo meu caminho.

Ter consciência de que meus pais fizeram sempre o melhor que podiam ter feito. Honrar, respeitar e aceitar a minha história e demonstrar às pessoas que este é o caminho que nos leva à evolução e ao conhecimento de nós mesmos.

Procurar manter mente, corpo e espírito alinhados com este propósito e exercitar, na minha vida, o **servir** em todos os níveis.

E que as minhas palavras correspondam sempre às minhas ações. Que assim seja e assim será. Amém. **Gratidão** sempre.

Muito bom podermos manifestar ao Universo qual a nossa missão de vida.

Novamente, vamos nos sentar em um lugar tranquilo, fazendo uma respiração profunda, inspirando e expirando e, agora, não mais com o papel e caneta na mão. Fechando os olhos, deixamos a respiração nos acalmar e vamos fazer uma viagem a uma caverna encantada. Estamos caminhando rumo a uma montanha e, nesta montanha, iremos adentrar a caverna. Pelo caminho encontramos lindas árvores e flores. Os pássaros mais belos e coloridos. Vamos caminhando e reparando as cores, texturas e criaturas que estão surgindo pelo caminho. Mais adiante vemos uma paisagem não tão bela quanto a anterior, talvez muito exótica e cheia de mistérios. E ali, eis a caverna. Nossa! Uma entrada enorme, repleta de plantas de um verde maravilhoso! Vamos caminhando em direção à entrada e entramos! A princípio vemos a escuridão que muito nos assusta e, com uma lanterna, continuamos caminhando... Parece não haver nada ali, simplesmente nada... Olhamos as paredes, feias, sem graça e escuras. O que estamos fazendo aqui? Um lugar sem nada a oferecer! Nada! Continuamos o caminhar por trilhas escuras e estreitas e, quanto mais caminhamos, mais nos perguntamos o porquê de estarmos ali, no fundo de uma caverna tão estranha. Eis que, de repente, percebemos uma luz! E esta luz é tão forte que quase nos deixa cegos! Percebemos que, assim como existe esta luz no fundo da caverna, que por uma fresta ilumina o seu interior, assim é a nossa busca pelo autoconhecimento.

No início nos sentimos na escuridão, sem objetivos claros e sem saber quais são realmente as nossas virtudes. Focamos muitas vezes somente no que é negativo e, a partir do momento que descobrimos o caminho que leva ao autoconhecimento, esta luz se faz presente em nossas vidas.

Portanto, bem agora, olhemos para esta luz e vamos percebendo quais são as nossas virtudes, nossos pontos fortes. Percebamos! E quando estivermos nos sentindo desmotivados, sem saída, lembremo-nos desta caverna mágica! Retornemos a ela toda vez que for necessário renovar a nossa luz interior! E agora respire profundamente e abra os seus olhos.

Assim, nesta eterna busca, esperamos que o autoconhecimento nos leve a uma liderança de sucesso e mais humanizada, trazendo um maior desenvolvimento para a nossa vida e, a partir do nosso exemplo, outros busquem o autoconhecimento para uma liderança de sucesso!

Referências

BRAVIN, P. *Administradores.com* [On-line]. Disponível em: <https://administradores.com.br.>. Acesso em: 16 abr. de 2021.

BROWN, B. *Revista Trip*. Disponível em: <https://revistatrip.uol.com.br/tpm>. Acesso em: 18 abr. de 2021.

CHOPRA, D. *A alma da liderança*. Rio de Janeiro: Rocco, 2010.

MAXWELL, J. C. *17 princípios do trabalho em equipe*. Rio de Janeiro: Vida Melhor, 2017.

9

PERSPECTIVAS SOBRE LIDERANÇA FEMININA EM SITUAÇÕES DE INSTABILIDADE

O exercício da liderança é desafiador e apresentar uma visão crítica e atual sobre o comando e a liderança em contextos que, por si só, possam ser considerados instáveis, de risco ou hostis, pode ser um desafio maior ainda. O presente estudo também busca evidenciar algumas ponderações acerca da liderança exercida por mulheres em ambiente predominantemente masculino.

CAROLINA NASCIMENTO
SILVA AGUIAR

Carolina Nascimento Silva Aguiar

Delegada de Polícia do Estado de São Paulo. Professora de Legislação Penal Especial da Academia de Polícia Civil do Estado de São Paulo. Escritora e palestrante. Graduada em Direito pela Faculdade de Direito de São Bernardo do Campo. Especialista em Direito Público, Direitos Humanos e Segurança Pública.

Contatos
nscarolina@globo.com

É possível observar que algumas pessoas possuem qualidades inatas e, com facilidade, desde tenra idade exercem liderança sobre outras pessoas, de modo que apenas se aprimoram no decorrer da vida. Outras, no entanto, ainda que apresentem esse mesmo perfil, se deparam com situações que as obrigam a desenvolver habilidades peculiares para que se tornem líderes bem-sucedidos e que, efetivamente, comandam aqueles que estão ao seu redor.

Essas situações são variáveis importantes no estudo da liderança, pois podem promover alterações consideráveis em seu exercício e refletir diretamente na mobilização da equipe para um objetivo comum e, ainda, inspirar credibilidade e confiança.

Como exercer a liderança em situações instáveis? Essas situações, acrescidas de adversidades, periculosidade ou poucos recursos afetam seu exercício?

O presente capítulo tem como objetivo apresentar uma visão crítica sobre a liderança em contextos que, por si sós, possam ser considerados instáveis ou hostis.

Além disso, outro aspecto salutar para o desenvolvimento deste estudo é a análise da liderança exercida por mulheres em ambiente predominantemente masculino.

E não há lugar mais propício para obtenção de todo esse arcabouço empírico e teórico do que o ambiente policial. O domínio da arte de liderar é pressuposto básico e, de fato, é inerente ao exercício do cargo de Delegada de Polícia. Algo sem o qual toda e qualquer autoridade sucumbiria ou, certamente, enfrentaria problemas das mais diversas naturezas.

Entretanto, é importante destacar que o estudo acerca da liderança e de seu exercício, obrigatoriamente, passa pela análise do perfil, da história e do legado deixado por aqueles outrora considerados grandes líderes da história. São escassos, no entanto, os relatos históricos de mulheres que assumiram a posição de grandes líderes ao longo da história.

Ao compulsar os estudos compilados na obra *Os 100 maiores líderes militares da história*, de Nigel Cawthorne (2014, 412p.), não há relatos acerca de mulheres na liderança. O ambiente policial e militar é predominantemente, até hoje, ocupado por homens.

A liderança nesse contexto, ou seja, ambiente predominantemente masculino e instável, assume contornos peculiares.

O que seriam essas situações de instabilidade? Essa variável pode assumir contornos diversos, contudo observa-se que são situações inesperadas, muitas delas emergenciais e arriscadas que podem gerar consequências extremamente gravosas, especialmente para as pessoas envolvidas. Um desastre, um fato criminoso ou um pedido de socorro que exigem providências imediatas são exemplos dessas situações. Até mesmo a equipe de trabalho pode sofrer os efeitos desses episódios singulares e inesperados.

Nesse diapasão, a figura da líder é ponto nevrálgico e núcleo de onde decorrem as habilidades necessárias para o pleno exercício da liderança, motivo pelo qual é oportuna uma análise breve acerca de seu perfil.

Caráter, comprometimento, conhecimento técnico, discernimento, autodisciplina e responsabilidade são apenas algumas das qualidades indispensáveis a toda e qualquer líder, assim como a admiração que a equipe nutre em relação a ela também é combustível para o sucesso.

O caráter inspira respeito e confiança não só da equipe como também de todos aqueles que direta ou indiretamente sofrem os reflexos das deliberações da líder. Consequentemente, a reputação é peça-chave nessa organização, pois permite a condensação dos vínculos entre a equipe e execução das atividades de maneira mais cristalina, além de espargir seus efeitos para além das fronteiras da unidade de trabalho.

Em outras palavras, *a forma como a líder trata das circunstâncias da vida diz muito sobre seu caráter* (MAXWELL, 2015, p. 17), assim como a condução das atividades em zonas de instabilidade também o revelam.

A Autoridade Policial (líder) que se reveste dessas características certamente terá sucesso no desempenho de suas funções, pois suas deliberações atingem não só as equipes com as quais trabalha, mas também pessoas desconhecidas e funcionários pertencentes a outros órgãos.

De acordo com Goleman (1998, p. 94), *líderes eficazes são parecidos em uma maneira crucial: além de apresentarem habilidades técnicas, todos têm elevado grau de inteligência emocional.*

A gestão das emoções talvez seja o maior desafio da líder em conjunturas críticas nas quais os ânimos de todos encontram-se, muitas vezes, alterados. A análise dos contextos fáticos que são apresentados e a resolução final dos problemas com maestria não pode implicar no comprometimento de sua própria estabilidade emocional.

Há uma aparente dicotomia entre o controle em momentos de tensão extrema e a liderança. Como seria possível equilibrar?

De fato, a emoção fomenta toda fonte de loucuras humanas e certamente fragiliza os seres humanos de forma geral, inclusive no ambiente de trabalho. Por isso, é importante que a liderança seja exercida por pessoas que tenham a habilidade de controlar suas emoções, ou seja, impedir que ocorra a perda ou enfraquecimento do controle emocional e, consequentemente, o envolvimento com a situação fática e fragmentação da capacidade de decidir.

> *Quando você recebe uma crítica, em primeiro lugar, o gatilho cerebral é acionado. Em seguida, as janelas da memória são abertas. Em terceiro lugar, a âncora se fixa na área de leitura e, dependendo do volume emocional da janela aberta, se há raiva, sentimento de rejeição, ansiedade, ela se torna uma janela killer, que assassina o autocontrole, a autonomia, fechando, portanto, o ciclo cerebral e dificultando o acesso a milhões de dados. Tudo em centésimos de segundo.*
> CURY, 2020, p. 96

A líder tem condições de conduzir todo e qualquer desafio de maneira incisiva, empática e generosa sem prejuízo à autoridade de suas decisões e de sua competência técnica perante a equipe, pois além de exercer o autocontrole e a autonomia de suas ações, tem a capacidade de transmiti-los a todos os sujeitos envolvidos. A sensatez e a calma, especialmente no tratamento e na própria comunicação, são desdobramentos desse autocontrole.

Não obstante, a demonstração de conhecimento técnico e segurança na tomada de decisões são cruciais para garantir que a equipe esteja afinada e trabalhe de acordo com os comandos exarados, independentemente da conjuntura na qual for solicitada. E são nos momentos de estabilidade que essa demonstração ocorre, ou seja, quando a equipe, ao solicitar a líder, tem respostas aos seus questionamentos.

O trabalho é constantemente avaliado, a cada tomada de decisão, a cada atividade realizada e isso faz diferença no que tange ao controle do trabalho desempenhado pela equipe, pois a cada tarefa finalizada com sucesso, a credibilidade da líder aumenta perante a equipe e, consequentemente, previne futuras incertezas. A construção da credibilidade e da admiração, portanto, é paulatina e ocorre de maneira contínua, independentemente das circunstâncias de tempo, modo e espaço.

> *Na esteira desses pensamentos, pode-se destacar também o comprometimento, pois inspira e atrai as pessoas, além de preceder as conquistas. A única medida real do comprometimento é a ação.*
> MAXWELL, 2015, p. 30

Especialmente em situações de risco, a líder sofrerá pressões externas e as exigências serão ainda maiores, motivo pelo qual, muitas vezes, se verá diante de desafios que precisarão ser executados pessoalmente, ainda que existam funcionários à sua disposição. Nesses momentos, não só o comprometimento como também os conhecimentos técnicos possibilitarão o enfrentamento do problema ou gerenciamento da crise.

É pressuposto indispensável para o pleno domínio da liderança que a líder tenha conhecimento técnico para executar todas as atividades que são desempenhadas pela equipe. É preciso conhecer, dominar as técnicas e ter compromisso com o trabalho para saber deliberar. Exemplifico: no âmbito de uma Unidade Policial, diversas tarefas são executadas constantemente pelos agentes policiais, tais como elaboração de documentos oficiais, comunicações diversas (inclusive via rádio), atendimento ao público, diligências externas, ocasiões em que poderão ser exigidos conhecimentos técnicos de abordagem e conduta policial, armamento e tiro, dentre outros. A Autoridade Policial deve saber executar todas essas atribuições para que possa não só agir no momento certo, como também deliberar da maneira mais sensata.

E não é só. As atribuições exclusivas e, portanto, indelegáveis, devem ser realizadas com propriedade em todas as suas etapas.

Em uma Delegacia de Polícia, a Autoridade Policial é instada a se manifestar constantemente não só para deliberar sobre questões administrativas relacionadas a procedimentos e burocracias internas como também para decidir sobre a vida e a liberdade das pessoas!

A liberdade é um dos bens jurídicos mais valiosos da humanidade e há inúmeras situações que o próprio ordenamento jurídico e o Estado autorizam o uso legítimo da força e a segregação cautelar de pessoas pelos seus agentes. Nesses momentos, o raciocínio e a tomada de decisão devem ser rápidos, eficientes e eficazes não somente com relação à equipe de trabalho, que possui vínculo de hierarquia e subordinação, mas também com relação a todas as pessoas que estejam ligadas direta ou indiretamente a dada situação. Significa que a liderança extrapola os limites da unidade de trabalho e atinge o público externo e agentes pertencentes a outros órgãos e instituições.

Os destinatários das decisões exaradas por uma Autoridade são diversos: os agentes operacionais da equipe a qual comanda, agentes pertencentes a outros órgãos ou instituições (polícia científica, polícia militar, guarda civil municipal, entre outros) ou o público em geral.

Os agentes operacionais que integram o grupo de trabalho e aqueles que compõem as forças de segurança pública representam um grande contingente, cuja maioria avassaladora é do sexo masculino. Nesse contexto, o exercício da liderança por uma mulher apresenta algumas particularidades.

Além das características já esboçadas, a líder deve ter uma postura adequada, o que inclui não só a forma de se posicionar e de se comunicar com todas as pessoas, como também a forma de se apresentar, com vestuário adequado ao trabalho que pretende realizar, inclusive.

As demonstrações de perspicácia, controle e potencial profissional são evidenciados aos destinatários das ordens, em sua maioria homens, pois é necessária clareza em todos os posicionamentos, independentemente do assunto tratado.

E nesse diapasão surge um paradoxo: ao mesmo tempo que a líder deve manter o devido distanciamento interpessoal das ocorrências que lhes são apresentadas e das partes, deve também buscar aproximação profissional e humana.

Como é possível, ademais, harmonizar o distanciamento pessoal e a aproximação profissional para que a liderança seja plena?

A resposta é simples: o distanciamento pessoal combina todos os reflexos relacionados à inteligência emocional e à forma como a líder recepciona e responde as intervenções, diálogos e questionamentos, seja deixando cristalina sua posição de Autoridade, seja demonstrando descontentamento, quando for o caso, tecendo elogios às condutas adequadas ou até mesmo permanecendo silente.

Outrora, tende a haver uma aproximação profissional quando ocorre a demonstração assertiva de competência técnica e sensibilidade no trato das questões que lhes são apresentadas, celeridade na tomada de decisões, além de eficiência.

Referências

CAWTHORNE, N. *Os maiores líderes militares da história*. Rio de Janeiro: DIFEL, 2014.

CURY, A. *O maior líder da história*. Rio de Janeiro: Sextante, 2020.

GOLEMAN, D. What makes a leader? *Harvard Business Review*, v. 76, n. 6, p. 93-102, 1998.

GREENE, R. *As 48 leis do poder*. Rio de Janeiro: Rocco, 2000.

MAXWELL, J. C. *As 21 indispensáveis qualidade de um líder: as virtudes fundamentais para conduzir uma equipe ao sucesso*. 2. ed. Rio de Janeiro: Vida Melhor, 2015.

10

AS FASES DA VIDA E DA CARREIRA

Segundo a Antroposofia, o desenvolvimento humano é dividido em ciclos de sete anos, os setênios. Em cada uma das fases, somamos conhecimentos para nossas vidas e buscamos novos desafios. As fases estão em total conexão com os movimentos de carreira e podem apoiar profissionais em seus planos de desenvolvimento pessoal.

CASSIA HIRAMOTO

Cassia Hiramoto

Casada, mãe do Léo e da Fernanda, dedico minha jornada profissional ao desenvolvimento humano. Empreendedora e executiva, atuo há mais de 30 anos apoiando empresas e pessoas a atingirem resultados de alta performance, por meio de planos customizados de desenvolvimento da liderança, de equipes e programas de gestão de talentos. Atuei em diferentes segmentos, desenvolvendo habilidades para transitar no negócio e influenciar a liderança com o propósito de atingir a excelência na gestão de pessoas. O ser humano está em constante desenvolvimento e aprendizagem, somando conhecimentos e desafios. Eu sigo aprendendo, ensinando e acreditando em um mundo do trabalho mais equilibrado, no qual pessoas e organizações ganham porque atingem seus objetivos. Administradora de empresas, pós-graduação e MBA pela USP em Recursos Humanos, sou mentora e *coach* executiva e de carreira, formada pelo EcoSocial e pela Erickson College e membro da ICF-International Coaching Federation.

Contatos
Cassia.hira@hotmail.com
LinkedIn: https://br.linkedin.com/in/cassia-hiramoto
Instagram: @cassiahiramoto

As fases da vida e carreira

Ao longo da minha carreira fui aprendiz, ensinei e dediquei uma jornada profissional ao desenvolvimento humano. Hoje continuo desenvolvendo pessoas como executiva e empreendedora. Tanto no passado como no presente, aplico conhecimentos que me levaram a despertar ainda mais o meu potencial ao entender a fase da vida em que me encontrava.

Em um dos muitos momentos de busca pessoal me deparei com o estudo da antroposofia, e foi uma conexão imediata, de identificação. Ao levar esses conceitos ao trabalho que desenvolvo, como *coach* e mentora de líderes, percebo como é válido para autoconhecimento, entendimento da forma como agimos e planejamento dos passos seguintes.

Segundo a Antroposofia, o desenvolvimento humano acontece em ciclos de sete anos, os setênios.

Certas leis de desenvolvimento são comuns a todas as pessoas e o conhecimento delas nos possibilita estabelecer pontos de referência para o nosso próprio desenvolvimento.

Por outro lado, cada biografia é única. Não existem duas histórias de vida iguais. Não existem dois indivíduos iguais.

Entre os executivos, o desenvolvimento intelectual e de execução nem sempre é acompanhado da maturidade emocional, fator tão importante para posições de liderança.

Entender as fases do desenvolvimento humano através dos setênios nos permite entender nossas fases de carreira, inquietações e, sobretudo, o que vem pela frente.

Cada vez mais me deparo com profissionais que estão dispostos a assumir o protagonismo da sua carreira, compreendendo que a empresa pode oferecer oportunidades e situações de aprendizado, mas que o rumo da própria vida é sua responsabilidade.

Conforme os ensinamentos da Antroposofia, a vida está dividida em três grandes fases

- **Dos 0 aos 21 anos**: fase do desenvolvimento físico. Formação e amadurecimento corporal, incluindo o desenvolvimento da personalidade.
- **Dos 21 aos 42 anos**: fase de escolhas. Depois de ter vivido as experiências básicas, entramos de fato na sociedade e passamos a tomar nossas próprias decisões.
- **Dos 42 em diante**: fase da maturidade. Aprendemos com as nossas escolhas e estamos prontos para encarar a vida com mais sabedoria e espiritualidade.

Para dar continuidade, abriremos as três grandes fases em setênios:

1ª fase – 0 aos 7 anos – O nascer físico

Chamada de primeira infância, os primeiros anos da vida humana são marcados pelo desenvolvimento do corpo e capacidade motora. Corte do vínculo materno e construção da personalidade, sujeita a muitas influências externas. Os primeiros sete anos são de descobertas e os pais têm a responsabilidade de incentivar os filhos a experimentar e conhecer os seus limites.

Ainda de forma primária, começamos a conhecer a nós mesmos. O processo de aprendizado nesta fase acontece por imitação, os pais se tornam modelos.

2ª fase – 7 aos 14 anos – O nascer emocional

Professores e pais exercem um papel de autoridade muito presente e importante. É a partir deles que a criança cria as suas próprias percepções e sua visão de mundo. Nesta fase, os hábitos são determinados, incluindo as normas e os costumes; por exemplo, o comportamento masculino e feminino a ser adotado: menino "não chora" e menina brinca "com as suas bonecas", conforme a cultura local, independentemente de concordarmos com esse comportamento ou não.

O processo de aprendizado acontece pela identificação com uma autoridade amada. Os professores, por exemplo, serão lembrados com carinho.

As decisões passam a ter protagonismo. A escolha do curso a ser prestado no vestibular é feita nessa fase, e em alguns casos, marca o início da carreira profissional.

3ª fase – 14 aos 21 anos – O nascer da identidade

Os jovens buscam a tão sonhada liberdade! O mundo não é apenas a escola ou a família, mas um grande universo, com inúmeras possibilidades. A sexualidade e a política, por exemplo, passam a ser mais presentes na adolescência. O jovem passa a formar pensamentos próprios e independentes de conceitos ou experiências.

"Quem sou eu? O que vim fazer neste mundo? O que quero ser na vida?", expressões e questões relacionadas à crise de **Identidade**, à busca da própria essência.

Para encontrar um caminho a ser seguido são fundamentais o autoconhecimento, a sensação de pertencimento e o diálogo.

Parece precoce falar sobre carreira nesta fase, mas a escolha da faculdade exigirá uma definição de área de atuação no futuro.

Talentos típicos de liderança despontam nessa fase, como organização de eventos, líder de equipes e perfil empreendedor.

As empresas e organizações desenvolvem jovens aprendizes, estagiários, técnicos e indivíduos nos cargos de entrada que serão lapidados, aprendendo regras de conduta corporativa, dando continuidade na educação, agora no âmbito profissional. É o primeiro contato com direitos e deveres, reconhecimentos e consequências.

4ª fase – 21 aos 28 anos – Aprendiz

Encontrar o nosso lugar no mundo é o principal objetivo.

O início da trajetória profissional é marcado por tentativas de escrita da própria história, desenvolvimento de habilidades técnicas, foco em tarefas, aprendizagens e experimentação. A demora para encontrar esse espaço pode acarretar em ansiedade e frustração, sobretudo com relação à carreira.

Estagiários e *trainees* começam sua jornada profissional com grande expectativa de crescimento e descoberta de talentos. Gostam de ter um papel de destaque em reuniões ou discussões de equipe e podem ter dificuldade de ouvir os outros ou aceitar pontos de vista diferentes dos seus.

Não encontram dificuldade em seguir normas, procedimentos e metas de curto e médio prazos, tendo visão apenas da sua própria área de responsabilidade. O desenvolvimento de competências técnicas dá espaço à gestão de pessoas, processos e sistemas.

O *pipeline* de liderança marca a passagem do contribuidor individual para seu primeiro cargo de gestão.

Nesta fase, líderes da primeira gestão tendem a ser autocráticos, refratários em receber *feedback*, resultado de sua insegurança interior. Têm pouca disposição para a autocrítica.

5ª fase – 28 aos 35 anos – A conquista do lugar

Fase mais complicada que as anteriores, pois envolve muitas crises que nos colocam em dúvida sobre o nosso papel no mundo. A cobrança em excesso, a sensação de impotência, os sentimentos de frustração e angústia são constantes. A transição entre juventude e maturidade se intensifica e a tendência é a tentativa de transformação interna, com o intuito de nos "enquadrarmos" em determinado lugar. Atribulado ou não, é por meio desse período de crise que nos renovamos e aprendemos novas coisas. Organizar a "casa", ampliar o autoconhecimento e aprender com experiências vão nos dar suporte para projetar o futuro.

Muitas pessoas, nesta fase, já têm funções de chefia, com responsabilidades por gestão de pessoas.

Segurança interior conquistada, consegue delegar, mas lida com o dilema entre delegar responsabilidade ou apenas tarefas, mantendo o controle para si.

A segurança interior é resultado do conhecimento técnico, chefes "têm que" saber mais que seus subordinados e, consequentemente, têm a tendência de impor pontos de vista, dando poucas oportunidades de discussão.

Na organização, nos realizamos profissionalmente com atividades de planejamento e organização, com foco no cliente interno, mesmo que o estilo de negociação ainda seja o "perde ou ganha".

O desenvolvimento de *Soft skills* são fundamentais. Somente competências técnicas não garantirão o crescimento na carreira.

6ª fase – 35 aos 42 anos – Ampliando a consciência

Autenticidade é a palavra da vez! Com uma maior capacidade de julgamento, maturidade construída e vida mais resolvida economicamente, começamos a nos perguntar: "Quais são os próximos passos? Como faço para encontrar a minha essência?"

Normalmente, neste ciclo, a maioria dos nossos objetivos já foram alcançados – formação acadêmica e estabilização de carreira, conquistas materiais e construção de família.

Esse período é marcado por uma maior sensibilidade em relação aos subordinados, seus anseios e suas necessidades, com clareza de que a motivação e o entusiasmo são fundamentais para vencer desafios.

Começa, então, a delegar reais responsabilidades e procura estimular a autoconfiança de seus liderados. Aceita ideias dos demais, crê que "várias cabeças pensam melhor que uma".

Enxerga os objetivos da organização como um todo, trocando a administração das coisas pela administração das pessoas. A negociação com seus clientes internos tem o caráter de ganha x ganha.

O líder eminente exerce a sua autoridade através daquilo que ele se tornou, por aquilo que ele é. Ele é autoridade pelo reconhecimento. O carisma da sua personalidade é resultado do processo consciente de autodesenvolvimento. O seu poder é legitimado pelos seus subordinados. Através de uma gestão mais madura, se torna líder de líderes.

O desenvolvimento tem como foco as habilidades sociais, entendimento amplo de negócios e mercado.

7ª fase – 42 aos 49 anos – Possibilidades

Mudar é preciso! Com as ferramentas necessárias em mãos, aquele novo planejamento pode finalmente ser colocado em prática. A procura por transformações conflita com as histórias vividas e bem-sucedidas.

O indivíduo tem capacidade de administrar outros indivíduos, estimulando-os a crescer, aproveitando o que há de melhor em cada um. O desenvolvimento dos subordinados começa a ser uma preocupação real.

As relações com subordinados são baseadas em transparência e confiança, recebendo *feedbacks* negativos sem o uso de mecanismos de defesa. Erros são aprendizados.

Atua em um contexto mais amplo, pois conhece o mercado, as tendências, ameaças e oportunidades, influencia a organização a antecipar-se aos desafios futuros.

As transições de carreira ganham mais força nesse ciclo, busca por uma vida mais plena, direcionando os projetos e planos futuros.

Empreendedores começam a vislumbrar novos projetos profissionais e pessoais.

8ª fase – 49 aos 56 anos – Ouvir o mundo

Esta fase é marcada pela aceitação de nós mesmos! Pela coragem de ser quem somos!

Sentimentos como ética, moral e preocupações universais, incluindo causas de natureza humana são reforçadas. Desenvolvimento da escuta. Ouvir o nosso coração possibilitando a tomada de decisões que nos guiem.

Ampliamos nossa capacidade de reflexão, considerando variados pontos de vista. A autopercepção e julgamento maduro agregam valor ao trabalho e, consequentemente, incentivamos os liderados ao protagonismo de vida e carreira.

O mundo é visto através do talento e da importância das pessoas.

Desenvolvemos a equipe com perguntas no lugar de afirmações, entendendo que errar faz parte do aprendizado.

O olhar estratégico contribui para o futuro das organizações. Autorreflexões podem levar a novas missões e descobertas, reinventando papéis.

Líderes são mentores, focados em fazer o necessário.

9ª fase – 56 aos 63 anos – Sabedoria

Fase da maturidade. Reunião de experiências, autoconhecimento e clareza de maneiras de mudar o mundo.

Temos a responsabilidade de focar energia no que é necessário e nos colocamos a serviço do bem geral.

A intuição é desenvolvida nesse período, falar do futuro é inspirar pessoas com as quais se convive. Orienta e direciona, deixando os outros planejarem e se organizarem. É exemplo de conduta ética e moral.

Falar menos, ouvir mais, fazer perguntas e deixar as pessoas encontrarem as melhores respostas.

Administram o potencial da organização por meio de suas visões, missões e valores.

As transições de carreira de executivos para consultores, mentores ou conselheiros são comuns neste período. Fase de viver amplamente as escolhas!

Para finalizar, deixo a pergunta: e você, em que ciclo da vida está?

Já se deparou com algum dos desafios do seu setênio? Independentemente da fase em que esteja, desafios serão encontrados e o segredo é aproveitar cada momento ao máximo, aprendendo as lições possíveis. Estamos em constante desenvolvimento, seja de sete em sete anos ou da maneira como você queira dividir a sua vida.

Referências

BURKHARD, G. *Tomar a vida nas próprias mãos*. São Paulo: Editora Antroposófica, 2012.

CHARAM, R.; DROTTER, S.; NOEL, J. *Pipeline de liderança*. Editora Sextante, 2018.

INSTITUTO ECOSOCIAL, *Formação de coaches*.

SANTOS, N. *Coaching para autogestão: mais de 40 exercícios e modelos selecionados para apoiar o líder em seus desafios*. Editora DVS, 2019.

SCOTT, K. *Empatia assertiva: como ser um líder incisivo sem perder a humanidade*. Rio de Janeiro: Alta Books, 2019.

11

CULTURA DO SUCESSO

Este capítulo aborda os pilares da formação da cultura de um time composto por pessoas de múltiplas nacionalidades, sugerindo como a diversidade cultural, combinada com conhecimento e qualidades individuais, pode ser potencializada pelo exercício da liderança, criando a Cultura do Sucesso, ou seja, formando um time criativo, inovador e de alta performance.

CHRISTINA CASSENS

Christina Cassens

Formada em Ciências da Computação pelo Centro Universitário FEI (2006), com MBA em Gestão de Projetos pela FGV (2008). Iniciou a carreira como programadora, mas logo passou a trabalhar em consultoria, solidificando sua carreira como arquiteta de soluções, com o objetivo de desenhar soluções complexas com foco em integrações de sistemas. A partir de 2015, passou a estudar o impacto do design de serviços baseado na experiência do usuário, trazendo o aspecto mais humano para a tecnologia. Em 17 anos de carreira, entregou mais de 40 projetos trabalhando em diversas empresas, incluindo financeiras, varejo, transportes, comunicação, energia, entre outras. Passou por 12 países e trabalhou com pessoas de mais de 35 nacionalidades. Dentre os projetos entregues, alguns receberam renomados prêmios internacionais como: Danish Design Awards, SXSW Innovation Awards e D&AD Impact Awards, entre outros.

Contato
LinkedIn: http://linkedin.com/in/christinacassens

Em 2020, o mundo experimentou coletivamente uma prova de fogo. A pandemia veio com força para testar a resistência, a paciência e a perseverança da humanidade. Mudou a forma com que as pessoas se relacionam, a forma com que realizam suas atividades e, principalmente, mudou a forma de trabalhar. O mundo passou a ser observado através de uma tela, de modo a evidenciar outro mundo, o digital. Essas mudanças trouxeram também um momento de reflexão: pensar em quem somos e o que estamos fazendo por aqui. Quais valores mais importam e o que vamos deixar como legado?

A resposta, no entanto, não está apenas no resultado de um projeto ou produto de uma empresa, mas também na configuração dos times de trabalho enquanto integrados, eficazes e multiculturais, que serão capazes de trabalhar motivados e unidos mesmo em tempos de crise, como em uma pandemia, por exemplo.

No que tange a configuração dos times, é necessário observar que podem ser permanentes e duradouros, ou transitórios, quando aperfeiçoados para um projeto ou atividade de curto prazo.

Para a formação desses times, é importante destacar quatro principais pilares: **fundação**, **inspiração**, **aplicação** e **execução**. Não obstante, faz-se necessário também compreender as **principais barreiras**. Ainda que os pilares já estejam definidos para um time maior, ao formar um menor para uma nova atividade ou projeto é bom revisá-los e, se necessário, redefini-los. Para os que trabalham juntos por mais tempo é interessante fazer uma revisão periódica, assim como quando alguém ingressa no mesmo.

Fundação

Assim como na construção de uma casa ou de um prédio, é imprescindível uma boa fundação. Para trabalhar com times multiculturais, construir alicerces fortes também é essencial.

Primeiramente, é importante entender que o trabalho envolve pessoas. Portanto, é imperativo conhecer e entender cada integrante do time. De acordo com Andy Polaine (2020), em seu artigo: *A maior mentira do mundo corporativo é a frase "não é pessoal, é negócio":* "Tudo é pessoal. Em última análise, não é o que você fez, mas a maneira como tratou as pessoas que permanecerá com elas".

Desse modo, para construir uma boa fundação é importante considerar os seguintes fatores:

Pessoas

Conhecer individualmente cada integrante, assim como seus valores, aspirações de carreira e aspirações pessoais. Annamarie Mann (2020) comenta sobre a importância de ter um melhor amigo no trabalho e, de acordo com a pesquisa da Gallup: "A resposta simples é desempenho. Nossa pesquisa mostrou repetidamente uma ligação concreta entre ter um melhor amigo no trabalho e a quantidade de esforço que os funcionários despendem em seu trabalho. Por exemplo, mulheres que concordam fortemente que têm um melhor amigo no trabalho têm duas vezes mais probabilidade de ficarem engajadas (63%) em comparação com as mulheres que dizem o contrário (29%). No entanto, vamos deixar a ciência de lado por um momento e olhar de forma mais holística o que está acontecendo na força de trabalho. Agora vivemos e trabalhamos em uma era em que muitos funcionários esperam que seu emprego seja mais do que um salário. O salário ainda é importante, é claro, mas os funcionários procuram e permanecem em organizações que têm culturas de trabalho excepcionais. E embora existam vários componentes dessas culturas, eles são frequentemente caracterizados por sentimento de confiança, pertencimento e inclusão."

Dedicar tempo para estar próximo das pessoas pode fazer toda a diferença, isto é, demonstrar interesse e curiosidade, a fim de conhecer genuinamente as pessoas. Com isso em mente, é importante evitar *bias*[1] e garantir o mesmo tratamento entre todos os membros do time (evitar favoritismos).

Cultura

Entender a cultura de cada integrante, principalmente quando originários de diferentes países ou regiões, é essencial para criar a própria cultura do time, incluindo rituais e tradições.

Esta cultura irá se formar inevitavelmente, pois é algo natural. Segundo Yuval Harari (2014, p. 51), faz parte da natureza humana, quando divididos em subgrupos, formar uma cultura específica daquele grupo. Dessa forma, o referido autor também explica o porquê de haver tantas culturas distintas espalhadas pelo mundo.

A liderança deve influenciar a formação da cultura ao sugerir atividades que irão despertar criatividade e criar união entre as pessoas. Como exemplo, sugerir café da manhã em conjunto pelo menos uma vez por semana, com momentos para compartilhar sucessos, mas também espaço seguro para conversar sobre eventuais problemas. Ou ainda sessões de inspiração e criatividade.

Tais atividades são importantes, pois geram noções básicas sobre como a cultura individual pode afetar a dinâmica do grupo e como é possível utilizar essas diferenças de forma positiva e, consequentemente, aumentar a performance individual e conjunta.

Os rituais ou tradições podem ser criados em conjunto quando o time é formado, e devem evoluir com o tempo ou com a chegada de novos integrantes. Portanto, é

---

[1] Termo em inglês utilizado para definir um viés de discriminação relativamente sutil, praticada por indivíduos que possuem concepções e opiniões formadas de acordo com suas experiências pessoais e/ou procedência nacional.

necessário considerar que a recepção de novos integrantes deve se dar de forma positiva e inclusiva, mantendo a cultura consistente e evolutiva.

Comunicação

Definir formas de comunicação claras e eficazes de acordo com o idioma padrão, entendendo as nuances da cultura de cada integrante. Normalmente, o idioma no trabalho que envolve times multiculturais é o inglês. Na América Latina, por outro lado, o mais comum pode ser o espanhol. No Brasil, muitas vezes, até uma mistura entre os idiomas português e espanhol é aceitável. Todavia, quando o objetivo é criar um time de alta performance, o domínio do idioma comum é essencial para que haja clareza na comunicação.

É importante ressaltar que nem todos trabalharão com sua língua nativa e, ainda que seja possível a tradução para outros idiomas, existem complexidades decorrentes de questões culturais e não linguísticas. A cultura de origem tem um peso muito forte na comunicação e pode influenciar na forma de pensamento e, consequentemente, na dinâmica de trabalho.

Por exemplo, em línguas escandinavas a palavra "por favor" ou "please" não existe. Sendo assim, é preciso entender a forma cultural de construção de sentenças para que seja possível entender a diferença entre um pedido opcional e uma ordem. Para se ter uma ideia, muitas vezes utiliza-se a palavra "não" ou "talvez" para caracterizar uma ordem que, em outros idiomas como o português, seria precedida da expressão "por favor". Ex.: "Você não poderia fechar a janela?" Significa, "Feche a janela, por favor".

Objetivos

Estruturar o propósito do time de forma clara e transparente é uma maneira de trabalhar inclusivamente fatores culturais, pois esse é o momento no qual todos devem definir, em comum acordo, as prioridades e objetivos do time, combinados e alinhados com as prioridades e objetivos individuais.

Normalmente, reuniões de início de projetos bem estruturadas e planejadas ajudam a definir prioridades e objetivos, garantindo alinhamento e uma boa estratégia.

Inspiração

Ao formar um time de sucesso, é importante criar um processo contínuo de inspiração e criatividade, que permitirá seu desenvolvimento pleno. Esse processo compreende as seguintes características:

Habilitar

Garantir que o time disponha de todas as ferramentas necessárias para entregar o trabalho final de forma criativa, inovadora e com sucesso.

"Quanto mais tempo os líderes gastam se comunicando, elaborando e sendo transparentes sobre o trabalho a ser feito, sobre os desafios que a empresa está enfrentando e o contexto competitivo mais amplo, menos importantes são as políticas, aprovações e incentivos". (MCCORD, 2018)

Em outras palavras, capacitar o time para manter o foco nos aspectos mais importantes implicará no desaparecimento de outras distrações. Pessoas engajadas e habilitadas serão capazes de resolver os desafios mais difíceis e complexos.

Coach & mentoring

Guiar cada integrante para descobrir seu potencial. Não é sobre solucionar todos os problemas, dar o caminho certo ou impor soluções, mas sim dar ferramentas e suporte. Ouvir ativamente, fazendo perguntas construtivas para despertar pensamento criativo, levando a novas ideias, opções e direções a serem exploradas. Obama (2018) cita em sua obra o papel fundamental da liderança feminina em sua carreira, servindo de exemplo de como lidar com trabalho, carreira e família formando seu próprio estilo de liderança.

Feedback construtivo

Criar um ambiente seguro, positivo e construtivo para dar e receber *feedback*, tornando esse processo algo constante e natural.

Faz parte na natureza humana querer ser aceito, receber elogios e saber que está fazendo a coisa certa. Ao mesmo tempo, as pessoas querem crescer, melhorar, expandir seus conhecimentos. No entanto, muitas vezes o *feedback* pode gerar uma reação negativa e de defesa.

Uma dica de como tornar o *feedback* construtivo é desconstruir a crítica, tornando-o positivo, explicativo e sugestivo. A seguinte estrutura pode ser efetiva na construção deste tipo de *feedback*: "que bom", "eu entendo" e "que tal?". Por exemplo: "***Que bom*** que você entregou a apresentação hoje. No geral estava muito bem estruturada e clara. ***Eu entendo*** que algumas das informações estavam incompletas. ***Que tal*** trabalhar em conjunto com o time de dados para garantir acesso a toda informação necessária?"

Também é importante reconhecer, motivar e garantir positividade dentro do ambiente de trabalho. Erros acontecem e requerem *feedback* imediato, mas é importante celebrar os momentos de sucesso.

Aplicação

O time deve ter bem claro quais são os papéis e responsabilidades de cada um. Não deve haver dúvidas sobre quem deve fazer o que, mas também não deve haver conflitos de interesse quando os papéis são definidos. Portanto essa definição deve ocorrer em conjunto de forma aberta e transparente, e alinhada com os objetivos do time e individuais. Transparência inspira confiança.

Eve Rodsky, em seu livro *Fair Play* sobre como ajudar casais a dividir as tarefas em casa, criou cartas para distribuir as responsabilidades entre o casal. A aplicação desse conceito no trabalho mostrou-se valiosa com a identificação de todas as tarefas e responsáveis.

A lista de responsabilidades vai além de atividades exclusivas relacionadas a entrega do projeto ou produto e deve incluir desde "preparação do café da manhã" até o próprio "gerenciamento do projeto". Todos devem entrar em acordo sobre o mínimo de informação necessária para cada atividade e responsável pela atividade deve montar a carta com conceito, planejamento e execução. Parceiros ou substitutos devem ser identificados para cada carta, participando na execução da tarefa quando necessário. Exemplo:

Modelo   **Exemplo**

| Título do cartão | Bem-estar da equipe |

Responsável:

Métrica: Descrição das métricas para essa atividade, de acordo com as métricas gerais definidas pela equipe.

Planejamento: O que precisa ser pensado e realizado para que essa atividade seja realizada corretamente?

Execução: O que precisa ser realizado para entregar essa atividade?

Parceiros(as): Quem são parceiros(as) ou substitutos(as) para essa atividade.

Responsável: Maria

Métrica: Equipe motivada e produtiva.

Planejamento: Entender parâmetros de bem-estar com cada um e criar atividades e verificação de rotina para estabelecer plano de ação para melhoria.

Execução: Marcar reuniões com o time para entender, planejar atividades de bem-estar e agir quando necessário.

Parceiros(as): João

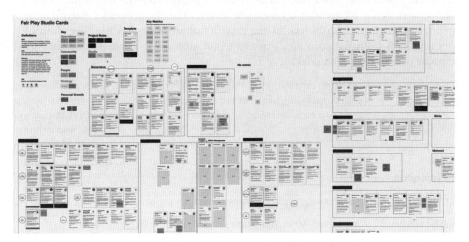

Fonte: Mural do time de design de uma empresa de consultoria (ferramenta: www.mural.com).

Execução

Assim como em uma orquestra, a execução é o concerto. O time está bem alinhado, entende todos os objetivos, possui papéis e responsabilidades claros e bem definidos. Alinhados com as expectativas e interesses pessoais, todos os integrantes se apresentam motivados, engajados e inspirados.

Em sua obra, Simon Sinek (2009, p. 5) comenta: *"Existem líderes e existem aqueles que lideram. Os líderes ocupam posições de poder ou autoridade, mas aqueles que lideram nos inspiram. Nós, como indivíduos ou empresas, seguimos aqueles que lideram, não porque temos que fazer, mas porque queremos."*

No pilar de execução é onde essa diferença ficará mais evidente, deixando claro o papel da liderança dentro do time, que deve também ser capaz reconhecer em que posição o time se encontra, buscando formas contínuas de desenvolvimento, inspirando confiança e respeito.

A cultura do sucesso é identificada quando o time é capaz de executar as suas atividades com responsabilidade e maestria. E mesmo que algo não funcione, todos são responsáveis e todos irão buscar uma solução. Enquanto um time não integrado e disfuncional procura buscar culpados sem focar no real problema e impedindo a evolução.

Portanto, para garantir a execução de sucesso é importante entender as principais barreiras, por exemplo, não compreender corretamente como o contexto cultural individual pode afetar a dinâmica do grupo ou até influenciar na estrutura de objetivos, papéis e responsabilidades.

Considerações finais

A liderança tem papel fundamental na construção de um ambiente seguro e inclusivo, impedindo barreiras e trabalhando com excelência os pilares aqui descritos, consequentemente formando uma cultura de sucesso. Nesse contexto, a liderança feminina possui um grande diferencial, devido à empatia natural feminina. Mulheres são capazes de ler e entender o time com mais facilidade, abrindo espaço para respeito, confiança e transparência. O que explica porque normalmente times liderados por mulheres são mais motivados, eficazes e inovadores. Por isso, é preciso abrir mais espaços para mulheres na liderança.

> *Para mim, tornar-se (Becoming) não é chegar a algum lugar ou atingir um determinado objetivo. Em vez disso, vejo isso como um movimento para a frente, um meio de evolução, uma maneira de alcançar continuamente um ser melhor. A jornada não termina.*
> OBAMA, 2018

Referências

HARARI, Y. N. *Sapiens: a brief history of humankind*. Dvir Publishing House Ltd., 2014.

LAKHIANI, V. *The code of the extraordinary mind*. Rodale Books, 2016.

MANN, A. *Why we need best friends at work*. Disponível em: <https://www.gallup.com/workplace/236213/why-need-best-friends-work.aspx>. Acesso em: 30 nov. de 2021.

MCCORD, P. *Powerful: building a culture of freedom and responsibility*. Silicon Guild, 2018.

OBAMA, M. *Becoming*. Viking Press, 2018.

POLAINE, A. *Finding meaning and purpose in work and life*. Disponível em: <https://www.polaine.com/2020/11/finding-meaning-and-purpose-in-work-and-life/>. Acesso em: 30 nov. de 2021.

RODSKY, E. *Fair play: a game-changing solution for when you have too much to do (and more life to live)*. Penguin, 2019.

SINEK, S. *Start with why: how great leaders inspire everyone to take action*. Portifolio, 2009.

12

LIDERANÇA JOVEM NO SERVIÇO PÚBLICO

Neste capítulo, o propósito é inspirar outros jovens que buscam liderar no setor público por meio da narrativa da minha trajetória. Ingressei no serviço público federal em 2012, aos 24 anos, encarando desafios e descobertas. Os gestores identificaram meu potencial, e, por isso, tive a oportunidade de desenvolver competências de liderança antes dos 30.

CLARISSA LEITE A. RIBEIRO

Clarissa Leite A. Ribeiro

Bibliotecária graduada pela Universidade de Brasília (2011), cadastrada no Conselho Regional Federal - 1ª Região (CRB-1) sob o nº 2753. Pós-graduada em Gestão de Bibliotecas Públicas e Bibliotecas Escolares (Faculdade Integrada AVM). Servidora efetiva no Senado Federal, 1ª colocada na especialidade Analista Legislativo - Biblioteconomia no concurso de 2011. Experiência no serviço público em biblioteconomia, gestão de pessoas, comunicação institucional, planejamento estratégico, liderança, atendimento ao público, redação oficial e tecnologia/inovação. Fluente em inglês e espanhol (formação em escola bilíngue), francês intermediário.

Contatos
clarissalar@gmail.com
Instagram: @clarissalar8

Um domingo de março. O ano, 2012. Coração acelerado, mãos suadas, uma prova e um objetivo traçado. No auge dos meus 23 anos, recém-formada, sabia que aquela prova definiria o futuro da minha carreira e o sucesso profissional que tanto almejava. A Biblioteca do Senado era (e continua sendo) referência nacional e havia apenas duas vagas para o cargo de Analista-Bibliotecário no concurso pretendido.

Meses destinados ao estudo resumidos àquela prova. Pensamentos a mil, respirei fundo para focar e buscar a concentração total. Passava um filme de toda a minha trajetória até aquele momento: formada na faculdade um ano antes, estudava 10 horas por dia para o concurso, tanto no cursinho quanto em casa, seguindo um rigoroso cronograma. Preparo físico, mental e espiritual, que incluíam terapias holísticas, alimentos que ajudam na memória, pensamentos positivos e neolinguística: "SE eu passasse" foi trocado por "QUANDO eu for aprovada". Engoli o medo, coloquei as expectativas de lado e segui fazendo a prova.

O diferencial dessa prova é que a aprovação é adquirida através do acerto de, pelo menos, metade das questões de todas as matérias. Ou seja, gabaritar um tema específico não traz o resultado esperado se acertarmos menos de 50% em qualquer outra disciplina. O nervosismo fez com que eu pulasse as oito primeiras questões específicas da Biblioteconomia, apesar de algumas outras me parecerem óbvias de tantas vezes que as havia estudado. Questões tanto da prova objetiva quanto discursiva respondidas, revisão feita, um erro de quantidade de linhas da redação corrigido no último momento e um braço levantado – entreguei meu futuro em um pedaço de papel.

A espera pelo resultado (gabarito) foi longa, mas surpreendente. Além de atingir o mínimo em cada área, o inesperado aconteceu: fui aprovada na prova objetiva em primeiro lugar. Celebramos como se comemora o final de uma Copa do Mundo, sem acreditar que tinha conseguido, e que aquele momento era o meu triunfo. Mesmo empatando com outra pessoa na prova objetiva, garanti a primeira colocação gabaritando as redações. Minha família teve um papel essencial durante todo o processo, me apoiando, inspirando e possibilitando minha dedicação total ao estudo.

Foco, planejamento, experiências pessoais, o suporte das pessoas próximas e a oportunidade do concurso foram decisivos para a concretização dos meus planos. Uma nova etapa da minha vida e da minha carreira estavam prestes a começar.

A nomeação saiu em 16 de agosto de 2012, tomei posse no meu primeiro emprego no dia 23 do mesmo mês – com aquele frio no estômago de quem não tem ideia do que estaria por vir. No início, fiz um rodízio por todos os setores da biblioteca, com o propósito de aprender sobre cada serviço e conhecer as pessoas. Uma das surpresas foi descobrir que não só era a mais nova entre os bibliotecários, mas, também, entre os servidores. O ambiente de trabalho não era novidade pra mim, fiz estágios durante a faculdade e cheguei a liderar projetos. Estava ávida por aprender tudo quanto possível e galgar novos desafios.

Os primeiros cinco meses foram em um setor técnico, localizado ao fundo da biblioteca. Percebendo meu potencial, uma das coordenadoras me transferiu para o atendimento ao público, bem na entrada. A partir de então, iria trabalhar em uma equipe com diversas chefias, lidar com pessoas e as responsabilidades em relação aos resultados. Os desafios que viriam me causavam certa insegurança, mas aceitei-os sem pestanejar. Estava disponível para tudo e todos, e não recusava trabalho em que pudesse contribuir e aprender. Comecei a substituir chefias, passava confiança à equipe, tomava decisões. E mesmo tendo uma opinião forte, pedia e aceitava conselhos dos mais experientes, tratando todos com gentileza e bom humor.

Tentava manter os colegas unidos dentro e fora do ambiente de trabalho, solicitava reuniões, buscava soluções para obstáculos e participava, mesmo como ouvinte, das decisões da coordenação e de outras chefias. Sem ter o discernimento de que, de alguma forma, a liderança fazia parte de mim.

Temos diferentes percepções de passagem do tempo. Os oito meses desde o dia da posse pareciam "curtos" comparados com os meses de estudo antes da prova do concurso – "muito longos" e angustiantes. Como em tão pouco tempo eu estava nessa posição de substituir chefias, implementar inovações, organizar o ambiente, ter uma boa relação com outros servidores e dar apoio para assuntos diversos? Líderes não precisam pedir para serem seguidos, eles simplesmente lideram.

Encinas (2012 apud NUNES, 2018) ressalta que, assim como as organizações privadas, as instituições públicas:

> [...]dependem da habilidade do líder para influenciar seus subordinados, a fim de que os objetivos gerais sejam atingidos, o que se acentua ainda mais com as limitações estruturais e legais aos quais os gestores públicos estão submetidos, no qual o uso das palavras, das ideias e principalmente do comportamento deste constitui como instrumento de grande valor para inspirar confiança e um perfil profissional a ser seguido.

O tempo não parou e em 2014 já substituía as chefias do setor técnico e do gabinete da coordenação. Cheguei a substituir quatro gestores diferentes, ao mesmo tempo em alguns momentos. Finalmente, em 2016, com 28 anos assumi meu primeiro cargo como gestora titular. A substituição da coordenação veio um ano depois. Assessorar e assumir temporariamente a coordenação de dezenas de pessoas trouxe um certo receio. Medo da liderança, medo das expectativas dos colegas, da pouca idade que tinha. Medo.

Ouvi uma vez a expressão "o trabalho fala". Como empregados, trabalhadores, estagiários etc., buscamos a aprovação do outro, como se a validação do nosso trabalho e nosso "ser" profissional dependesse do olhar alheio. Porém, somos nós que definimos o nosso "ser". Esse "ser" profissional e pessoal, determinado através das vivências, valores, experiências e desafios enfrentados na nossa jornada de vida. O outro deve ser o espectador, e não o definidor dessa jornada. Então se seguirmos o nosso caminho e, consequentemente, trabalharmos da nossa maneira, o trabalho por si só mostrará o nosso valor, fazendo com que não precise ser reconhecido pelo outro. A aprovação será a consequência do seu próprio esforço.

Três anos se passaram até que no final de 2019 fui convidada pela Diretoria a assumir um cargo totalmente novo e mais próximo da alta administração: a chefia de um setor de gestão, assessoria e planejamento. O início de 2020 foi marcado pela pandemia, o trabalho de planejar e acompanhar as atividades de toda a secretaria passou a ser remoto, rotinas mudaram, formas de trabalhar se adaptaram e, por consequência, as pessoas. Substituí a Coordenação-geral da Secretaria e, neste ano (2021), cheguei a ocupar momentaneamente a Diretoria da Secretaria. Muitas experiências novas e muitos desafios para uma mulher ainda jovem. Há um sentimento de muita gratidão pelas oportunidades recebidas, pelas pessoas que acreditam no potencial – e não menos importante, pelas boas relações interpessoais. As relações de amizade e as parcerias construídas foram fundamentais no processo.

Não é tão fácil identificar material na literatura sobre Liderança Jovem, especialmente no serviço público.

> *Falar de juventude na Gestão Pública é tentar conectar pontos no tempo que parecem estar separados por um século de diferença. No entanto, a distância se encurta quando se observa a experiência já adquirida pelos servidores e o potencial da juventude. Com isso, reúnem-se práticas convencionais de cada Instituição Administrativa com o potencial de criação presente no jovem que entra no Setor Público.*
> GOMES; PEREIRA, 2020

Esse potencial deve começar a ser incentivado e observado pelo setor, trazendo benefícios para todos os envolvidos. Um dos maiores desafios do Jovem Gestor gira em torno da palavra "respeito". Como conquistar o respeito dos líderes mais maduros e sêniores, sendo mais jovem, com pouca experiência, mas com muita vontade para enfrentar o desafio? E a questão da liderança feminina, onde muitas vezes o ambiente de trabalho é desfavorável às mulheres?

A primeira gestão pode trazer angústias e expectativas, mas a identificação do potencial de liderança durante a experiência é determinante para motivar e acreditar que é possível liderar de forma autêntica, decisiva e empática. Ainda segundo pesquisa realizada pela empresa AFFERO LAB (2013), com um total de 4.392 respondentes, as três maiores angústias e expectativas vivenciadas no início da primeira gestão foram:

Angústias

1. Ter mais desafios e responsabilidades relevantes.
2. Ter mais acesso a decisões estratégicas.
3. Ter que desenvolver pessoas.

Expectativas

1. Conseguir alcançar os resultados e atender as expectativas do meu gestor.
2. Ter que cuidar do desenvolvimento e da carreira de meus colaboradores.
3. Ter que assumir mais riscos.

Os processos no setor público destacam-se por serem rígidos e repetidos ao longo do tempo, e as práticas convencionais são mais fáceis de serem percebidas. O potencial de inovação, unindo-se à tecnologia e à motivação, despertam no jovem a capacidade de buscar novas soluções para os processos e interações desafiadoras com seus liderados. Porém, no contexto organizacional, esta capacidade acaba sendo mais questionada quanto mais jovem é o líder.

Segundo Gomes e Pereira (2020), "ser jovem no Setor Público é um processo de aprendizado constante e o desafio de ultrapassar barreiras diárias." Porém, conforme Monteiro (1991 apud NUNES, 2018), a liderança não se institui com Portarias. A liderança pressupõe envolvimento com o trabalho e com os trabalhadores. Pressupõe empatia, e não obrigatoriamente, simpatia. É própria de quem é capaz de respeitar o funcionário e fazer-se respeitar, por sua capacidade.

No modelo adaptado de Dries (2012 apud AMARAL, 2017), a fim de identificar um potencial líder, há critérios que podem ser levados em consideração:

Fatores contextuais

Fatores emocionais • Motivação para liderar • Autopromoção • Sensibilidade ao *stakeholder*	• Curiosidade intelectual • Pensamento estratégico • Capacidade de tomada de decisão • Capacidade de solução de problemas
• Orientação para resultados • Perseverança • Dedicação	• Vontade de aprender • Inteligência emocional • Adaptabilidade **Fatores cognitivos**

Figura 1. Critérios de Identificação de Potencial de Liderança
Fonte: Adaptado de Dries, N., & Pepermans, R. (2012). How to identify leadership devolopment potential: development and testing of a consensus model (p. 365, tradução nossa). Human Resource Management, 51(3), 361-385. http://dx.doi.org/10.1002/hrm

Tenho convicção em dizer que hoje percebo em mim alguns dos fatores listados acima, identificados muito antes pelos meus gestores mais experientes. E esse potencial de liderança continua a se desenvolver e se reinventar constantemente.

No final de 2020, fui uma das dez gestoras mulheres selecionadas no Senado Federal para participar da "Mentoria de liderança corajosa e gentil para servidoras públicas." A mentoria integrou as ações do Senado Federal para reduzir a desigualdade entre os gêneros, tendo como objetivo a troca de experiências, identificação e encontro de soluções para situações desafiadoras, e auxílio às servidoras que assumiram postos de maior responsabilidade na Casa.

O programa conciliou a experiência, a estratégia e o conhecimento para que buscássemos uma liderança mais efetiva e humanizada. Compartilhando experiências com gestoras envolvidas em diversos contextos organizacionais, percebi a minha evolução: mais segura na resolução de conflitos, inspirada para atuar no desenvolvimento das competências de líder e mais confortável para tomar decisões.

Outros jovens buscam o reconhecimento e a oportunidade de ingressarem em cargos de gestão e liderança. É preciso que o potencial de liderança seja desenvolvido desde cedo, a fim de proporcionar uma percepção mais ampla, humanizada e inovadora do que é ser líder – afinal, 91% dos jovens acreditam que podem mudar o mundo (LUIZ, Juliana; TONI, Ana, 2021).

Agradeço ao meu amor, à minha família e aos colegas do Senado que participaram do meu desenvolvimento profissional e acreditaram no meu potencial.

Referências

AFFERO LAB. Report: *primeira gestão*. Issuu. Disponível em: <https://issuu.com/labssj/docs/report-final3>. Acesso em: 18 maio de 2021.

AMARAL, R. C. G. do.; OLIVEIRA, L. B. de. Os desafios da primeira gestão: uma pesquisa com jovens gestores. *Revista de administração contemporânea*, v. 21, n. 3, p. 373–392, 2017. Disponível em: <https://rac.anpad.org.br/index.php/rac/article/view/1221>. Acesso em: 12 abr. de 2021.

GOMES, G.; PEREIRA, L. *Como é ser jovem na gestão pública?*. Disponível em: <https://republica.org/como-e-ser-jovem-na-gestao-publica/>. Acesso em: 10 abr. de 2021.

LUIZ, J.; TONI, A. (Orgs.). *Reflexões sobre juventudes e liderança para políticas públicas no Brasil*. São Paulo: British Council, 2020. Disponível em: <https://www.britishcouncil.org.br/atividades/sociedade/juventudes>. Acesso em: 18 maio de 2021.

MORAIS, M. *Liderança jovem: desafios e perspectivas*. Disponível em: <https://administradores.com.br/artigos/lideranca-jovem-desafios-e-perspectivas>. Acesso em: 18 maio de 2021.

NUNES, E. L.; UCHÔA, B. H.; BEZERRA, R. C. F. et al. Administrativo: o perfil atual do líder na administração pública. *Revista Científica Multidisciplinar Núcleo do Conhecimento*, v. 1, n. 4, p. 53–69, abr. 2018. Disponível em: <https://www.nucleodoconhecimento.com.br/administracao/lider-na-administracao-publica>. Acesso em: 18 maio de 2021.

SANTOS, A. de S.; FIGUEIREDO, F. de C. O método de casos como ferramenta para a gestão do conhecimento no setor público: uma revisão sistemática da literatura. *Revista Cesumar: ciências humanas e sociais aplicadas*, v. 24, n. 1, p. 175–195, 21 ago. 2019. Disponível em: <https://periodicos.unicesumar.edu.br/index.php/revcesumar/article/view/7242>. Acesso em: 18 maio de 2021.

13

LIDERANÇA ECO-LÓGICA
FOCO EM PESSOAS PARA GERAR RE$ULTADOS

Liderança Eco-LÓGICA é exercer uma liderança sustentável, que deixa marcas positivas nas pessoas.

CLÁUDIA BARROS

Cláudia Barros

Treinadora e consultora comercial, mineira de Juiz de Fora-MG. Formada em Administração de empresas; pós-graduada em Liderança e *coaching*; pós-graduanda em Neurociência, Psicologia positiva e *Mindfulness*. Analista de perfil comportamental. Mais de 25 anos de experiência na área comercial, sendo mais de 10 anos desenvolvendo pessoas. Autora do livro: *Quem paga seu $alário é o cliente, encante-o!* e *#encantAÇÃO*

Contato
Instagram: @mariclaudia_barros

Este capítulo tem como propósito evidenciar a importância de uma liderança "Eco-LÓGICA" e não tóxica, baseada nas *soft skills*: Orientação para servir e Inteligência Emocional; e como a liderança "Eco-LÓGICA" influencia positivamente na vida pessoal e profissional dos liderados. A liderança "Eco-LÓGICA", cujo foco é nas pessoas para consequentemente gerar resultados saudáveis, permite que o time faceie as intempéries do ambiente profissional e encare tudo como aprendizado, crescimento, amadurecimento e transformação. E dessa forma sinta admiração por todo o resultado obtido. O problema central nos dias atuais é que se observam, na maioria das empresas, lideranças tóxicas que focam apenas em resultados, sem focar nas pessoas. A gestão de pessoas é vista como algo secundário. Na teoria tudo é muito bem delineado, mas na prática ocorre totalmente o contrário e o desfecho são pessoas adoecidas, com problemas de transtorno de ansiedade, depressão e, muitas vezes, com sintomas de estresse pós-traumático. Os líderes não são preparados para conduzir uma liderança saudável, o que de fato é o essencial, uma vez que os liderados são os principais clientes, pois, uma vez bem direcionados com carinho e disciplina, estarão motivados e o fato congruente serão clientes devidamente encantados. Os líderes ecológicos de fato realizam um trabalho orientado para servir e desenvolver pessoas, transformando-as, tirando delas o seu melhor e concedendo o melhor a cada uma delas. Conseguem resultados extraordinários deixando marcas positivas em seus liderados, tornando o time um orgulho de seres humanos e profissionais. Infelizmente os investimentos nas empresas em pessoas é ínfimo diante da grandeza que é o capital humano de uma instituição. Conclui-se que a indiferença em priorizar o capital humano resulta em prejuízos emocionais, bem como prejuízos financeiros a uma organização, levando-as até mesmo à queda.

A importância de uma liderança "Eco-LÓGICA", bem semelhante à liderança servidora, é sobre como as *soft skills* inteligência emocional e orientação para servir são essenciais a essa liderança. O que é uma liderança "Eco-LÓGICA"? É uma liderança com foco nas pessoas, que são encaradas e tratadas como clientes, para gerar resultados saudáveis em todos os âmbitos, tanto profissional como pessoal, resultando em um crescimento sustentável para as empresas. O time de uma empresa é seu cliente interno, que, sendo encantado, consequentemente encantará os clientes externos, resultando assim em lucros automáticos e saudáveis. A liderança "Eco-LÓGICA" é uma liderança servidora, onde o líder lapida com carinho e disciplina as pessoas, desenvolvendo e transformando-as em pessoas eficazes, que, além de obterem resultados financeiros surpreendentes, exercem com prazer as demandas. E com o passar do tempo, sentem orgulho do trabalho que fizeram, o que resulta em marcas positivas na vida dos liderados tanto no que tange ao profissional quanto à vida.

Toda empresa tem como objetivo o lucro, que é necessário para a sobrevivência do negócio. Mas toda empresa é feita de pessoas, e a valorização das pessoas torna-se essencial para a obtenção automática e saudável de lucros. Entretanto, o lucro não saudável, que provêm de uma liderança tóxica, que é o oposto da "Eco-LÓGICA", se tornou algo tão obsessivo que se observa claramente o atropelamento de valores fundamentais que levam pessoas a serem pessoas e profissionais de verdade.

O lucro gerado por meio de humilhação, indiferença, desprezo, ou seja, agressão moral, não é um lucro que podemos dizer que seja saudável. O alinhamento dos objetivos organizacionais com uma liderança "Eco-LÓGICA" é uma questão *sine qua non*, ou seja, indispensável para a conquista de resultados extraordinários e saudáveis em todo relacionamento envolvido entre os *stakeholders*. A liderança "Eco-LÓGICA" é de fato baseada numa lógica que se as empresas são feitas de pessoas, e estas devem ser lideradas como seres humanos, com o devido respeito e importância que cada um merece. Liderar é educar, por isso a liderança "Eco-LÓGICA" é tão essencial à humanidade, pois essa liderança tem o papel de educar pessoas e deixar marcas positivas que perpetuarão em gerações futuras.

O problema central que é a liderança tóxica retratada na maioria das empresas demonstra que o foco principal não é no capital humano, e sim no capital financeiro. A decisão de se investir em uma liderança "Eco-LÓGICA" só traz benefícios duradouros para as organizações, onde todos os envolvidos saem lucrando efetivamente.

As mulheres, instintivamente, trazem em sua essência um olhar mais humanizado, empático. Em geral, as mulheres têm uma visão além dos lucros em si. A maioria delas apresenta uma liderança humanizada, com verdadeiro interesse nas pessoas. A mulher tem a característica de desenvolver as pessoas. Até porque, por serem mães, a maioria delas, no dia a dia exercem lindamente esse papel, e apresentam essa sensibilidade sem abrir mão de uma disciplina que torne os filhos bons adultos. Dessa forma, com essa vivência intensa, conseguem replicar naturalmente essa liderança Eco-LÓGICA por focar nas pessoas em prol de re$ultados sustentáveis.

Segundo Goleman (2020), psicólogo e autor do *bestseller Inteligência emocional*, "habilidades como resiliência, empatia, colaboração e comunicação são todas competências baseadas na inteligência emocional e que distinguem profissionais incríveis da média." Tais habilidades são fundamentais para um líder 'Eco-LÓGICO", que foca nas pessoas e possui a capacidade de criar espaços para debates saudáveis, reflexões de qualidade e de onde saem soluções coletivas e inovadoras.

A importância das *soft skills*

A descrição de *soft skills* é "habilidades interpessoais, ou seja, habilidades necessárias para a relação e interação com outros" (NA PRÁTICA, 2020).

Conforme Goleman (2020), os novos colaboradores, por mais que sejam engajados e tecnológicos, necessitam apresentar as *soft skills*, que se mostram tão necessárias para o relacionamento interpessoal.

À medida que estruturas organizacionais vão evoluindo e a globalização acelera, essas *soft skills* serão mais cruciais do que nunca. Goleman (2020) afirma que a nova geração não reconhece o valor que a inteligência emocional tem no mundo corporativo. Essa *soft skill* se torna mais que essencial para cargos de liderança para que haja um bom relacionamento interpessoal e produtividade.

A inteligência emocional

Segundo Mayer, Caruso & Salovey (2000, p. 267, apud ROBERTS, MENDOZA, NASCIMENTO, 2002), a definição de inteligência emocional envolve a capacidade de perceber, avaliar e gerenciar as emoções.

Para Goleman (2020), a inteligência emocional tem um grande impacto no mundo corporativo, em especial no que tange à liderança e recursos humanos. A *Harvard Business Review* saudou a inteligência emocional como "uma ideia inovadora, capaz de destruir paradigmas", uma das ideias empresariais mais influentes da década.

Essa *soft skill*, hoje em dia, se tornou tão necessária que, segundo Goleman (2020), as corporações mundiais levam em consideração a inteligência emocional para selecionar novos colaboradores, bem como para impulsionar os já existentes.

Conforme Harvard (2011) considera, ao medir o impacto da liderança, a pesquisa realizada pelo falecido David McClelland, psicólogo da Universidade Harvard, resultou na descoberta de que líderes fortes em seis ou mais competências da inteligência emocional eram muito mais eficazes que os demais nos quais faltavam tais competências relacionadas à inteligência emocional.

> *[...]quando ele analisou o desempenho de chefes de divisão numa empresa global de alimentos e bebidas, descobriu que 87% dos líderes com essa massa crítica de competências se encontravam entre as metas de receita anual em 15% a 20%. Os executivos aos quais faltavam esses componentes da inteligência emocional raramente eram cotados como destaque nas análises de desempenho anual, e suas divisões ficaram, em média, aquém das metas em quase 20%.*
> HAVARD, 2011, p. 9-11

As pesquisas mostram claramente que uma liderança baseada na *soft skill*, inteligência emocional, é muito mais eficaz.

Orientação para servir

Visto essa orientação ser, sobretudo, direcionada a trabalho em que se lida diretamente com os clientes, e visto a liderança lidar diretamente com os clientes internos, então se conclui que um líder "Eco-LÓGICO" necessita de fato desenvolver essa *soft skill*. Assim, como um líder servidor, o líder "Eco-LÓGICO" precisa servir.

Conforme Hunter (2004), o novo paradigma é "O cliente na base da pirâmide e, em sequência, os associados (empregados), supervisores, gerentes intermediários, vice-presidentes e presidentes."

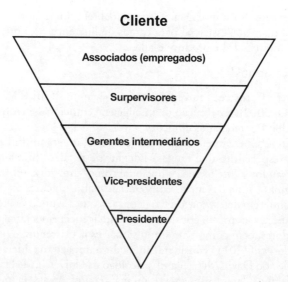

Figura 1. Pirâmide de prioridades de uma liderança "Eco-LÓGICA".
Adaptado de HUNTER, 2004.

Para Hunter (2004), essa pirâmide invertida de prioridades retrata muito bem uma organização onde servir ao cliente é primordial. Servir é garantir que as necessidades dos clientes sejam satisfeitas, clientes esses que incluem os colaboradores. O autor destaca que o papel desse líder servidor não é impor regras e dar ordens às camadas existentes da pirâmide, mas sim de fato servir uns aos outros, do cliente à presidência, todos sendo considerados clientes. Ressalta ainda que essa liderança servidora se mostra a ideal.

O modelo de liderança, que é Jesus Cristo, o maior líder de todos os tempos, conforme destaca Hunter (2004), sempre ressaltou que quem quisesse ser líder deveria saber servir. A liderança servidora é o caminho mais inteligente para influenciar positivamente as pessoas, e fazer com que a equipe dê o melhor de si.

Baker (2013) ainda informa que Greenleaf afirmou que um grande líder é antes de tudo um servidor, e Jesus disse: "Quem quiser tornar-se grande entre vocês, seja aquele que serve."

A essência da liderança "Eco-LÓGICA"

Para que um líder seja de fato eficaz, é necessário desenvolver as habilidades e as qualidades morais que o capacitam a inspirar e influenciar pessoas. A liderança servidora identifica e atende as necessidades reais das pessoas (HUNTER, 2004).

Segundo Hunter (2004), ser um líder servidor não é se tornar um escravo, aceitar tudo e fazer tudo o que as pessoas quiserem. Significa executar o que as pessoas necessitam, demonstrando respeito, atenção e apreço pelo que dizem. Podemos definir como carinho e disciplina.

A liderança "Eco-LÓGICA" é uma questão de gostar de pessoas de verdade, amando-as e tendo a satisfação de ouvi-las, identificando suas necessidades e agindo para satisfazê-las (HUNTER, 2004). Tratar de fato a equipe como cliente, o que verdadeiramente é, da liderança. Transformar cada pessoa, resultando em profissionais e seres humanos melhores.

Conforme Hunter (2004), a liderança é de fato comprovada quando o líder ajuda os liderados a alcançarem o seu melhor, tornando-os pessoas melhores.

O que torna uma pessoa líder de verdade? Conforme os estudos baseados na vida das pessoas classificadas como líderes excelentes (Buda, Madre Teresa, Confúcio, Luther King) ou efetivos, que conforme está sendo delineado, o líder "Eco-LÓGICO", teremos como similaridade o ato de servir (IBANES, 2010).

Segundo Ibanes (2010), todos os grandes líderes apresentavam características similares, como um senso de justiça, humildade e amor ao próximo acentuados. O propósito de servir era o que os movia. Destaca, ainda, que tais líderes exemplares não consideram as pessoas como meros meios de produção, mas sim como seres humanos de verdade, com interesses, necessidades, desejos e problemas.

Diante do que aqui foi exposto, conforme diversos autores deixam claro, a essência da liderança é servir. Uma liderança "Eco-LÓGICA" é servidora, com foco nas pessoas para gerar resultados saudáveis (IBANES, 2010; HUNTER, 2004).

Para Welch (2016), colocar-se no lugar do outro, procurando compreender de verdade o que o motiva, é primordial. E ainda ressalta que os melhores líderes são os que se importam mais com os outros do que consigo mesmo. Destaca ainda que as atitudes diárias desses líderes, quer em grandes ou pequenos gestos, estamparão o respeito e o valor que se tem pelos colaboradores.

Segundo Chiavenato (1999, p.179, apud OLIVEIRA, SANTOS, BIAZIN, 2018), o aspecto motivacional é de suma importância para o exercício da liderança. A motivação constante impulsiona a equipe e proporciona um clima organizacional positivo.

Diante disso, o líder "Eco-LÓGICO", que, portanto, incorpora tais práticas em sua liderança, conquistará a confiança e credibilidade do time, inspirando-o.

Exemplo de liderança tóxica e seus maus resultados

Um exemplo de liderança tóxica é o de Adolf Hitler, alemão, político que serviu como líder do Partido Nazista (de 1934 a 1945). Segundo Benatto (2015), o ditador do Reich Alemão, conhecido por sua atuação na Segunda Guerra Mundial, foi responsável pela morte irresponsável de aproximadamente 50 milhões de pessoas durante a guerra. Os efeitos da liderança de Hitler ocasionaram malefícios à humanidade que se perpetua até os dias de hoje. Destaca a manifestação do mal nesta liderança, ocasionando sequelas em cada participante desta época.

Conforme Fest (1976, apud BENATTO, 2015), o caráter de Hitler é descrito como excessivo e enérgico. O autor ressalta sua enorme eloquência e seu foco em se engrandecer, o que contribuía facilmente para influenciar as pessoas. Muito egocêntrico, estava longe de ser um líder servidor. Pelo contrário, com discursos sempre agressivos, e com o foco em executar sua própria vontade, sem se preocupar com os outros, Adolf Hitler cometeu atrocidades vistas pela humanidade, que foram consideradas as maiores do século XX. Apesar de ter reerguido a Alemanha, tal liderança tóxica desencadeou marcas tóxicas em seus liderados, marcas essas indeléveis às pessoas lideradas por Hitler.

Segundo Baker (2013), Hitler liderava pelo medo e pelo domínio – e claramente liderava pelo poder do domínio impessoal. Destruía todos os que discordavam dele, e matou milhões de pessoas movido por sua ambição de dominar o mundo. Mas deter o poder do controle e domínio como fez Hitler não faz de alguém um verdadeiro líder. Hitler foi mais um tirano do que um líder. Como vimos, uma liderança tóxica ecoa marcas negativas.

Exemplos de lideranças Eco-LÓGICAS e seus bons resultados

Segundo Auni (2011), Jesus foi de fato um *Leader Coach*, que neste artigo diremos Líder "Eco-LÓGICO", que é o nosso foco. Parafraseando as palavras de Jesus, o autor descreve "[...] olhos de ver e ouvidos de ouvir [...]. Ao observarmos as passagens bíblicas contidas no Novo Testamento, parte da Bíblia que cita as passagens e experiências de Jesus, observa-se que o seu intuito era despertar em seus seguidores e, sobretudo, em seus discípulos (*coachees*), o objetivo de estabelecer o reino dos céus entre os homens."

De acordo com Hunter (2004), Jesus, o grande líder, foi um servidor nato. Sua liderança servidora repercute até os dias de hoje, justamente por ser de fato um exemplo. Nunca coagiu ninguém. Pelo contrário, influenciava as pessoas por ser líder de verdade.

Para Baker (2013), os líderes transformacionais não estão interessados apenas em produção, mas procuram despertar motivações amplas em seus liderados. Eles têm o desejo de satisfazer aspirações maiores e trabalham para envolver toda a pessoa do seguidor, informando que existe uma maneira de liderar no ambiente de trabalho que não é baseada no controle, na intimidação e na dominação. James MacGregor Burns, em seu livro *Leadership* (Liderança), disse que um líder poderoso tem uma relação especial com cada pessoa que ele lidera. Jesus disse para seus liderados: "Eu os tenho chamado amigos."

Hunter (2004) informa que "o que as pessoas querem dos líderes é autenticidade, a habilidade de serem verdadeiros com as pessoas; não queremos líderes inflados de orgulho e fixados em si mesmos. Os líderes arrogantes, ou seja, tóxicos, são um estrago para muitas pessoas."

Por isso, quando livros falam de lideranças exemplares, Jesus é citado na maioria deles (HUNTER, 2004; AUNI, 2011; BAKER, 2013).

Segundo Rufino (2015), um verdadeiro líder "Eco-LÓGICO", a principal receita do desenvolvimento da empresa dele é carinho e disciplina. Os colaboradores são a empresa. O autor ainda considera: "Tenha a modéstia de rever, repensar, refazer, conversar com seus funcionários e clientes para receber *feedbacks*, sejam construtivos ou não. Ter humildade é um ponto-chave." Faz ainda uma reflexão: "Quer melhorar seu negócio? Comece por instalar mais sorrisos no seu rosto e de sua equipe. São eles que atendem seus clientes e fornecedores. Se o empreendedor entender que um não é inferior ou menos importante que o outro, ele vai tratar a todos com sorriso no rosto e carinho nos gestos." Ressalta ainda que é essa rede que fará o negócio funcionar e crescer.

Rufino (2015) ainda afirma que "a melhor ferramenta que eles têm são as pessoas. E não é nenhum esforço ficar próximo da equipe porque ele gosta de gente (todo líder deveria gostar)." O que ele faz todos os dias? Rufino informa que de manhã cumprimenta todos da mesma maneira. Chama a cada um pelo nome e lhes deseja um bom dia. Ele não só trata a todos da equipe com carinho como também não admite que ninguém faça diferente. "Os colaboradores constroem o futuro do negócio."

Como um bom líder "Eco-LÓGICO", Rufino não negocia disciplina. Ela tem de existir, mas embrulhada em carinho. Como toda criança, qualquer colaborador vive de exemplo (RUFINO, 2015).

Conforme Hunter (2004), a palavra disciplina vem da mesma raiz de discípulo, que significa ensinar ou treinar.

Outro exemplo de liderança "Eco-LÓGICA" é Spiegelman. Ele informa que passeia pela empresa para de fato ter uma comunicação pessoal com a equipe. Várias vezes no mês, ele aparece na sala de *Call Center* para apenas dar um oi e visitar os colaboradores. Ele pede para os atendentes deixarem o telefone por uns minutos e conversarem um pouco. Ele conclui que o investimento de tempo não é nada comparado ao impacto que esta exposição tem na reputação da empresa por ter uma cultura "aberta". E as reações das pessoas são: "Nunca estive em um lugar onde o dono realmente aparece para nos dar um 'Oi!' ou se importa o suficiente para lhe perguntar como você está" (SPIEGELMAN, 2011).

A lição aprendida, segundo Spiegelman, foi que as pessoas querem ter uma ligação com seu líder como um ser humano, não como o chefe (SPIEGELMAN, 2011).

Para Hull (2019), a liderança precisa ser somática, colaborativa. Criar espaço para as pessoas falarem e ouvi-las atentamente é fundamental. É preciso desenvolver um ambiente no qual as pessoas se sintam seguras. O autor destaca a importância do *feedback*, do encorajamento e de empoderar as pessoas. Essa liderança, a qual o autor chama de "*Flex*", é um novo estilo de liderança para um mundo em transformação. Estilo esse totalmente similar ao da liderança "Eco-LÓGICA".

Conforme Hull (2019), criar uma cultura colaborativa faz com que os líderes aposentem velhos conceitos hierárquicos. Desenvolver entre a equipe motores de motivação como autonomia, empatia e competência. O trabalho de um líder nunca é fruto de seu próprio trabalho. É um trabalho em equipe, onde cada um contribui como um todo. O autor destaca ainda que ser colaborativo é exercer o poder da influência que a liderança possui, de forma consciente e consciensiosa.

Segundo Hull (2019), a liderança mais colaborativa foca em dar autonomia, e em desenvolver habilidades como inteligência emocional, colaboração e engajamento.

Helena Luíza Trajano, empresária, dona da rede Magazine Luíza, é um grande exemplo de liderança Eco-LÓGICA, que, por ser mulher, é uma grande referência para as mulheres que estão na liderança.

Os resultados de uma liderança "Eco-LÓGICA" mostram-se cada vez mais pertinentes ao mundo transformacional em que vivemos. Em uma sociedade que a cada dia se conscientiza da importância de focar no outro, de que fazemos parte de um ecossistema totalmente integrado, onde cada um tem o seu papel importante em uma organização, mostra-se ainda mais relevante uma liderança focada em desenvolver pessoas, tatuando marcas positivas, tornando os seres humanos em seres evoluídos, externando todos os seus potenciais. Líderes sendo líderes de verdade, influenciando positivamente e trazendo resultados sustentáveis à humanidade.

Podemos concluir que os líderes que se preocupam de fato em desenvolver as *soft skills* inteligência emocional e orientação para servir são líderes com resultados extremamente saudáveis, em ambos os âmbitos, tanto financeiro como no impacto positivo nas pessoas.

Assim como Jesus, que deixou uma marca tão positiva por exercer uma liderança "Eco-LÓGICA", que é focar nas pessoas, líderes atuais, após Jesus, depois de quase dois mil anos, por seguirem os mesmos princípios da liderança servidora, tiveram e têm excelentes resultados. A inteligência emocional desses líderes evidencia claramente como ter essa habilidade interpessoal cativa as pessoas, resultando em inspiração e motivação a todos de uma equipe e, consequentemente, clientes internos e externos satisfeitos e resultados financeiros prósperos.

A essência da liderança que é servir e seguir essa linha só traz benefícios a todos. E o contrário deixa marcas profundas nas pessoas, como foi a liderança tóxica de Adolf Hitler, que, além de exterminar milhares de pessoas, deixou marcas extremamente negativas nas pessoas que sobreviveram à sua liderança.

Em um mundo extremamente volátil como esse em que vivemos, com uma transformação intensa, se de fato as empresas almejam crescimentos sustentáveis, será mais do que urgente e necessário as empresas aderirem à Liderança "Eco-LÓGICA", priorizando líderes com as *soft skills*: Inteligência Emocional e Orientação para servir, pois assim todos saem ganhando.

A educação continuada de líderes, qualificando-os a mudarem de atitude, quebrando o paradigma de controle e domínio impessoal, trocando essa visão e atitude míope por uma liderança sustentável, verdadeiramente "Eco-LÓGICA", com foco nas pessoas para gerar resultados, certamente marcará a história com benefícios para as organizações e sociedade como um todo. Assim como a sociedade é feita de pessoas, as organizações só existem por meio de pessoas, e, portanto, esse capital humano deverá, sim, ser valorizado, estimado, mantendo relações duradouras e imprimindo marcas positivas em cada um da sociedade que vive por meio do trabalho.

No livro *Liderança Eco-LÓGICA*, falarei mais profundamente sobre o tema, ressaltando a importância de uma liderança consciente, sustentável que agrega valor à sociedade e ao meio ambiente. Essa é a LÓGICA! Mostrarei como podemos aprender com a sabedoria da natureza a exercermos uma liderança LÓGICA, impactante, que gere valor no sistema como um todo.

Referências

ADAMS, A. *Leader coach*. São Paulo: Editora França, 2011.

BAKER, W. M. *O poder da personalidade de Jesus – o segredo por trás da paixão, da produtividade e do lucro*. Rio de Janeiro: Editora Sextante, 2013.

BENATTO, I. C. *Lord Voldemort e Adolf Hitler: retratos do mal*. 2015.

GOLEMAN, D. *Inteligência emocional – a teoria revolucionária que redefine o que é ser inteligente*. Rio de Janeiro: Editora Objetiva, 2020.

HARVARD, B. R. *Gerenciando pessoas – os melhores artigos da Harvard Business Review sobre como liderar equipes*. Rio de Janeiro: Editora Sextante, 2011.

HULL, J. *Flex: O novo estilo de liderança para um mundo em transformação*. São Paulo: Editora Benvirá, 2019.

HUNTER, C. J. *O monge e o executivo – uma história sobre a essência da liderança.* Rio de Janeiro: Editora Sextante, 2004.

IBANES, H. *Lidere-se: conhecendo a si mesmo para liderar.* 2. ed. Rio de Janeiro: Editora In House, 2010.

NA PRÁTICA. *O que são soft skills e como desenvolvê-las para crescer na carreira.* Disponível em: <https://www.napratica.org.br/como-desenvolver-soft-skills/>. Acesso em: 4 Jun. de 2020.

OLIVEIRA, A. A.; SANTOS, V. M. B. M.; BIAZIN, D. T. *Liderança servidora: uma proposta inovadora na gestão empresarial.* 2018.

ROBERTS, R.D.; MENDOZA, C. E. F.; NASCIMENTO, E. *Inteligência emocional: um construto científico?* Ribeirão Preto, vol. 12 no. 23. 2002.

RUFINO, G. *O catador de sonhos.* 5. ed. São Paulo: Editora Gente, 2015.

SPIEGELMAN, P. *Por que todos estão sorrindo? O segredo por trás da paixão, da produtividade e do lucro.* Curitiba: Editora Quantum, 2011.

WELCH, J. S. *O MBA da vida real – como entender as regras do jogo, liderar uma equipe de sucesso e vencer os desafios.* Rio de Janeiro: Editora Sextante, 2016.

14

AS QUATRO ESTAÇÕES DA LIDERANÇA

Neste capítulo, de forma contextualizada, você percorrerá as principais fases da vida num paralelo com as estações do ano, avaliando de modo sistemático as formas em que lideramos cada uma delas, aprendendo lições como sazonalidade, respeito e amor próprio na importância do equilíbrio, resgate da liderança pessoal e a beleza em viver frente aos desafios cotidianos.

CLAUDIA GONZALEZ

Claudia Gonzalez

Graduada pela UNG (1992) em Sistemas de Informação, teóloga pelo Instituto Betel (2001), gastróloga pela HOTEC (2011), com MBA em Projetos, Processos de Negócio e Tecnologia pelo IPT-USP (2007), MBA em Gestão de Negócios Gastronômicos pela HOTEC (2013). *Life coach* (SLAC) reconhecida e licenciada pelas principais entidades internacionais – AC®, EMCC®, IAC®, PCA®, ATI®, ICI® (2018). Practitioner PNL pela SLAC (2018). Facilitadora no Programa Jornada do Crescimento e Jovens do Futuro. Especialista em Análise Comportamental (DISC) pela ATOOLS (2018) e Hipnóloga Clínica (2019). Mentora no programa "M.U.D.E." com diferencial em desenvolvimento e *coaching* de mulheres.

Contatos
clagb26@gmail.com
Instagram: @claudiagonzalez_70 / @mude2.1
+34 610 937 444 (Espanha)

Tudo tem o seu tempo determinado, e há tempo para todo o propósito debaixo do céu.
Eclesiastes cap.3 v.1

A natureza e o homem sempre estiveram intimamente ligados. Quando não havia instrumentos sofisticados ou formas tecnológicas avançadas para sobreviver, o homem se guiava apenas pelo relacionamento com ela, respeitando os seus sinais e o que ela dizia através dos ventos, fases da lua, marés, estações do ano, reação dos animais etc., entendendo um a necessidade do outro dentro de uma convivência harmônica para seguirem o curso da vida.

Nosso cotidiano exacerbante nos impede de enxergar e entender que a natureza, em sua sabedoria, continua nos ensinando a viver e se obriga quase que diariamente a nos demonstrar, através de seus relevos, curvas, ângulos, ondas, erosões, que ela não é linear e que nossa vida como pertencente a este ecossistema também não o é, e que muitas vezes o que nasce em condições desfavoráveis pode vencer e desabrochar muito mais do que aquele que tem todas as disposições para tal, porque este entende muito bem que a natureza está em constante movimento e para viver é necessário agir, esforçar-se para sair com suas raízes de uma selva de pedra e manter-se firme mesmo com recursos escassos.

Ser líder é ser capaz de influenciar pessoas, de atraí-las de forma natural, guiando-as e explorando suas habilidades de maneira eficiente a favor do todo, mas, acima de tudo, é um resgate pessoal de saber se posicionar e ter consciência de quando avançar ou recuar, assim como a natureza examina todas as possibilidades dentro do ecossistema.

Ter elas na liderança significa administrar por inclusão, saber compartilhar seu poder e informação com todos aos seu redor, contando com uma administração participativa e capaz de agir de forma multidirecional por sua competência inata de saber recalcular a rota.

Todos estamos sujeitos às intempéries da vida e durante a maior parte dela encaramos isso como um retrocesso, mas, numa visão holística de cada etapa que avançamos, é necessário saltar para a próxima e pode ser que seja necessário retroceder, ou melhor, dar uns passos atrás para tomar distância neste salto.
FUEYO, 2019.

Capra, em seu livro *A teia da vida*, menciona que se "extraem recursos da natureza, transformam-nos em produtos e em resíduos e vendem os produtos a consumidores, que descartam ainda mais resíduos depois de ter consumido os produtos", mas a natureza, por ter um processo mais organizado e cooperativo, mostra que "todos os organismos de um ecossistema produzem resíduos e o que é resíduo para uma espécie é alimento para outra, de modo que o ecossistema como um todo permanece livre de resíduos". Mas você me pergunta o que isto tem a ver com liderança ou com elas na liderança? A resposta está no "enfrentamento", uma das estratégias pessoais que muitas líderes utilizam diante de situações difíceis para alcançar a superação. E é por isso que uma líder precisa contar com seu lado humano, e nós, mulheres, por sermos mais expressivas, empáticas e cooperativas, criamos ao nosso redor um ambiente integrado e retroalimentado.

A palavra "líder", na origem celta, tem como significado "o que vai na frente". E neste paradoxo, muitas de nós, a princípio criadas para guiar, nos desequilibramos entre emoções e ações, perdendo nossa liderança em nossa consciência emocional.

Na atualidade, não somos mais o centro do universo, mas ainda temos o controle e a chance de resgatar nossa própria vida, conhecendo-nos intimamente, despojando-nos do nosso ego, reiniciando e atualizando nosso sistema operacional quantas vezes sejam necessárias, até nos tornarmos um paradigma para nós mesmas, melhorando nosso comportamento em um desenvolvimento pessoal altamente sustentável.

A semente do crescimento

A fecundação humana dá-se pelo encontro do espermatozoide com o óvulo, e neste momento milhares tentam alcançar seu destino, mas um será o líder nesta jornada ainda desconhecida.

Sob condições favoráveis ou muitas vezes de luta pela sobrevivência, o embrião inicia o processo de fecundação, crescimento e que culminará no seu nascimento. Assim, começa a primavera em nossa vida e na natureza, época do ano propícia para a renovação e crescimento, onde a árvore começará a nascer quando também ocorrer a germinação da semente. Até este momento, ambas as sementes fecundadas não possuem a certeza de suas possibilidades, tampouco estão limitadas por suas crenças, mas estão focadas no processo que iniciam, por liderar e desbravar um caminho totalmente novo e inóspito.

A mulher, que dentro em breve será mãe, tem um papel fundamental neste desabrochar. Tudo é novo, e se for a primeira árvore deste jardim, gerará incertezas e medos, questões que na liderança de sua vida não se cogitavam, mas que agora geram profundos questionamentos sobre sua capacidade de gerir e suprir esta semente, e até as mudanças em sua própria vida.

Da mesma forma que os elementos da natureza estão interligados de forma sistêmica reconhecendo sua interdependência, tudo se alinha num equilíbrio ecológico. Ainda que a humanidade tenha perdido seu pleno relacionamento com ela, vemos sua luta para sobreviver aos efeitos destrutivos para reequilibrar-se, mas aquela sementinha humana que desabrochará na primavera da vida pode tardar em readaptar-se, se sentir desamparada.

Será que a vida trata as pessoas de forma diferente ou somos nós que nos sabotamos? Embora em nossa busca para florescermos queremos sempre acelerar o processo, vemos na mãe natureza a "falta" de pressa. Uma árvore não cresce do dia para noite e sim se desenvolve de forma gradual e estruturada. Devemos deixar que tudo aconteça de forma natural e equilibrada, não nos atormentemos se repetirmos erros já cometidos no passado. A liderança que buscamos deve ser apreciada à luz de uma visão holística do que já vivemos somada ao que está por vir. Dessa forma, os encararemos como aprendizados em cada nova etapa.

Em nossa infância não temos muitos problemas em reunir outras crianças, iniciar e liderar uma brincadeira, pois estamos despidos de preconceitos e grandes conhecimentos da suposta "equipe", e abertos a participar desta nova experiência. O nascimento de uma líder nesta etapa embrionária é desafiador e, por vezes, solitário. Sem conhecimento prévio, é necessário passar por um processo de "alfabetização experimental", onde vamos liderar, mas pela intuição e participação, tendo certa liberdade responsável e crendo poder contar com pessoas autodisciplinadas ao seu redor.

Se a primavera marca o começo do reaquecimento do clima, o renascimento, os primeiros anos que florescem a nossa vida, o delinear de nossos primeiros hábitos emocionais, as descobertas, os primeiros contatos e sensações com o mundo exterior, precisamos deixar-nos viver esta experiência como crianças e estender nossas raízes sem preconceitos. E se não for divertido, por que não mudar? Logo vem uma nova etapa. Vem verão!

Aquecendo o coração

Sentimos sutilmente que a primavera vai abrindo passagem e transacionando o início de nossa jornada dando espaço ao calor e brilho do sol. Com dias mais longos e aparentemente alegres, começamos a sentir os efeitos do verão, e é exatamente dessa forma intensa e calorosa que desejamos que seja imortalizada a nossa adolescência. Nesta etapa, ouvimos constantemente: "Mas você ainda é uma criança!", "Você não acha que já está bem grandinha pra isso?" São tantas mudanças emocionais que com elas vêm os primeiros conflitos internos e externos, os primeiros amores, as primeiras decepções, os questionamentos sobre os valores dos pais, e a tentativa mais autônoma de deixarmos de ser crianças para nos tornarmos adultos mais responsáveis, sem se comprometer demasiadamente. E esta pseudoetapa, chamada de transição infantojuvenil, faz com que a adolescente se arrisque, se exponha e corra o risco de insucessos que poderão apagar seu brilho e seu novo papel na sociedade, pois esta nova fase requer clareza e maturidade que estão sendo construídas para seguir uma rota existente ou criar uma nova.

O ciclo das estações são os mesmos a cada ano, assim como muitas de nossas ações. No entanto, as diferenças de repetições são as consequências dos primeiros passos da nossa exposição. Ao decidirmos resgatar ou investir em nos tornarmos líderes de equipes ou de nossa própria vida, percebemos que é uma minoria que lá atrás recebeu uma boa base sobre seus valores, e que querem ser ouvidas para provar seu valor. E mesmo com mais erros do que acertos, optam por um novo caminho, deixando que cada experiência lhes enriqueça a jornada. Como dito anteriormente, o ciclo da natureza se repete, e não é ruim que algumas escolham seguir o mesmo caminho já trilhado por outras. Isto fará com que sejam poupadas de certas experiências, mas essa opção também pode excluí-las de viver momentos diferentes e que as ajudariam a ampliar sua bagagem para as próximas fases, ou seja, a adolescente ou líder "adolescente" precisa encontrar uma nova identidade. Ela quer pertencer, quer iniciar com brevidade esse momento.

E mesmo que lhe falte convicção, as frustrações desta etapa podem corroborar para o desenvolvimento de novas habilidades para enfrentar situações adversas.

Goleman (2012) destaca, em seu livro *Inteligência emocional*, que nossos circuitos cerebrais são maleáveis. E mesmo o que advém de nossa infância nos dá a oportunidade de melhorarmos os hábitos emocionais básicos que irão governar nossas vidas. Como a adolescência é o ponto central para a fase adulta, se nos desconectarmos dela nos desconectamos do que seria uma possível vida plena e da possibilidade de conhecer uma líder excepcional.

O verão traz consigo a inclusão, e deve trazer esse mesmo papel junto aos educadores, pais e superiores que vivem ao redor da líder adolescente, pois nos erros eles devem promover o apoio, a amizade, a honestidade e a escuta ativa, tornando a experiência do crescimento uma virtude do ser para ampliar seus valores, minimizar crenças e reforçar suas atitudes.

Por que as folhas caem?

Há quem diga que o outono é a época em que aparecem os momentos adversos, mas um provérbio galês de autor desconhecido diz que "Quem quer ser líder, deve ser ponte".

Passamos pela primavera em nossa infância, o florescer de nosso caráter, o constante questionar dos "por quês?", o cair e levantar-se, a rebeldia, as frustrações e indecisões da adolescência e agora algumas decisões necessárias das quais não tínhamos a preocupação de adjudicá-las. A paisagem é a mesma, as árvores são as mesmas, mas o nosso olhar, nossa perspectiva, nossas atitudes e nossas crenças têm na líder adulta a necessidade de espaço para avançar, estabelecer raízes em outros solos.

Na fase adulta logramos obter melhores resultados. Viemos trilhando nossa jornada, buscando a liderança de nossa vida e dos demais e com ela vimos desenrolar uma das mais preciosas virtudes chamada prudência, traduzida pelos gregos como *phronésis* – sabedoria prática.

Mas como chegar ao futuro da forma desejada sem que observemos os detalhes dos meios? Estamos sempre preocupados com o final, mas para o alcançarmos é necessário avaliar os meios, pesar o que vivemos, quais são nossos objetivos, metas, novos comportamentos necessários, e em tudo isso contamos com a prudência que estará avaliando as vantagens e desvantagens e poderá nos ajudar a minimizar os transtornos no futuro. O outono nos ensina que, além dos dias mais curtos e com pouca luz do sol, as folhas da árvore caem e ela precisa tomar providências para sobreviver. Então o processo de clorofila deixa de acontecer, as folhas ficam amarelas e se desprendem. É praticamente uma automutilação para poupar energia com o que realmente será essencial para suportar essa fase até a chegada da primavera. E você? Estaria disposta a concentrar-se apenas no essencial em sua carreira? Desejamos um futuro irresistível tendo um presente medíocre, com medo de nos arriscar, de tentar, de ousar, de eleger, mas, este é o momento. Chegamos à fase adulta e precisamos ajustar "os meios" para chegarmos ao fim com mais bagagem e menos arranhões e perdas possíveis. E ser prudente em nossas escolhas nesta etapa não significa evitar o perigo, mas aprender a economizar tempo para decisões mais assertivas.

O que mais posso esperar?

Estamos preparados para o fim da jornada? Chegamos ao frio do inverno, que a princípio para muitas líderes é um sinal de pausa, mas podemos crer que é o despertar da madurez nos direcionando para uma etapa que pensamos estar consolidada de nossa trajetória. Então sentimos o frio na pele, o inverno chega com muita propriedade, despindo nossa arrogância, insensatez, varrendo nossa vaidade e ao mesmo tempo com um olhar profundamente avaliativo sobre onde chegamos em nossas conquistas e uma reflexão exclamativa sobre o que realmente nos importa a esta altura.

Despidas, olhamos ao nosso redor, buscamos em nossa memória algo que nos traga esperança para prosseguir. Algumas de nós chegam à liderança nesta etapa com ar de missão cumprida, outras com sentimento de que deveriam ter feito mais. E a maioria chega machucada, sentindo uma frustração enorme por terem anulado suas escolhas ou deixado para trás a liderança de suas vidas e agora se veem inaptas para avançar, carregaram tantas bagagens de outros que foram deixando as suas ao longo do caminho.

O sucesso de chegar ao resultado que esperamos é cuidar muito bem dos meios, ou seja, cada estação traz consigo suas particularidades, seus ensinamentos, seu toque de liderança para promover de forma majestosa o ciclo da vida e dizer que quando cada uma delas termina não é o fim. E se surge um imprevisto, a natureza em toda sua sabedoria (construída ao longo dos tempos) se reorganiza sabendo que é preciso deixar morrer para que outras renasçam. Então, por que não aproveitarmos esse balanço da vida, analisando o momento presente e tirando do rosto todo julgamento impotente ao que sempre estamos crucificadas? Quando crianças nos encanta pintar e a cada desenho recebemos o incentivo de que somos grandes artistas, então nos entregamos a isso de forma tão pura e ingênua que não nos importa a fama e sim o que vão nos dizer quando nos expressamos. Mas ao longo das estações da nossa vida vamos perdendo esta magia, deixamos nossa vida ser liderada pelas circunstâncias e por terceiros, ao invés de acreditarmos em nós mesmas, sermos autênticas e reais, com defeitos e "manias", pois ninguém é perfeita. Afinal, somos humanas, sujeitas a reformas diárias, com necessidades especiais de renovação em cada estação. Deixemos de lado o medo, vivamos a vida sem se desgastar de tanto pensar se o que vamos viver ou deixar de viver será escrito como todas as histórias de sucesso. Você é única, você é mulher, líder de si mesma. E tenha claro que apenas você pode dar como concluído o fim de sua jornada.

Concluímos que...

Cada fase deve ser vivida sem brevidade. Somos protagonistas da nossa história, por isso não se demore ou prolongue as situações que te façam procrastinar. Pergunte-se: "é essencial?" Se sim, avance. Se não, descarte. Viva o hoje, o agora, em atenção plena ao que está ao seu redor. E só assim você terá tempo para escolher e viver as melhores experiências na jornada ao seu resgate de sua liderança.

Referências

CAPRA, F. *A teia da vida: uma nova compreensão científica dos sistemas vivos*. São Paulo: Cultrix, 1996.

COMTE-SPONVILLE, A. *Pequeno tratado das grandes virtudes*. São Paulo: Martins Fontes, 1999.

DICIONÁRIO InFORMAL. *Phronesis*. Disponível em: <https://www.dicionarioinformal.com.br/significado/phronesis/31669/-22/04/2021>. Acesso em: 24 abr. de 2021.

FUEYO, J. *Te dirán que es imposible*. Barcelona: Planeta, 2019.

GOLEMAN, D. *Inteligência emocional*. 2. ed. Rio de Janeiro: Objetiva, 2012.

SUPER INTERESSANTE. *O feto aprende*. Disponível em: <https://super.abril.com.br/ciencia/o-feto-aprende/>. Acesso em: 15 abr. de 2021.

WILLIAMS, M.; PENMAN, D. *Atenção plena mindfulness*. Rio de Janeiro: Sextante, 2015.

15

CASE SENADO FEDERAL
MENTORIA DE LIDERANÇA CORAJOSA E GENTIL

O surgimento e os resultados do programa de mentoria focado em capacitar mulheres no exercício da liderança dentro do Senado Federal.

CLÁUDIA NOGUEIRA

Cláudia Nogueira

Servidora do Senado Federal há 29 anos, exerceu funções de gestão e liderança até 2012, quando se direcionou para o Desenvolvimento de Lideranças. Sua experiência inclui treinamento de líderes e equipes em diversas instituições públicas e privadas. Atuou como coordenadora do Programa de Formação Gerencial (PFG) e, atualmente, conduz o Programa de Mentoria de Liderança para servidoras públicas no Senado Federal. Pós-graduada em *coaching*, possui certificação internacional em Aprendizagem Experiencial e *Coaching* de Equipes; certificação em "Como estimular vida e movimento nas organizações?", com Allan Kaplan; e tripla certificação internacional em *Mentoring* pela Global Mentoring Group. É mentora, palestrante e facilitadora de *workshops*, cursos e treinamentos em Liderança e Equipes de Alto Desempenho. É uma apaixonada por esse tema, porque entende que a boa liderança pode transformar a vida, o trabalho, a comunidade, o mundo!

Contatos:
clcgnogueira@gmail.com
claudia.nogueira@senado.leg.br
Redes sociais: @mentora.claudianogueira

Aos 29 anos, formada em Ciência da Computação e tendo oito anos de experiência como analista de sistemas (três dos quais no Senado Federal), assumi a chefia de um gabinete parlamentar do Senado Federal.
Como pessoa originária da área de TI, eu gostava era de máquinas. Dizia: "Computadores são ótimos, porque a gente pede para eles fazerem alguma coisa e... adivinha? Eles fazem, sem questionar! Já as pessoas exigem muito mais de mim... Ah, ser chefe é muito legal, só o que é chato é lidar com pessoas.".
Foi então que percebi, na prática, o quanto ser líder requer de nós. Eu tinha muita vontade de atuar para gerar melhores resultados, realizar mudanças e fazer a diferença. Mas no exercício da função descobri que não estava preparada para a liderança como eu imaginava. As habilidades técnicas são importantes, mas para ser uma boa líder você precisa de muitas outras habilidades. A principal delas é saber lidar com pessoas.
Na intenção de desenvolver as competências e habilidades que me faltavam, busquei livros e cursos com genuíno interesse. E fui me aprimorando como profissional. Ao todo, passei 10 anos como chefe de gabinete. Depois disso, procurei novos desafios e assumi funções na área administrativa do Senado.

Quanto maior o nível hierárquico, mais *soft skills* você precisa

Em 2011, fui convidada para ser Diretora de TI. No primeiro instante senti alegria. Aquilo era um reconhecimento enorme e uma oportunidade maravilhosa de atuação profissional: atuar com tecnologia para impulsionar o Senado para a era digital.
No entanto, no milionésimo de segundo seguinte, fui invadida pelo pânico. Um vazio no meu estômago, um embrulho no meu peito, uma vontade de sair correndo e nunca mais ser encontrada. Medo. Medo. Medo. Fui tomada por um desespero que quase me fez chorar. Na minha cabeça vieram dúvidas atrozes: *E se eu não for boa o suficiente? E seu eu não conseguir ser a líder que acho que devo ser e que o setor merece e necessita? E se minha gestão for um fracasso?*
Naquela época eu já tinha muita experiência e muito estudo sobre liderança. Mesmo assim, ao receber o convite, fui invadida pelo pânico. Minha primeira resposta foi um não. Contudo, nem a diretora nem os outros colegas aceitaram essa resposta. Argumentaram muito, insistiram, me animaram. Então, como brasa que recebe um sopro, algo em mim se acendeu, o desejo de realizar falou mais alto, o incentivo e apoio dos colegas me deu sustentação e segurança. E assim o sim surgiu.

Ser diretora do Prodasen (área de TI do Senado Federal) foi a mais desafiadora e gratificante experiência profissional que eu tive até então. Éramos uma equipe excelente, iniciamos projetos novos, reformulamos diversas coisas. Trabalhei bastante. Aprendi demais.

No entanto, mesmo com toda a bagagem já adquirida, me deparei com uma dificuldade de relacionamento e comunicação com a Diretora Geral. Nossa principal divergência era quanto à autonomia necessária para eu ter boa atuação à frente de um órgão muito técnico. Tivemos diversos conflitos. E eu à época não possuía habilidades suficientes para contorná-los de forma produtiva. Foi aí que eu percebi que quanto maior o nível hierárquico, de mais *soft skills* você precisa.

Ao sair da função, decidi redirecionar minha carreira. Já tinha vivido experiências valiosas e internalizado muito conhecimento. Compreendi que poderia compartilhar isso tudo contribuindo com outros profissionais. Por isso, passei a atuar com desenvolvimento de líderes e de equipes, tanto no Senado quanto em outras instituições públicas e privadas.

Até que veio a pandemia em 2020. Recolhida em *home office*, comecei a me perguntar: *Como posso atuar com desenvolvimento de liderança nessa nova realidade em que estamos vivendo?*

A necessidade de preparar mulheres para a liderança

Nesse momento, relembrei minha jornada profissional.

Quando comecei a liderar, acabei copiando o modelo masculino. Muitas mulheres fizeram assim. Por quê? Primeiro, porque ainda não havia um modelo feminino muito claro a ser seguido. Éramos muito poucas exercendo liderança. Segundo, porque havia o receio de sermos vistas como fracas e inefetivas se agíssemos de forma mais feminina.

Com tempo, estudo e experiência, fui modificando o meu estilo de liderar. Comecei a seguir minha intuição. Ouvia muito, dava voz às pessoas, praticava *feedbacks*, distribuía reconhecimentos, despertava lealdade e confiança, engajava melhor as pessoas da equipe, pedia desculpas reconhecendo erros – sim, porque líderes também erram. Fui compreendendo melhor a força e a importância dos princípios femininos na liderança.

Hoje sei que todas aquelas dúvidas que senti e que me causaram medo ante o convite para ser diretora podiam ser resumidas em um comportamento já identificado e mais comumente encontrado em mulheres: a síndrome da impostora. Mesmo com toda a sua competência, mulheres muitas vezes duvidam da sua capacidade e titubeiam diante de um convite para assumir alguma função. Há razões socioculturais para isso.

Segundo um relatório interno da Hewlett Packard, as mulheres só se candidatam a novas funções se acharem que atendem integralmente a todos os critérios desejados. Já os homens se candidatam se acharem que atendem a 60% dos requisitos. Essa diferença tem um enorme efeito cascata.

Eu já tinha vivenciado várias das dificuldades típicas de mulheres na liderança, começando por comentários jocosos no meio de reuniões, passando pelo descrédito de alguns colegas, chegando até ao desrespeito e ao assédio. Ficou claro para mim o quanto o apoio, incentivo e orientação podem nos impulsionar e o quanto a falta de preparo para lidar com as questões que surgem na liderança pode nos retrair ou paralisar.

A necessidade de capacitar mulheres para a liderança era evidente. Compreendi assim que meu foco deveria ser em liderança feminina.

O Programa de Mentoria

Com o intuito de contribuir para que servidoras se sentissem fortalecidas, preparadas para exercer posições de liderança, seguras em sua atuação e abertas ao aprender fazendo, idealizei um projeto inovador no Senado Federal: Programa de Mentoria de Liderança on-line e em grupo para as servidoras que estivessem exercendo alguma função de liderança. Denominei Mentoria de Liderança Corajosa e Gentil. Essas duas palavras são o pilar da proposta e representam as duas características que considero fundamentais numa líder: gentileza e coragem.

Mentoria é uma abordagem de orientação em que um profissional com larga experiência e forte sustentação teórica e prática auxilia um profissional menos experiente. Mentorias são excelentes. Talvez até a melhor forma de se aprender. A mentora é a profissional que apoia a mentorada, fornece *insights* e estimula reflexões. Além disso, compartilha experiências e conhecimentos, dando suporte e encorajamento para que a outra pessoa gerencie seu próprio aprendizado, desenvolva suas habilidades e maximize seu potencial. Contudo, programas de mentoria ainda são pouco aplicados no Brasil. Menos ainda nas instituições públicas e menos ainda para as mulheres. Com o objetivo de mudar essa realidade, apresentei o projeto à Direção Geral do Senado, que aprovou a realização de uma turma-piloto.

O Programa tem por objetivo suprir carências e lacunas na formação das líderes com foco especificamente em *soft skills*. Aborda conceitos e teorias de liderança, associados às questões práticas reais do dia a dia das participantes no desempenho da sua função. Esse é o grande valor que uma mentoria oferece. É por essa razão que mentorias são excelentes para acelerar os resultados, melhorando desempenho de forma rápida. Quem percorre o caminho sozinha costuma levar muito mais tempo do que quem vai acompanhada de uma mentora.

Os resultados

A turma-piloto aconteceu entre outubro e dezembro de 2020. No início do programa fizemos um levantamento do nível de competências, habilidades e atitudes de liderança das mentoradas. Após a mentoria, o mesmo questionário foi aplicado. Os gráficos a seguir demonstram uma compilação do resultado[1].

---

[1] O resultado completo com todos os gráficos pode ser visto no Relatório Final do Programa de Mentoria no Senado Federal.

No início:

No geral, como me percebo em termos de habilidades de liderança?
8 respostas

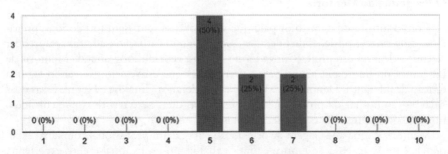

Ao final:

No geral, como me percebo em termos de habilidades de liderança?
8 respostas

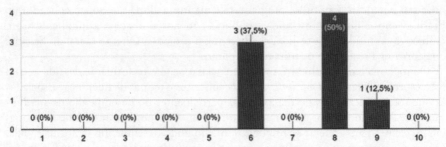

Percebemos que o Programa desenvolveu a capacidade de liderança, com consequente melhoria de performance. Outro benefício relatado foi o de dar início a uma rede de relacionamento e suporte entre as mulheres líderes do Senado Federal, como podemos depreender em alguns depoimentos[2]:

> [...]Pudemos trazer nossas angústias, nossos medos, nossas barreiras como mulheres que gerenciam equipes, nossas estratégias de enfrentamento, num ambiente acolhedor e de confiança. Sentimos que não estamos mais sós, e que a nossa união fará a diferença. Aprendi muito com a experiência da Claudia e das minhas colegas. Sinto que saio mais forte que entrei!
> Marina Vahl

> [...]A Mentoria de Liderança Feminina Corajosa e Gentil [...] me abriu muito a perspectiva sobre como liderar melhor. Eu descobri que ao líder não basta ter conhecimento técnico. É preciso habilidades de relacionamento e comunicação. Aprendi que a gentileza e a empatia são grandes características de um líder, mas a coragem de fazer o que precisa ser feito também.
> Glauciene Lara

---

2 Vide Anexo III – Depoimentos das mentorandas, no Relatório Final do Programa de Mentoria.

Algumas das participantes da turma-piloto também são autoras deste livro: Glauciene Lara, Clarissa Ribeiro e Juliana Borges.

O projeto mostrou-se viável e proveitoso e tornou-se uma capacitação regular da Casa, integrando as ações de promoção de equidade de gênero. Pretendemos oferecer o Programa para a Rede Interlegis de Casas Legislativas, como forma de alcançar mais servidoras no âmbito do Poder Legislativo. Quando uma mulher aprende a liderar de forma corajosa e gentil, ela abre uma porta de realização para si mesma. E pode abrir portas para outras mulheres também.

Fomentar a equidade de gênero na liderança favorece uma gestão mais humana, mais agregadora e que busca incentivar a cooperação, a integração e o engajamento das equipes. O intento é o de construir um cenário em que o serviço público saia fortalecido na medida em que todos, homens e mulheres, identifiquem sua entrega de valor, alinhando seu comportamento ao trabalho necessário e a saudáveis relacionamentos, oferecendo uma contribuição cada vez mais eficiente na prestação de serviços à sociedade, com coragem e gentileza. O serviço público precisa muito disso, o Brasil precisa muito disso e eu acredito que nós podemos – e devemos! – ser a mudança que desejamos ver no mundo.

16

ELAS POR ELAS, ELAS POR ELES

Compreender o caminho que leva as mulheres a ocuparem seu espaço nas empresas, seus desafios, estratégias de enfrentamento e aprendizados é uma forma de contribuir para que outras mulheres continuem esse caminho. Este capítulo apresenta a experiência de quatro mulheres executivas cuja jornada as levou a romperem o "teto de vidro". Apresenta, também, a perspectiva de três grandes executivos sobre esse tema relevante e que ainda traz desafios a serem superados.

CLAUDIA SERRANO

Claudia Serrano

Psicóloga e mestre em Administração pelo Mackenzie – Gestão da Diversidade. *Master* em Tecnologia Educacional e MBA em Desenvolvimento do Potencial Humano. Especialista nas ferramentas DISC, Motivadores, Método Quantum, Jornada do Autoconhecimento e Mapeamento Pessoal Human Code. Professora dos cursos de pós-graduação e MBA da FIA, Fundação Dom Cabral [FDC] e FAAP. Consultora em recursos humanos e desenvolvimento organizacional com mais de 25 anos de experiência. Atuação em projetos para empresas de grande porte dos segmentos farmacêutico, agronegócio, seguros, telecomunicações, TI e financeiro, entre outras. Coautora do livros *A arte de selecionar talentos*; e *Ser mais com T&D*, pela Editora Literare Books.

Contatos
www.arquiteturarh.com.br
claudia@arquiteturarh.com.br
11 99716 0547

A participação da mulher no mercado de trabalho, em especial ocupando cargos de liderança, tem sido alvo de discussões com maior ênfase a partir da década de 80, quando o fenômeno do *glass ceiling*[1] elencou as barreiras invisíveis que dificultam o acesso das mulheres aos cargos de maiores salários e responsabilidades.

Embora com avanços perceptíveis, as pesquisas realizadas pela *Mckinsey* mostram que, nos últimos cinco anos, o número de mulheres que passaram a ocupar cargos nos níveis mais altos das empresas aumentou, mas a igualdade de gênero ainda está longe do ideal. Além disso, a porcentagem de mulheres em cada nível entre 2015 e 2019 é inversamente proporcional à altura do cargo; um ponto intrigante, uma vez que, de acordo com essa consultoria, companhias com mais mulheres na liderança, quando comparadas com a média da indústria, vê um resultado operacional 48% maior e uma força de crescimento no faturamento de 70%.

Para discutir este assunto é preciso levar em consideração paradigmas históricos, que vão desde a criação das empresas por homens brancos, caucasianos; a distinção do que é papel de homem e de mulher; até o ingresso das mulheres no mercado de trabalho no Brasil no início do século XX, ocupando posições de assistentes e secretárias.

Neste capítulo, quatro mulheres que romperam essa barreira compartilham suas experiências, desafios e aprendizados. O quadro abaixo apresenta o perfil das entrevistadas:

Executivas	Formação	Tempo como líder	Cargos ocupados	Segmento
Executiva 1	Medicina	20 anos	Diretoria e gerência	Farmacêutico
Executiva 2	Medicina	20 anos	Diretoria e gerência	Farmacêutico
Executiva 3	Administração	19 anos	Gerência e superintendência	Seguros
Executiva 4	Direito	6 anos	Diretoria e CEO	Energia

Além da visão feminina, incluí a percepção de três executivos de expressão sobre esse movimento: Executivos 1 e 2: diretor e gerente-geral que atuam em empresas do segmento farmacêutico; e Executivo 3, presidente de empresa do segmento de tecnologia.

---

1 Teto de vidro.

Botando o pé na porta: elas chegaram lá!

Assumir uma posição de liderança sempre representa um desafio, que se diferencia em função do contexto e dos atores nele envolvidos.

Os maiores desafios trazidos pelas executivas foram deixar de ser decisora individual e tornar-se colaboradora de equipe, lidar com hierarquias diferentes, delegar e engajar o time.

A falta de preparo na formação foi um fator crítico, de acordo com três delas. Conhecimento do negócio, do mercado, estratégia etc. podem ser facilmente aprendidos; "o grande ponto é aprender como conseguir dar o seu melhor e motivar cada um a fazer o mesmo, ser um facilitador para o time e entre áreas"(executiva 1).

Para a executiva 4, o maior desafio foi a aceitação do time, tanto de homens quanto de mulheres. "As pessoas têm uma imagem formada, sabem seus pontos positivos e a desenvolver e esses últimos geram maior desconfiança."

O segmento farmacêutico é, aparentemente, mais aberto. Ambas as executivas que atuaram nesse segmento nunca sentiram o peso da discriminação, embora houvesse áreas predominantemente masculinas quando assumiram seus cargos.

Ainda assim, quando a executiva 1 ocupou o primeiro cargo de diretoria, cujo papel era garantir o *compliance* e fazer recomendações para todos os níveis executivos da empresa, o ser 'mandado' por uma mulher não soava bem. A grande estratégia veio de sua autoconfiança e da forma como ela abordava os assuntos.

O segmento de energia, predominantemente masculino, trouxe experiências expressivas para a executiva 3. Em uma ocasião, era a única mulher e *sponsor* de uma reunião em que os participantes achavam que tomar notas era função dela, o que ratifica o antigo paradigma sobre qual é o papel da mulher.

O mais marcante para a executiva 4 foi não ter recebido o apoio esperado das mulheres do time que, antes de olharem para sua capacidade e empenho, olhavam o 'invólucro' (roupa, sapato, cabelo), comportamentos primários de julgamento ao invés de apoiarem e comemorarem a conquista de uma delas, revelando falta de sororidade[2].

Como superaram os desafios

Um desafio em comum enfrentado por elas foi assumir a posição de protagonista. Para isso não se deixaram intimidar e aproveitaram as oportunidades que surgiram, estando bem preparadas para as diferentes situações que teriam de lidar.

Entre acertos e erros, prevaleceu o entendimento da inteligência emocional como diferencial. Diálogos foram fundamentais em todos os casos, trazendo às pessoas o entendimento de que todos estão atuando para conquistar o mesmo objetivo.

O posicionamento da executiva 3 era interpretado como duro por conta de uma abordagem mais incisiva o que, no mundo masculino, é entendido como firmeza, mas no feminino é mal interpretado e travestido de palavras depreciantes como neurótica, por exemplo, o que leva a desqualificar o discurso, aspecto ratificado pela executiva 2: "Se o homem é abrasivo é aceitável, a mulher não."

---

[2]Sentimento de solidariedade e empatia entre meninas e mulheres.

Além disso, a executiva 4, adotou o tratamento justo como estratégia para trazer a equipe para si: "se um membro do time está sentado do lado de um colega que não faz nada, o líder tem que tomar uma atitude."

Aprendizados e habilidades desenvolvidas

Os aprendizados se relacionam à capacidade de exercer a liderança 360º: ser ponto de apoio para a equipe e entre pares e outras áreas. O autoconhecimento permitiu ampliar a comunicação empática e influente, escuta genuína, não menosprezar o sentimento do outro, articular o discurso em função da audiência, administrar as singularidades e aproveitar os talentos das pessoas.

No caso das executivas 1 e 2, atuar em uma empresa que tinha programas de desenvolvimento de lideranças foi fundamental, com a clareza de que os *skills* técnicos somente não as sustentariam na nova posição.

Os *feedbacks* também ajudaram no processo de desenvolvimento. No caso da executiva 2, o *feedback* da equipe elevou sua curva de aprendizado sobre como adequar o tom de fala e ter clareza dos gatilhos que surgiam em momentos de estresse, além de contar também com o *feedback* de seu superior ao assumir uma grande diretoria.

Os *feedbacks* levaram a executiva 3 a ampliar sua habilidade em lidar com a singularidade das pessoas e adequar a forma de abordagem, sem resvalar no comportamento masculinizado para ganhar respeito.

A executiva 4 reforça que, além de se conhecer, é preciso capacitar-se. Conversas com pessoas/mentores experientes são apontadas como importantes tanto por ela quanto pela executiva 1.

Os executivos entrevistados reiteram o apontado pelas entrevistadas, ressaltando que, das habilidades das mulheres líderes, destacam-se resiliência, determinação, foco no resultado e capacidade de trabalhar colaborativamente em um ambiente competitivo, além de aprenderem de forma acelerada.

O ambiente empresarial hoje: um misto de avanço com ecos do passado

Todas as executivas consideram o ambiente atual mais aberto em função da maior disseminação das informações e fóruns de discussão, ampliando a perspectiva sobre a importância de a mulher ocupar espaços antes ocupados preferencialmente por homens.

Entretanto, na opinião de todos os executivos, a mudança é mais lenta do que deveria. Empresas que queiram levantar essa bandeira devem cuidar tanto do ambiente como um todo, como capacitar as mulheres para que estejam preparadas a ocupar posições de gestão.

A executiva 1 percebe que ainda há crenças que tendem a nublar a visão sobre a capacidade feminina em ocupar posições de CEO e Diretoria: mulher é muito sentimental, não tem estrutura para fazer alguns enfrentamentos. Essa visão é compartilhada pelos três executivos entrevistados, que apontam vestígios da cultura machista, especialmente na América Latina.

Entretanto, muitas pesquisas mostram que cada vez mais as lideranças são cobradas por competências e habilidades socioemocionais e não pelo gênero, raça ou condição física (executivo 1).

Para a executiva 4, cada evento de diversidade convence mais pessoas de que os obstáculos existiram e não podem ser ignorados. Na perspectiva dos executivos 1, 2 e 3, esse tema tem que ser amplamente debatido, sem restrições, ampliando a discussão quando se trata da mulher negra. Na estatística das 500 maiores empresas do Brasil, de 550 executivos, apenas 0,4% são mulheres negras.

Outra ação apontada pelo executivo 3 é que os altos executivos devem criar espaços de diálogo: ouvir mulheres de todos os níveis para entender a dor delas.

Para a executiva 3 a pandemia trouxe à tona novos desafios quanto a flexibilidade de horário, uma vez que a mulher precisa dividir o seu tempo entre trabalho, casa e família. Isso catalisou a visão da necessidade de uma boa parceria em casa, dado que a mulher ainda tem uma carga grande em termos de gestão familiar. Essa visão é ratificada pelos executivos 2 e 3.

As mulheres que galgam posições na empresa têm resiliência bem estabelecida, resultante da capacidade em lidar com vários eventos: prepara a reunião, cuida do filho, olha a mãe. Por outro lado, a energia e a atenção para não deixar os 'pratinhos caírem' acaba cobrando seu preço em termos de exaustão física e psicológica.

Na opinião de todos os executivos, ainda existem preconceitos, embora mais velados: questionar o tempo de dedicação de mães com filhos pequenos, a tratativa da gestação. O executivo 2 ouviu de superiores que não poderia vir a reclamar por contratar tantas mulheres. Uma visão míope, pois as mulheres com as quais trabalhou eram comprometidas, deixavam tudo tão preparado que praticamente não se sentia o impacto da ausência durante a licença-maternidade.

Apesar disso, muitas mulheres parecem se constranger ao avisar a empresa de sua gravidez, bem como ainda se cobram de conseguir um equilíbrio perfeito entre os vários papéis desempenhados.

A fala da experiência contribuindo para quem vai ocupar uma posição de liderança

A partir de suas experiências, as executivas elencam pontos que devem ser alvo de atenção para as mulheres que desejam ocupar posições de liderança:

Executiva 1	Conhecimento técnico é importante, mas não suficiente. Conheça e explore outras habilidades suas e adquira os conhecimentos que forem relevantes para a posição. Ouça todos os lados, explore sua sensibilidade, ouça e entenda seu desconforto. Se está desconfortável, pare, respire.

Executiva 2	Esteja bem centrada e consciente de quem você é para dar o seu melhor e enfrentar bem os desafios. Aprenda no dia a dia, identificando o que deu certo e o que poderia ter sido feito diferente. Reflita, mas não seja supercrítica consigo mesma.
Executiva 3	Tenha consciência de que é tão capaz como qualquer outra pessoa. A inspiração sozinha não basta. Desenvolva os potenciais que tem guardado e que são os presentes que recebeu quando nasceu. Seu autoconhecimento poderá auxiliar os outros a se conhecerem e se desenvolverem plenamente, transformando o ambiente de trabalho em uma escola de florescimento.
Executiva 4	Esteja preparada, estude muito e sempre, não espere a oportunidade aparecer para se preparar. Ouse, arrisque, tenha coragem para fazer a diferença. Pratique e divulgue a sororidade.

Muito do que as executivas deixam para reflexão é compartilhado pelos executivos entrevistados:

Executivo 1	Saiba onde quer chegar, entenda o que já tem de conhecimentos e habilidades e o que precisará desenvolver. Converse com pessoas que ocupam a posição-alvo, leia, saia da zona de conforto. Não espere alguém te dar espaço para falar, se expresse com firmeza, mesmo no meio de maioria masculina. Se imponha positivamente.
Executivo 2	Nunca desista, enfrente o *status quo*, assuma o protagonismo. Ajuste forma e conteúdo da fala para não entrar em modo autodefesa e soar agressiva na abordagem. Passe a mensagem com a força necessária, sem passar do ponto.

| Executivo 3 | Seja você mesma, sempre. Tenha resiliência. Siga sempre seu coração. |

Muito ainda pode ser falado a respeito. Se você deseja ser uma líder, siga em frente, se prepare-se, floresça. Você tem dentro de si todo o potencial de que precisa. E como diz a frase: "E se der medo? Vai com medo mesmo!".

Que a experiência dessas mulheres e a perspectiva dos executivos tragam boas reflexões.

Referências

HUNT, V.; YEE, L. E.; DIXON-FYLE, S. *A diversidade como alavanca de performance*. Disponível em: <https://www.mckinsey.com/business-functions/organization/our-insights/delivering-through-diversity/pt-br#>. Acesso em: 30 nov. de 2021.

LAPORTA, T. *Mulheres na liderança: as barreiras que ainda prejudicam a ascensão feminina no mercado de trabalho*. Disponível em: <https://g1.globo.com/economia/concursos-e-emprego/noticia/2019/07/02/mulheres-na-lideranca-as-barreiras-que-ainda-prejudicam-a-ascensao-feminina-no-mercado-de-trabalho.ghtml>. Acesso em:30 nov. de 2021.

LIPMAN, J. *Escute o que ela diz: o que os homens precisam saber (e as mulheres têm a dizer) sobre trabalhar juntos*. São Paulo: Primavera Editorial, 2019.

OLIVEIRA, B. B.; WOIDA, L. M. O fenômeno *glass ceiling* e o acesso à informação: estudo sobre barreiras invisíveis impostas às mulheres no trabalho. *Complexitas – Rev. Fil. Tem*. Belém, v. 3, n. 1, p. 61-75, 2018.

SOLIDES. *Entenda o perfil e a realidade das mulheres na liderança*. Disponível em: <https://blog.solides.com.br/mulheres-na-lideranca/>. Acesso em: 30 nov. de 2021.

17

LIDERANÇA PELA PERSPECTIVA ESPIRITUAL

Somos seres integrais, compostos de mente, alma, corpo e espírito. Investimos em diversas formações intelectuais, ouvimos muito sobre o cuidado das emoções e sabemos da importância da saúde do corpo para a vida. Mas e o espírito? Como podemos despertar nosso espírito para liderar nossos projetos, além de construções e divisões religiosas? Liderança a partir da perspectiva espiritual é a expressão do genuíno e do autêntico ser e saber de cada um, daquilo que temos por inato. Assim, neste capítulo, vamos compreender o quão benéfico pode ser desenvolver a espiritualidade para a ação e o exercício da liderança, concebendo o viés espiritual como uma importante forma de conhecimento que pode ser adquirido para aumentar nossas habilidades de liderar a nós mesmos e grupos.

CRISTINA CAMARGO

Cristina Camargo

Cristina Camargo é terapeuta holística com ampla experiência clínica desde 1997 e com grupos terapêuticos desde 1999. Graduada em Psicologia pela Universidade Newton Paiva-MG (2008), cursou Hipnose Ericksoniana para crianças e adolescentes no Instituto Milton H. Erickson de Belo Horizonte em 2009. Possui formação em Constelação Familiar pelo Instituto LANDSHUT, com professores alemães, e experiência em atendimentos individuais e coletivos desde 2007.

Na área holística, é *master science* de *Thetahealing* e possui formação e prática de Reiki, florais, professora de *All Love, Access Consciousness*, Cura Prânica, Sistema de Cura do Corpo Espelho, *Magnifield Healing*, Calatonia, Massagem Terapêutica, Shantala, Aromaterapia e Leitura de Registros Celulares.

Além de fazer sessões de *Thetahealing* e Constelação on-line, Cristina também ministra cursos de Thetahealing e Barras de Access.

Contatos
www.cristinacamargo.com.br
Instagram: @cristinacamargobh
Facebook: Cristinacamargobh
YouTube: Cristina Camargo

Seria a espiritualidade sinônimo de religiosidade? É o que você deve estar se questionando ao ler um texto que propõe liderar com o espírito desperto.

Gostaria de começar introduzindo você à visão do padre jesuíta, teólogo, filósofo e paleontólogo francês Teilhard Chardin, que construiu uma visão integradora entre ciência e teologia.

O texto a seguir fala sobre a diferença entre religião e espiritualidade para que possamos pensar juntos um novo conceito de espiritualidade mais pragmática, desmistificada e mais definida como uma forma de ser e atuar no mundo. Sobre as diferenças entre religião e espiritualidade:

A religião não é apenas uma, são centenas.
A espiritualidade é apenas uma.
A religião é para os que dormem.
A espiritualidade é para os que estão despertos.
A religião é para aqueles que necessitam que alguém lhes diga o que fazer e querem ser guiados.
A espiritualidade é para os que prestam atenção à sua Voz Interior.
A religião tem um conjunto de regras dogmáticas.
A espiritualidade te convida a raciocinar sobre tudo, a questionar tudo.
A religião ameaça e amedronta.
A espiritualidade lhe dá Paz Interior.
A religião fala de pecado e de culpa.
A espiritualidade lhe diz: 'aprenda com o erro'...
A religião reprime tudo, te faz falso.
A espiritualidade transcende tudo, te faz verdadeiro.
A religião não é Deus.
A espiritualidade é Tudo e, portanto, é Deus.
A religião inventa.
A espiritualidade descobre.
A religião não indaga nem questiona.
A espiritualidade questiona tudo.
A religião é humana, é uma organização com regras.
A espiritualidade é Divina, sem regras.
A religião é causa de divisões.
A espiritualidade é causa de União.
A religião lhe busca para que acredite.
A espiritualidade você tem que buscá-la.

A religião segue os preceitos de um livro sagrado.
A espiritualidade busca o sagrado em todos os livros.
A religião se alimenta do medo.
A espiritualidade se alimenta na Confiança e na Fé.
A religião faz viver no pensamento.
A espiritualidade faz Viver na Consciência...
A religião se ocupa com fazer.
A espiritualidade se ocupa com Ser.
A religião alimenta o ego.
A espiritualidade nos faz Transcender.
A religião nos faz renunciar ao mundo.
A espiritualidade nos faz viver em Deus, não renunciar a Ele.
A religião é adoração.
A espiritualidade é Meditação.
A religião sonha com a glória e com o paraíso.
A espiritualidade nos faz viver a glória e o paraíso aqui e agora.
A religião vive no passado e no futuro.
A espiritualidade vive no presente.
A religião enclausura nossa memória.
A espiritualidade liberta nossa Consciência.
A religião crê na vida eterna.
A espiritualidade nos faz consciente da vida eterna.
A religião promete para depois da morte.
A espiritualidade é encontrar Deus em Nosso Interior durante a vida.
Não somos seres humanos passando por uma experiência espiritual...
Somos seres espirituais passando por uma experiência humana...

A partir deste texto fica claro que a verdadeira espiritualidade nos convoca a viver de forma autorresponsável e independente, a viver plenamente e a explorar uma maior conexão conosco, com tudo e com todos, tendo em vista um poder maior que nos une e apoia.

Seria mais um estilo de vida do que pertencer a algo externo com regras e estruturas fixas. A verdadeira espiritualidade seria um caminho que cada um constrói por si mesmo através da intenção de relembrar seu verdadeiro eu.

Lembro-me que, anos atrás, eu tinha no colo meu primeiro filho, hoje já um homem adulto e pai. Eu havia me casado há pouco tempo, não dispunha de uma vida cheia de recursos. Pelo contrário. Estava sozinha para cuidar da casa. Mas abria o livro Alegria e Triunfo e fazia as afirmações, convicta de que se deu certo com o autor, iria funcionar comigo também. Hoje, olhando para trás, vejo que aquela força saiu do meu espírito, que me manteve desperta para não me acomodar nas lamentações e na zona de conforto. Sempre que vinham os desafios, trabalhava ainda mais meu lado espiritual a fim de superar as adversidades e criar uma realidade mais feliz para mim. Felizmente, depois de muito aprendizado, vivo com leveza, conforto, aceitação de mim mesma e muita alegria — pela transformação que vi na minha vida e também na vida dos inúmeros clientes que passaram por mim.

Os paradigmas dos novos tempos nos traz a mecânica quântica, cujas teorias começaram a ser experimentadas no começo do século XX. A palavra quântica vem do latim *quantum*, que quer dizer quantidade. Quando falamos de mecânica quântica, a palavra contempla uma unidade que é atribuída a determinadas quantidades físicas, tais como a energia presente em um elétron de um átomo em repouso. A mecânica quântica foi desenvolvida de forma gradual, recebendo contribuições de vários cientistas, entre eles Albert Einstein. A física quântica, como também é chamada, estuda sistemas como os átomos, as moléculas, os prótons, os elétrons, entre outras partículas subatômicas, permitindo o entendimento de muitos fenômenos antes não explicados pela física clássica.

Segundo o professor de mecânica quântica, Hélio Couto, "no mais profundo de você existe um Átomo Primordial, essa é a Centelha. Esse é o Criador. Esse é Deus. Coberto por um ego que ignora sua existência. Que esqueceu que é a própria Centelha. Sua jornada é relembrar que Ela existe. É deixar que Ela atue. É fundir-se com Ela. É tornar-se um só com Ela. Uma Unidade. O UNO."

Quando falamos em liderança, estamos falando de nós mesmos, do que sempre esteve dentro de nós e, muitas vezes, ignoramos.

Agora vamos refletir sobre a liderança e a importância do ser humano desenvolver a dimensão espiritual do seu Ser para se tornar um verdadeiro líder.

Mas o que seria liderança?

Liderança é a capacidade de uma pessoa ou organização de orientar outras pessoas ou organizações. Contudo, será que podemos liderar outros se não lideramos a nós mesmos?

O dicionário descreve liderança somente como o exercício de comandar pessoas ou equipes fora de si mesmo. E como seria possível um homem comandar outros se não lidera a si mesmo? Nesse sentido, ficamos como cegos guiando outros cegos. No Evangelho de São Mateus, capítulo 15, versículo 14, Jesus disse: *"deixai-os, pois são cegos guiando outros cegos e quando isto acontece ambos cairão no barranco."*

É muito comum vermos vários líderes que em diversas áreas da vida estão infelizes. São pessoas que têm sucesso na carreira, mas vivem solitárias e desconfiadas de tudo e todos. Muitas vezes, esses profissionais colocam a liderança externa à frente da interna, tornaram-se líderes para provar o seu valor por não se sentirem reconhecidos quando crianças, transformando-se em adultos incapazes de valorizarem seus méritos e qualidades.

Um erro essencial é pensar que é possível formar bons líderes só fazendo-os frequentar cursos e treinamentos puramente técnicos e mecanicistas. Por meio dessa mentalidade, criamos líderes medianos, com pouca originalidade, criatividade e inspiração, já que buscam sempre de fora para dentro, numa fonte que se esgota facilmente: quando o aprendizado não vem do interior, não passa por uma mudança sincera, repetimos o exemplo alheio como cópias. A verdadeira transformação que motiva o outro vem do íntimo, do espírito. Já o exemplo do que o outro viveu pode não ser a solução para a sua situação.

Faz-se necessário explorar formas de criar líderes mais completos, que sejam capazes de criar soluções imediatas a partir de intuições embasadas em conhecimentos adquiridos externamente. Uma coisa não exclui a outra, precisamos viver de maneira mais holística sabendo que tudo se complementa: teoria e intuição. Como dizia o psicólogo Carl Jung, *"só aspira à normalidade o medíocre"*. Somente aquele que tem a coragem de ir além do conhecido e que bebe dessa fonte interior e se descobre único, pode transcender e ir para fora da mesmice e da mediocridade.

A busca de validação por meios externos é muito árida, faz com que nos sintamos sobrecarregados, solitários e desprovidos de afeto. Portanto, o desenvolvimento do autoconhecimento e a espiritualidade poderia trazer mais segurança e autoridade para nossa vida, nos incitando a exercer a liderança de forma mais sábia e competente.

No mundo de hoje, às vezes tão materialista, temos várias pessoas que ocupam cargos de liderança, mas vivem um vazio de sentido existencial, utilizando apenas o racional e liderando de forma automática, burocrática e, muitas vezes, desumana porque estão desconectados de sua totalidade, também como ser emocional e espiritual.

A maioria das pessoas desenvolve somente o intelecto e acaba desprovida da fé, esperança, acolhida, empatia, confiança, irmandade, algumas das virtudes que vêm do desenvolvimento dessa dimensão tão maravilhosa e inspiradora do nosso ser que é a espiritualidade.

O mundo de hoje necessita de líderes que nos inspirem neste caminho de integração do nosso ser total. Portanto, para liderar outros, precisamos saber onde estamos em nosso processo de desenvolvimento pessoal, para identificar nos outros as necessidades deste desenvolvimento e apoiá-los neste caminho.

Um desenvolvimento pessoal mais integrado e completo se faz necessário para o desenvolvimento de líderes mais criativos e originais.

Além de ter um intelecto desenvolvido que favorece a estratégia, a interpretação lógica, a análise de dados, que busca as razões que justificam os acontecimentos, seria interessante trabalhar também o desenvolvimento de capacidades abstratas como a criatividade e intuição. Esta interpretação espiritual/emocional favoreceria uma visão holística dos fatos e o predomínio da intuição sobre a racionalidade, incluindo a subjetividade como fator decisivo para o entendimento da realidade com mais inteligência positiva, empatia, exploração, criatividade, inovação e ação inteligente e focada.

É somente nos apropriando desta totalidade do nosso ser que nos tornamos aptos a explorar potenciais novos.

A entrega do homem a algo misterioso, que podemos chamar de voz interior, de intuição, que o fará inteiro de novo, necessita desta conexão consigo mesmo e com o todo de uma maneira profunda. É na busca do autoconhecimento, na escuta de suas próprias necessidades e no domínio de seu ser que o homem vai forjando a autoliderança, que é a base da verdadeira liderança.

Assim sendo, a verdadeira liderança começa com o despertar espiritual enquanto ainda seres encarnados neste corpo humano, como Teilhard Chardin mencionou anteriormente: "Não somos seres humanos trilhando o caminho divino, somos seres espirituais trilhando o caminho humano!"

Dessa maneira, podemos perceber que a espiritualidade é nossa verdadeira natureza e trilhar este caminho divino nos faz líderes em potencial.

Quando nos lembramos de que existe uma centelha divina dentro de nós e desejamos nos unir à fonte da mesma energia da qual desprendemos e somos parte, começamos o aprendizado da verdadeira liderança: ser líder de si próprio em primeiro lugar.

Quando começamos a compreender que somos um ser único e que todos são divinos como nós, passamos a desejar nos conhecer melhor e a conhecer nossa verdadeira natureza.

Soltamos a necessidade de usar os mecanismos de sobrevivência que só nos deixa viver pela metade, sempre lutando para conseguir o que comer, vestir ou fugindo daquilo que nos amedronta, e começamos a nos aventurar na busca de alinhar a nossa mente com essa inteligência amorosa universal que sustenta tudo a que os físicos quânticos chamam de vácuo quântico e que costumamos chamar de Deus.

E à medida que afinamos nosso ouvido e o ego para receber a inspiração do verdadeiro ser, a força desta fonte criadora começa a jorrar através de nós.

Uma das maiores indicações do quanto você está alinhado com esta fonte é a alegria. Citando Teilhard de Chardin, "a alegria é o sinal mais infalível da presença de Deus".

Somente quando percebemos que não estamos sozinhos, e que podemos relaxar e "irmanar", é que vamos permitindo que o nosso caminho nos encontre e junto com ele todos que podem nos apoiar. E assim saímos de uma vida comum para uma vida extraordinária.

A vida só vale a pena se tiver alegria e a liderança feita com alegria contempla a todos e traz leveza para o mundo.

Como disse o psicólogo e antropólogo Roberto Crema, "Porém, quando você se coloca no seu caminho, que é o caminho da sua promessa, o caminho com coração, então o mistério conspira por você e você evolui de uma existência perdida, alienada, para uma existência escolhida, ofertada."

Acessar liderança na perspectiva espiritual é ser dono de si, é colocar seu coração como seu guia e parar de se submeter a todas as opiniões e julgamentos externos. Quando estamos nesta integridade, deixamos de julgar a nós mesmos e aos outros, não sendo mais reféns das críticas alheias.

Tornamo-nos mais livres e, assim, começamos a perceber que podemos expressar nossos dons, sejam eles quais forem, de maneira prática, feliz e natural. Quando perguntaram ao filósofo e orador indiano Krishnamurti, conhecido por difundir o autoconhecimento e a espiritualidade, que foi um ser humano pleno, "Por que você ensina?" Ele respondeu: "Por que um pássaro canta?"

Comece cada dia mais a arriscar-se a seguir seu próprio sentir. Esse é o caminho que vai trazer situações para você para liderar. E à medida que se desenvolve, a vida vai trazendo mais oportunidades para você.

Assim percebemos a importância do desenvolvimento da espiritualidade como requisito para uma liderança grandiosa e pragmática.

A verdadeira espiritualidade é quase um estilo de vida, é uma forma de viver e atuar nas relações e no mundo. A ideia verdadeira de liderança é você ser capaz de ouvir a sua liderança interior. Como falou o médico e escritor Augusto Cury, "só é eficiente quem aprende a ser líder de si mesmo." E a partir daqui se abrir para receber todos os convites que o universo trará para você expressar sua liderança.

Referências

DIAS, F. Teoria física que estuda os sistemas físicos atômicos e subatômicos. *Educa+Brasil*. Disponível em: <https://www.educamaisbrasil.com.br/enem/fisica/mecanica-quantica>. Acesso em: 20 jun. de 2020.

GOMIDE, R. A espiritualidade de Teilhard Chardin. *Artecult.com Brasil*. Disponível em: <http://artecult.com/a-espiritualidade-de-teilhard-de-chardin/>. Acesso em: 30 nov. de 2021.

18

DESCUBRA SUA MELHOR VERSÃO E ENCONTRE UM(A) LÍDER SAMURAI

Você é o protagonista da sua maior empresa – sua própria vida; você S/A. E esta, por sua vez, é uma só para ser vivida, portanto, não dá pra ensaiar viver e liderar de maneira próspera e abundante sem alguns elementos disciplinares fundamentais, de modo que possa se tornar líder por excelência. Para usufruir deste universo de possibilidades, é preciso primeiro conhecer-se melhor, de maneira adequada. E pra quem almeja ter energia, tempo para executar tudo o que planejou, é bom começar o quanto antes a praticar alguns princípios, inspirado nos sete princípios do *Bushidô*, o código de honra dos Samurais. O nome "Samurai" significa, em japonês, "aquele que serve". E Bushidô significa "caminho do guerreiro".

ELIANA LOPES DA SILVA

Eliana Lopes da Silva

Formada em Educação Infantil e especialização em TDAH; treinadora de alto impacto; *coach* de carreira e desenvolvimento pessoal; idealizadora do P.R.A.M: Projeto de Aplicação a Mudanças - Metamorphose Líder Samurai; O Samurai em Vendas; Etiqueta Social a Mesa; Mentora em Oratória; Lugar de Mulher é Sobre o Salto.

Contatos
lilyborabrasilmobilidade@gmail.com
Instagram:@lilyloprs
12 99772 1688

Sete pilares que norteiam um(a) líder samurai

1. Sororidade

A líder Samurai sabe que a servidão é uma das mais nobres entregas humanas no mundo em que vivemos e que precisamos de disposição e determinação para servir. Que estejamos prontas a oferecer não o que o time quer ou solicita, mas o que precisam. É necessário que os punhos sejam de ferro e as mãos de seda, como uma deusa guerreira que luta sem brigas, sem violência, mas com servidão e ao mesmo tempo antifrágil. Colaborando com compaixão em todas as oportunidades que houver. Não fazendo pela equipe, de modo que se sintam incapazes, dependentes ou até mesmo preguiçosas, frustradas, mas oferecendo oportunidades com as quais a equipe possa aproveitar a ocasião para se aprimorar e desenvolver seus talentos. É um dar de si sem pensar em si constantemente. Perdoe-se e também promova o perdão tantas vezes sejam necessários. A solidariedade é um exercício diário e constante, começa em casa. Use de bom senso e ânimo para levantar uma a uma do seu time. Lidere com prazer, focando menos em si mesma e mais no coletivo. Há momentos em que precisará se mostrar interessante. Em outros, interessada no time e ou no individual. O termo "sororidade", ainda é desconhecido pelos dicionários, porém é definido como o sentimento que une as mulheres em uma rede solidária, de parceria, de empatia, apoio, coragem, incentivo, igualdade, autovalorização e companheirismo. Sem concorrências, competições, rivalidades, julgamentos, mas que divide pra somar, pois, unidas, somos mais fortes. Significa a união entre as mulheres. Mas o conceito vai além, e sustenta que sororidade trata de empatia e solidariedade real feminina. Isso inclui deixar de incitar a rivalidade entre o gênero. (Revista digital Galileu)

2. Amor

Líder Samurai, consciente de sua conduta, treina arduamente para fazer o bem em prol do próximo, com amor ágape e ciente do quanto este ingrediente é essencial, importante em todas as relações amigáveis. O amor é a única força que aumenta a nossa frequência vibracional. É o antídoto, bálsamo que cura feridas profundas. Porém, bem antes de oferecer amor ao próximo, tenha sempre uma dose extra de amor-próprio. Irradie luz, energia positiva nos ambientes. Renove a esperança e alimente novos sonhos. Utilize uma comunicação não violenta. Tenha cortesia até mesmo para com seus inimigos. Tome a técnica 4 x 4: com paciência, entre quatro paredes, sem humilhar e nem diminuir ninguém, realize os *feedbacks* de melhorias. Não há nada nobre naquele que precise diminuir o seu irmão para se beneficiar ou engrandecer-se. Precisamos exercitar mais desse ambiente de portas fechadas com nossos amados parceiros. Ao elogiar, não economize, incorpore este hábito em suas atitudes e rotinas diárias. Seja sincero e faça-o aos quatro cantos do mundo. Ressoe, vibre junto com o seu time, pois todo ser humano gosta de ser reconhecido. Monitore com amor. Dirija-se às pessoas com um olhar acolhedor e benevolente, demonstrando afeto e partilhando fraternidade. Semeie crescimento e sucesso com o time. Tenha carinho, fineza e elegância no trato com as pessoas, mas não espere reconhecimento nem gratidão por seus feitos. E, na dúvida, antes de uma tomada de decisão, ouse sempre se perguntar: *O que faria Jesus em meu lugar?* (De – Frei Inácio Larranaga, em "Oficina de Oração e Vida").

3. *Mindset*

A Líder Samurai está sempre em busca de exercer o seu melhor, aprimorando o seu conhecimento e modelo mental, e já sabendo que não é uma função tão fácil. Porém, através de ferramentas que auxiliam em como afinar o instrumento, desenvolver o autoconhecimento, inteligência emocional e social, é possível adquirirmos um padrão de conduta e qualidade memorável. Conhecer a si mesmo é a melhor maneira de entender o outro e a lidar com as diferenças. Afinal, lideramos melhor quando sabemos quem somos e como lidamos com nossos gatilhos favoráveis e outros nem tanto. Estar disposta à flexibilidade e fazer ajustes do leme do barco quando os ventos não soprarem a favor é missão para mente resiliente. O *mindset* é algo mutável, escolher desenvolver um modelo de *mindset* que te favoreça ao operacional é fundamental, entendendo que há pessoas em várias fases de *mindset*, e nesta hora o líder precisa atentar para essa delicadeza. Liderar com espírito de um guerreiro não é para uma pessoa comum, é uma jornada de herói. Guerreiros enxergam problemas como desafios, escolhem abraçá-los como oportunidades de conquistas, desenvolvimento e crescimento pessoal. E quando falham, aprendem novas lições para realizar com eficácia. Ser guerreiro é assumir que não existe atalhos e nem acaso para o êxito. A positividade e a prática de atividade física, meditação, boa alimentação, qualidade de sono, treinamentos e mentorias são grandes aliados, podendo ser uma receita que vai lhe diferenciar das demais pessoas.

4. *Unicidade*

Somos todos um neste universo de pura energia. A regra dos três mosqueteiros é um convite para bem lembrarmos disso: "um por todos e todos por um". Mas como vivenciarmos isso em tempos invernais que atravessamos onde parece que a grande massa vive na individualidade, indiferença progressiva e constante? Vivenciar a unicidade é um movimento diário, é entender e aceitar que mesmo com nossas diferenças/"limitações" possamos respeitar com dignidade a individualidade da pessoa humana. Seja instrumento de humanização para o time. É preciso ter controle do ego e abrir mão do julgamento, da comparação, da inveja ao outro. Compare-se a você mesma e perceba o quanto aprendeu, evoluiu. A Escuta Ativa é uma característica importante no meio corporativo, empresarial. Saber ouvir com generosidade é o primeiro passo para uma comunicação eficaz. Ter um ouvido amoroso para com o outro. Abrir-se para as possibilidades e novidades significa que, mesmo não concordando com tudo que foi dito no diálogo, demonstre interesse, ouça e respeite o outro. Essa habilidade permite que o interlocutor se sinta valorizado e assim torne-se mais flexível e aberto a mudanças e melhorias. E por mais ampla que seja a sua visão, entenda que ainda assim é limitada. Encontre algo nas pessoas para admirar, valorizar, elogiar. Admire as adversidades, a diferença, os talentos que cada um tem. Cresça com isso. Nós evoluímos através de nossas diferenças. Treine uma postura mental interna, respire profundamente e solte lentamente o ar. Reflita sobre suas condutas. Tire um momento para silenciar, meditar e encontre nesta oportunidade a frase: Somos todos um com Deus. Aqui começa a unicidade.

5. Resiliência

A guerreira Samurai não tem nenhuma razão para agir desumanamente ou ser inflexível. Todas nós passamos por situações não tão boas no decorrer da vida, momentos difíceis, desafiadores, obstáculos, mudanças indesejáveis e tantas outras intempéries, pois ninguém está isento disso. Estas e outras situações acabam influenciando naquilo que nos tornamos. A resiliência é uma ferramenta que favorece para que as relações interpessoais sejam adequadas e satisfatórias. Além disso, ser resiliente é ter postura e atitude necessárias para o bom convívio e gestão de conflitos. A busca pela superação de forma saudável passa pelo frescor de encarar com muita responsabilidade o ato de transformar sofrimento em ação e sair da zona de conforto, aprendendo que caminhar é olhar pra frente, entendendo e aceitando que as pessoas são diferentes no pensar, sentir e agir. Saber conviver com as diferenças é uma arte. Respeitar é considerar o valor. Indivíduos que são resilientes são capazes de acreditar em si mesmos e em sua capacidade de gerenciar eficazmente os desafios da vida. Superam situações e problemas, evoluem, se desenvolvem e se adaptam de maneira melhor e até mesmo crescem dentro dessas situações. Podem ser testados os seus limites sobre uma perspectiva de "nível" de resiliência: Empatia – Gentileza – Compaixão. Empatia é quando eu me coloco no lugar do outro, me sensibilizo. Gentileza é uma veia da compaixão. Compaixão é quando ajo, faço algo em prol do outro. Para ser resiliente é preciso ter humildade, fé, esperança.

> *Líder é aquele que visita constantemente a escola do autoconhecimento, valoriza as pessoas, desperta vida na empresa através do crescimento de cada um de seus colaboradores... conhecer quais as emoções que o impelem e que sentimentos determinam suas decisões.*
> ANSELM GRÜM

6. Ataraxia

O termo grego em filosofia, ataraxia, foi introduzido por Demócrito (c. 460-370 a. C.). A líder samurai conhece o segredo para a liberdade, equilíbrio emocional e paz interior. Ser livre não é se deixar abalar pelo que acontece, mas escolher como resolver e/ou superar as adversidades. Buscar ter a alma tranquila, serena, leve, livre das perturbações do dia a dia, tendo sempre moderação emocional, libertando-se das paixões e desejos e ponderando o sentido e utilidade dos prazeres. Deve-se dosar disciplina e vontade com ações coletivas visando interesse comum. É o ato de não se sentir um pavão.

É entender que liderança não é status nem poder, mas sim ter responsabilidades. É um olhar no espelho em si, ampliando o nível de consciência num plano que nos coloque em igualdade, ou seja, nem mais nem menos que o outro. Diferentes sim, mas iguais na essência humana. A autoestima está intimamente ligada ao valor que você se atribui. Uma líder Samurai se dá o devido valor, tem amor-próprio, pois tem ciência de que a imagem vale mais que mil palavras. É a base. Ela não faz comparações, não se sente superior e nem inferior a ninguém. Esta líder busca sempre os pontos fortes, positivos que há em si. E quando se compara, faz isso a si mesma na busca da sua melhor versão: "Hoje melhor que ontem". Não se prende ao passado, é desapegada e segue adiante. Encontrar o seu eixo central e primar pela mansidão faz de você uma pessoa equilibrada.

7. *Integridade*

Este código visa princípios morais, ética, caráter, honra, lealdade, respeito, honestidade. Agir sempre com justiça, conduta reta perante todas as colaboradoras e circunstâncias é ofício que exige demasiado olhar humano e ao mesmo tempo crítico. Líderes Samurais se posicionam com inteireza, As escolhas que você faz, como você age e trabalha para obtê-las são um reflexo de quem realmente você é. A líder Samurai tem conduta ereta e se orgulha quando uma liderada aprende com seus ensinamentos e se torna melhor do que o mestre, pois sabe que seu papel é desenvolver talentos. Faça uma autoanálise e reflita sobre qual é o seu tipo de gestão. Desenvolva aptidão para dizer um não na hora certa e também não aceitar todos os sim. Esteja atenta aos comportamentos, às reações automáticas com o que você capta do exterior e que lhe move a uma ação. Que nenhum espaço em nossa conduta seja concedido aos instintos do próprio coração. O ato de comportar-se com eficácia e sem perder tempo diante dos fatos apresentados por outras pessoas é uma maneira elegante de gerenciar conflitos e expressar amor. Comunique-se com clareza e desenvoltura, tenha conteúdos internos que te sustentem. Não se abale com o externo, esteja no controle da própria vida e consiga se sair melhor em várias situações. Domine essas competências, use a Regra de Ouro, trate as pessoas como gostaria de ser tratada e certamente receberá o PIN de A Líder Samurai chancelado em seu coração, olhar e alma. Seja exemplo. E como diz um trecho do Hino Nacional Brasileiro, somos todas "gigantes pela própria natureza". (Joaquim Osório Duque Estrada).

19

LIDERANÇA FEMININA NO SERVIÇO PÚBLICO
DO CONTROLE À GENTILEZA

Pelos estímulos que recebe, a mulher não se vê como líder e cresce com a síndrome de impostora. No Serviço Público, embora aprovada em concurso, enfrenta obstáculos para assumir cargos de chefia. Esse contexto leva a líder a se masculinizar para ser respeitada, quando o grande diferencial do arquétipo feminino é a liderança com gentileza e empatia, sem deixar de lado as necessidades do trabalho.

GLAUCIENE LARA

Glauciene Lara

Glauciene Lara é natural de Belo Horizonte, formada em Comunicação Social pela UFMG e Gestão Pública pelo IESB. Pós-graduada em Ciência Política e Revisão de Textos. Mestre em Políticas de Comunicação pela UnB. É jornalista, produtora de conteúdo audiovisual e digital e gestora pública. Também foi gestora de projetos culturais e audiovisuais em Belo Horizonte. Há 12 anos é servidora pública concursada do Senado Federal; há cinco anos ocupa cargos de liderança na TV Senado e, desde janeiro de 2019, é Coordenadora-geral da emissora. Participou do curso de Liderança Officeless, do Officeless Team; do *workshop* de Gestão e Engajamento de Times Criativos, da Perestroika; e da Mentoria de Liderança Feminina Corajosa e Gentil, para servidoras públicas, ministrada por Cláudia Nogueira, uma das coautoras deste livro.

Contatos
LinkedInbr.linkedin.com/in/glauciene-lara
glauciene_lara@yahoo.com.br
61 98160-6501

Tem gente que nasce com um propósito claro e orienta a trajetória nesse sentido. Admira-me essa clareza que, para mim, não veio de forma fácil. Nunca sonhei em ser líder e descobri que foi assim com a maioria das minhas colegas servidoras públicas. As mulheres costumam ter um "eu sabotador" mais forte. Qual o motivo de não nos colocarmos como líderes? O que é ser líder? Como se preparar para ser líder? São perguntas profundas que não tenho a pretensão de responder, mas de plantar a semente da reflexão nas mulheres – e quem sabe até nos homens – por meio de minhas experiências.

Tive exemplo de liderança dentro de casa. Minha mãe, servidora pública em Minas Gerais, dirigiu uma colônia penal e, em seguida, o presídio de Ribeirão das Neves, ambos masculinos. São posições em que até hoje não é comum de se ver uma mulher. Lembro-me de ações de minha mãe para humanizar o ambiente hostil: comemorações, prática de esportes, parcerias com empresas para que os presos pudessem trabalhar em troca da redução da pena. Levou atributos do arquétipo feminino àquele local tão masculino, mas também teve que fortalecer o arquétipo masculino e exercer uma liderança do tipo controle. A metáfora do panóptico de Foucault, do olho que tudo vê, nesse caso é bastante literal.

Um dia, a vigilância falhou e houve uma rebelião. Minha mãe foi feita refém por oito horas. Após o terror dentro do presídio, ela saiu ilesa, mas trocou a Segurança Pública pela área de Transportes, outra com predominância masculina, e, em seguida, foi para a Controladoria-geral do estado, onde trabalhou por 20 anos, com apuração de irregularidades praticadas por agentes públicos. Sempre em funções de liderança, minha mãe passou por áreas em que a mulher tinha que se masculinizar para ter voz e respeito. E acabou por absorver essa liderança do tipo controle. Hoje eu compreendo isso. Mas só compreendi quando ocupei cargos de chefia.

Antes do trabalho, assumi funções de liderança na escola e na faculdade. No ensino médio, fui do grêmio do Colégio Santo Antônio (CSA), em Belo Horizonte, e editora-chefe do jornal *Ipsis Litteris*, um tabloide mensal de 16 páginas. Aos 16 anos, eu vendia anúncios aos donos de cursinho para custear a impressão. Nas eleições para o grêmio, queriam me fazer presidente, mas a síndrome de impostora falou mais alto e preferi apenas fazer parte da gestão. Mesmo assim, aquela foi uma rica experiência de educação política e liderança, não foi apenas para mim, pois uma vez li o currículo do deputado federal Tiago Mitraud, e lá estava a passagem pelo grêmio do CSA. Daquela turma saíram vários líderes políticos. Infelizmente, mais homens que mulheres.

Na Faculdade de Comunicação da UFMG, situação semelhante: ingressei no Centro Acadêmico e era a herdeira natural da gestão anterior, mas não quis ser presidente.

Até então, não estava clara para mim a presença da impostora ou o machismo ainda existente na sociedade. Percebia a diferença de tratamento na família, mas a atribuía ao conflito de gerações. Enxergava espaços totalmente masculinos como o jogo de futebol, do qual sempre gostei, graças ao meu pai. Ir ao estádio nos anos 90 era se vestir de menino, com roupas largas, cabelo preso e sempre alerta, para se proteger dos assédios. Ainda bem que isso mudou e hoje as mulheres vão sem medo, produzidas, mas ainda ouvindo cantadas agressivas.

Enquanto não senti o machismo estrutural no trabalho, eu via palestras e debates sobre questão de gênero e pensava: "Essa causa é importante, mas não é a minha causa". Eu ainda não tinha me dado conta do que as mulheres enfrentam, mesmo quando têm mérito ou se sobressaem em relação aos homens.

Minha perspectiva sobre o machismo mudou quando eu já era repórter da TV Senado. Surgiu uma viagem para Jirau, Rondônia, com uma comitiva de senadores que iria fiscalizar as obras da usina. Eu tinha uma amiga engenheira da obra. Os gestores estavam com dificuldades para formar uma equipe. Candidatei-me e, para minha surpresa, tive a resposta de que Jirau não era lugar para mulher. Fiquei pensando no que poderia acontecer a mim numa viagem oficial, em comitiva, e na minha amiga, que trabalhava lá e nunca teve problemas. Aquela proteção que os gestores julgavam me conceder me soou machista. Insisti, mas não teve jeito.

Dois anos depois, assumi um cargo de chefia pela primeira vez no serviço público, aos 30 anos de idade. A síndrome de impostora quase falou mais alto, mas eu aceitei o convite, que veio de duas mulheres ao assumirem a direção da TV Senado. De repente, me vi com 30 pessoas para liderar, todas mais velhas que eu e muitas mais experientes. Por que eu havia sido escolhida para estar ali? Só por ser uma pessoa comprometida com o trabalho? Cá pra nós, liderar servidores públicos não é fácil. São extremamente questionadores da sua competência, capacidade, das suas decisões, ainda mais quando são servidores públicos e jornalistas, duas categorias que se expressam com muita liberdade. O fato é que o Serviço Público é a grande prova de fogo de qualquer teoria sobre liderança e motivação: se der certo entre liderados com estabilidade profissional, então realmente funciona.

Nessa primeira experiência mais como chefe do que como líder, minha reação foi cobrar da equipe o mesmo compromisso que eu tinha. A régua era a minha entrega. A intenção era a melhor possível, mas, na prática, deu errado. As pessoas são diferentes em tantos aspectos que se o líder não enxerga isso, não é um líder. Não dá para negar que há situações muito discrepantes de entrega que não existem no setor privado e, assim, é compreensível que alguns colegas questionem por que trabalham mais do que outros. É um desafio equalizar as demandas na equipe de forma a não sobrecarregar ninguém. Mas dei ouvidos somente a esse grupo, sem entrar em acordo com os demais liderados. Resultado: desenvolvi uma liderança do controle. Ao fim de alguns meses, tinha uma equipe estressada, pouco colaborativa e que batia de frente comigo. Eu não estava liderando ninguém rumo ao seu melhor.

Apesar do desgaste, foi um período de muito aprendizado. Eu conversava com minhas chefes, que me deram *insights* sobre desenvolver uma escuta ativa. Hoje, eu sei que alguns dos erros vêm não apenas da falta de experiência, mas também da insegurança, da impostora que havia dentro de mim e me dizia que eu era jovem demais para estar ali, que eu era inexperiente demais para estar ali. Ainda bem que sempre gostei de desafios profissionais e não me desencorajei. O que faço quando me sinto insegura é buscar conhecimento, por isso acabei fazendo a graduação de Gestão Pública.

Após dez meses, houve uma mudança no nível hierárquico superior e resolvi sair por vários motivos, entre eles o cansaço. Viver em pé de guerra com as pessoas não é sustentável. Atualmente, não há instrumentos no Serviço Público para cobrar um nível de entrega, como há na iniciativa privada. Acredito que isso vai mudar nos próximos anos, por pressão do governo e da própria sociedade. Ainda assim, o que eleva o nível de entrega e compromisso do servidor público com o trabalho é a motivação, minha grande lição desse período.

Retornei ao time de repórteres em 2016, trabalhando madrugadas adentro na cobertura do *impeachment*. Voltei à chefia em 2017, por três meses, em substituição a uma colega e sob nova direção. Embora substituta, tinha a missão de reformatar todos os programas da TV Senado, para uma mudança completa na identidade visual da emissora. Foi das épocas mais desafiadoras da minha vida e com ritmo intenso de trabalho. Porém, em termos de liderança, foi mais fácil: havia um propósito comum de curto prazo. As pessoas foram muito colaborativas e comprometidas com o objetivo.

Em 2018, em novo cargo de chefia, recebi a tarefa de lançar um programa de entrevistas com senadores, sobre temas nacionais: o Salão Nobre, que eu mesma apresento. Mal sabia que eu estava sendo avaliada e, no ano seguinte, o diretor da TV Senado me convidaria para a Coordenação-geral da emissora, que equivale à Diretoria-adjunta. Iniciei em janeiro de 2019, decidida a fazer algumas coisas diferentes como líder. Por exemplo, compreender as diferenças das pessoas no nível de entrega, ter empatia, sem ser a líder "boazinha", que se preocupa somente com o que as pessoas querem e abandona as necessidades do trabalho. Aliás, nem tenho vocação para líder "boazinha". A responsabilidade com as entregas ressoa em mim, talvez pelos exemplos que tive em casa.

Mais uma vez, cometi erros na liderança. Adotamos como objetivo profissionalizar a gestão da emissora, modernizá-la em termos de linguagem e tecnologia e levá-la ao patamar contemporâneo de distribuição digital. O propósito foi compreendido e abraçado por parte da equipe e, ao longo do tempo, fomos alcançando resultados até um ponto em que um salto exigiria o envolvimento de todos os servidores. Foi quando percebi que estava novamente priorizando as entregas e esquecendo as pessoas. Fui em busca de capacitação, para me ajudar a corrigir os rumos. No mesmo período, o Senado ofereceu a mentoria de "Liderança corajosa e gentil", tutorada pela Cláudia Nogueira, uma das autoras deste livro. Esses dois adjetivos mudaram mais uma vez minha perspectiva: liderar de forma corajosa, como eu estava fazendo até então, mas também gentil. Onde estava a gentileza na minha liderança?

Antes de responder, preciso dizer que tenho em casa uma pessoa que acredita no meu potencial, que incentiva meus projetos, que me dá forças e estrutura para isso. Nem sempre foi assim. No trabalho, meu diretor me trata de igual para igual e respeita minhas opiniões. Construímos um ambiente de trocas, aprendizados e decisões que nunca colocou em xeque o fato de eu ser mulher ou mais nova. Nem sempre foi assim.

Num ambiente muito masculino como é o de televisão, com predomínio de homens nas funções operacionais, muitas vezes tive que acessar a liderança do controle. Houve situações em que eu era escutada e ignorada, ou que o nível de escuta era diferente para o que eu dizia e para o que um homem dizia. Houve ainda casos de assédio moral e sexual no trabalho os quais tive que gerir. Por tudo isso, a gente se torna "durona" e abandona a gentileza. Foi quando entendi minha mãe.

O que eu não percebia é que o abandono da gentileza tinha consequências como a desconexão e a desmotivação de parte da equipe. Isso enxerguei na mentoria, que me deu noções de engajamento de equipes, *feedback*, tomada de decisão. Algumas pequenas ações que passei a adotar no dia a dia como conversas mais frequentes já fizeram diferença no clima organizacional. Ainda há um longo caminho a percorrer e, cada vez mais, me convenço de que liderança é um caminho em que a prática vai te fazendo melhor. A Neurociência explica essa hipótese: o cérebro possui o sistema rápido, que é o mais primitivo, e o sistema racional, que é o mais lento. A maior parte de nossas ações e decisões acessa o sistema rápido. O líder é aquele que opera adequadamente no sistema rápido, ou seja, tem inteligência emocional. Para alcançar esse patamar e ter uma boa performance, é preciso estimular as conexões cerebrais, explica a médica Carla Tieppo, autora de "Uma viagem pelo cérebro – a via rápida para entender Neurociência". O fato de homens terem melhor noção espacial é por causa dos brinquedos que recebem na infância e não de questões morfológicas. Hora de refletir sobre que tipo de estímulo estamos dando às meninas!

Já disse que liderança é caminho, com uma constante reflexão e revisão da trajetória. Por isso é que se aprende tanto com *cases*, com a experiência de outra pessoa. Mas já dizia o poeta: "No meio do caminho tinha uma pedra", chamada pandemia da Covid-19, que alterou completamente o mundo e, especialmente, o mundo do trabalho. Transformou o mundo VUCA – volátil, incerto, complexo e ambíguo – em mundo BANI: frágil, ansioso, não linear e incompreensível, segundo Jamais Cascio.

O modelo de liderança atual está sendo desenhado, mas é certo que esse novo cenário deixou os líderes do controle desorientados. Pessoas estressadas e depressivas pelas incertezas da pandemia, em diferentes espaços e horários de trabalho, não podem ser controladas por uma figura panóptica, ainda que a tecnologia proporcione muitas ferramentas. O grande desafio da liderança contemporânea continua sendo engajar e motivar pessoas, com a dificuldade que elas não mais estão conectadas pelo ambiente físico. O primeiro conceito que estudei na faculdade foi de comunicação, que vem do latim *communicare*, ou seja, tornar comum, partilhar, conectar, uma necessidade tão atual. Nesse e em muitos outros pontos, as mulheres saem na frente pelos estímulos que recebem ao longo da vida. Quero crer que um dos resultados dessa grande transformação em curso é que os líderes do século XXI vão se dar conta dos benefícios de se ter mulheres nos cargos de liderança e vão valorizá-las, superando essa mentalidade medieval e industrial da força física e das horas de trabalho.

# 20

FRACASSO ENSINA MUITO MAIS QUE O SUCESSO

Mudar para a Alemanha: dois bilhetes de viagem, um brinde com uma taça de champanhe e um sonho realizado. Certamente você já ouviu falar no poder que a mente tem de nos levar a resolver problemas e a concretizar sonhos. A primeira vez que eu senti a batida do coração acelerada foi aos 15 anos. Ali nascia um grande sonho: morar na Alemanha. A aventura da minha vida envolveu episódios de preconceito, superação e incertezas. Uma batida, um objetivo e uma história: a minha.

INGRID MORBELLI KOTVAN

Ingrid Morbelli Kotvan

É brasileira, paulistana, tem 42 anos e um filho de 23 anos. Trabalha há 18 anos na maior indústria automotiva do mundo e há 2 anos está expatriada na Alemanha, na cidade de Wolfsburg.
Formada em secretariado pela Faculdade de Tecnologia de São Paulo e pós-graduada nas áreas: Gerenciamento de Projetos pela Universidade George Washington, Engenharia de Produção Enxuta pela PUC/Paraná e em Relações Internacionais pela Universidade Federal do Paraná. Nos últimos anos, dedicou-se ao encontro do seu propósito de vida, por meio do autoconhecimento e da autoliderança.

Contatos
Ingridkotvan@gmail.com
LinkedIn: Ingrid Kotvan

Para se tornar um projeto real, todo sonho precisa de um caminho a ser traçado, começando no ponto A e chegando ao ponto B. O caminho tem que ser claro, estratégico e temporal. No meu caso, até então, planejar parecia uma brincadeira.

Durante todo o ensino fundamental estudei em um colégio alemão em São Paulo e a cultura alemã era parte do meu cotidiano, com rigorosidade, disciplina e muitas regras. Esses valores se tornaram meus e um sonho apareceu pela primeira vez: morar na Alemanha.

A vida acontece enquanto estamos fazendo outros planos
John Lennon

A adolescência é um momento de quebra e transição. Deixamos de ser crianças, saímos da sombra dos nossos pais e começamos a traçar o nosso próprio caminho. No meu caso, algo inesperado aconteceu. Aos 17 anos, eu engravidei.

Congelei o meu sonho de morar fora e fingi que ele não existia. Eu tinha duas opções: lamentar as mudanças que aconteciam na minha vida ou usar essa oportunidade para novas experiências e aprendizados.

Estudar jornalismo em uma faculdade privada deixou de ser uma opção. Foram algumas tentativas, até que eu finalmente ingressei na faculdade pública em Secretariado e comecei a trabalhar.

Mesmo em meio a dificuldades financeiras, a responsabilidade de ser mãe, estudante universitária e profissional, eu nunca deixei de estudar alemão.

Expectativas, realidades e preconceito

Uma mulher branca, nascida em uma cidade grande como São Paulo, classe média e que estudou em colégio particular não sofreria preconceito, certo? Errado.

Conheci a palavra "preconceito" logo nos primeiros dias de maternidade e nas primeiras tentativas de iniciar uma carreira profissional.

Disponibilidade de horário? Poder trabalhar até mais tarde? Tem filhos? Sim, eu carregava um bebê comigo.

O sonho era trabalhar em uma empresa alemã. Mas não em qualquer empresa, eu queria entrar na Volkswagen. Foram meses de entrevistas, muitos NÃOS, até chegar ao tão esperado sim! Eu consegui uma vaga para estagiar na Volkswagen.

No lado pessoal, a separação, a responsabilidade de cuidar do meu filho Patrick sozinha e, consequentemente, ser estagiária não era mais suficiente; eu precisava de uma vaga efetiva.

A expectativa e a realidade não andavam lado a lado e, por isso, fui obrigada a escolher um novo percurso e trabalhar em outra empresa, que me levaria de São Paulo para Curitiba.

Para conquistar um grande sonho, muitas vezes ele precisa ser fatiado

Curitiba para mim foi como desvendar uma nova cultura dentro do Brasil. Eu tinha 26 anos, o Patrick 8 anos, e nós dois seguíamos rumo ao desconhecido.

Morar em uma colônia alemã foi uma decisão assertiva e importante na preparação do Patrick para a nova vida. Fazer com que meu filho aprendesse o idioma alemão fazia parte da minha estratégia para o objetivo final.

Os primeiros anos em Curitiba foram desafiadores, dificuldade em fazer amizades, discriminação por ser mãe solteira, situações equivocadas de julgamentos e preconceito.

Mas a decisão de trabalhar naquela cidade também me trouxe muitos benefícios. Como secretária da diretoria, fui imergida no idioma alemão.

Três anos se passaram e a vida em Curitiba já deixava de ser uma dificuldade. O Patrick já conseguia se comunicar em alemão, mas, profissionalmente, eu me sentia estagnada e a batida do coração voltou. A Volkswagen estava sempre ali no meu inconsciente: um risco, uma nova tentativa? Um dia tomei coragem e pedi demissão.

Após tentativas buscando indicações para conseguir uma vaga na VW Curitiba, fui além. Tive a audácia de mandar meu currículo para um diretor da fábrica de Curitiba.

Sim, eu sabia exatamente o que eu queria. Depois de algumas entrevistas, finalmente o SIM! Eu retornava para a Volkswagen.

Sai a saia e salto alto e entra calça e sapato de segurança

Comecei o trabalho na Volkswagen em Curitiba como secretária do departamento da Engenharia, mas eu guardava um objetivo em mente e estava decidida a investir nele: ingressar na área técnica.

Sendo um ambiente 85% masculino, vi a necessidade de colher dicas com as poucas mulheres da área sobre postura, comportamento e até vestimenta.

Eu buscava inspiração e, além disso, tomar consciência de quem eu era. Como passar uma imagem firme, transmitir confiança e empoderamento?

Ser uma líder nessa área significa enfrentar barreiras como preconceito e discriminação de gênero e, para atravessá-las, investi em preparação técnica e qualificação.

Criei uma nova *persona*, colocando um verdadeiro plano de ação em prática: pós-graduação em Engenharia de Produção, mudanças comportamentais, postura, rede de contatos, curso de oratória. E o principal: troquei a saia e salto alto por calça e sapato de segurança.

Agora sim! Aquela era a melhor versão de mim mesma. Coincidência ou não, a nova Ingrid foi convidada para assessorar o novo gerente da produção.

Viagens para a Alemanha, treinamentos, uma nova função de coordenadora de um importante projeto da área da produção e o início de uma pós-graduação em Gerenciamento de Projetos.

Finalmente eu acreditava no meu potencial. Esse era o meu trampolim para a área técnica.

Preparação e sorte

A implantação do projeto da produção me impulsionou oportunidades: ministrar treinamentos e realizar apresentações do projeto em outras fábricas do Brasil e Argentina. Finalmente a sensação de satisfação e de merecimento. Sim, eu merecia estar ali!

Nos anos que se seguiram reconheci a minha cidadania italiana, o que certamente seria de grande utilidade, caso o plano de ir para a Europa um dia se concretizasse.

A visibilidade do projeto implantado em Curitiba também despertou o interesse do diretor da fábrica da VW de São Bernardo. Assim, veio o convite para implantá-lo ali.

Após 10 anos de vida em Curitiba, eu retornava para São Paulo.

Retorno para São Paulo: um peixe fora d'água

Apesar de ter nascido em São Paulo e de ter vivido ali até os meus 26 anos, eu me sentia um peixe fora d'água. O novo ciclo trazia novamente alguns questionamentos.

Qual o meu propósito de vida? Quem sou eu? Para que acordo todas as manhãs? Qual o legado eu quero deixar para o mundo?

E justamente nessa fase, casualmente, conheci uma *coach* de carreira e comecei um processo de autoconhecimento. O primeiro passo foi fazer uma autoanálise e olhar para o meu interior. Âmbito profissional, pessoal, qualidade de vida. Como encontrar um equilíbrio para os pilares da minha vida pessoal e profissional?

Dividi a vida em duas partes: a fase vivida sem ter clareza dos meus valores e propósitos e agora, na minha melhor fase, a fase do autoconhecimento.

Uma mulher comunicativa, com habilidades de relacionamentos interpessoais, caridosa e com capacidade de influenciar pessoas. Com o propósito de transformar ambientes, motivar, inspirar, paixão por ensinar e servir aos outros. Essa sou eu.

A evolução das sessões de autoconhecimento transformavam-se em um plano claro, direcionado, que atenderia ao meu propósito de transformar pessoas e fortalecer relações interpessoais: ser instrutora, consultora e, por que não, professora universitária? Plano traçado, objetivo definido.

Em paralelo com o meu trabalho, comecei a ministrar palestras gratuitas aos fins de semana. Cheguei a viajar 500 km e como única retribuição: um muito obrigado.

Parecia que a tal da física quântica entrava em ação, tudo o que eu havia visualizado e estabelecido como metas concretas convertia-se em oportunidades que surgiram simultaneamente: docente na pós-graduação na Universidade de São Caetano, consultoria em uma indústria e aprovação no mestrado.

Em meio a tudo isso, a maior das oportunidades: a Alemanha bateu na porta com uma vaga em Wolfsburg.

De repente, tudo o que eu havia estabelecido como metas para os próximos 5, 10 anos, acontecia de uma vez. Tomei o controle da minha vida, agradeci as possibilidades e comecei a arrumar a mala.

A quebra de uma barreira até o momento não alcançada

Cidadania italiana, passaportes em mãos, meu filho comigo e o SIM. Depois de 15 anos na Volkswagen, eu estava pronta para o desconhecido.

Entrei na sala de reuniões do meu departamento com os meus colegas e o nosso gerente começou a dizer algumas palavras:

— Hoje é um dia importante porque é o dia em que uma colega de trabalho de vocês alcançou um patamar até hoje nunca alcançado. Pela primeira vez, **uma mulher** funcionária de um departamento da área da produção está sendo expatriada para trabalhar na matriz na Alemanha.

Nenhuma palavra foi dita, silêncio total. Não importava, somente eu sabia tudo o que tinha feito para chegar até ali.

Chegada na Alemanha

Na reunião de apresentação dos expatriados em Wolfsburg, comecei a entender o patamar que eu havia alcançado. Dos 18 expatriados daquela sala, havia apenas duas mulheres, e eu era uma delas.

Apesar de falar fluentemente alemão, o idioma foi o meu principal desafio, tanto em relação ao aprendizado das atividades no meu novo trabalho quanto nas relações interpessoais com meus novos colegas.

O novo trabalho me tirava totalmente da minha zona de conforto com pequenas coisas como falar com um alemão ao telefone ou participar e discutir temas técnicos.

O processo de adaptação e o choque cultural estavam presentes em atividades simples do dia a dia como separar o lixo, tirar a carteira de motorista ou ainda fazer amigos.

O desenvolvimento do meu lado espiritual e o início de atividades de voluntariado foram fundamentais para esse processo. Servir, doar, ajudar pessoas a serem melhores e a transformar suas vidas.

Após quase dois anos de Alemanha, já adaptada e inserida na cultura, entendi o quanto a diversidade é rica e importante para o aprendizado e que tanto eu como brasileira tenho muito o que aprender com os alemães quanto também eles têm muito o que aprender comigo.

Há alguns meses, comecei um novo desafio como instrutora da Academia do Grupo Volkswagen na Alemanha e responsável por ministrar treinamentos para as fábricas do mundo todo.

Finalmente alcancei o patamar que eu tanto desejava e aprendi que, na aventura de conduzir a si mesmo, é necessário determinação, disciplina, resiliência e abertura para o constante aprendizado. Mas o ponto principal é saber quem você é e onde você quer chegar.

A minha história não acaba por aí. A cada vivência, a cada tropeço, aprendo mais sobre mim. Ser líder de mim mesma me permite experimentar novos caminhos e ter coragem para enfrentar os desafios da vida, planejados ou não.

Planos futuros? Certamente! Mas essa história eu contarei em um próximo capítulo.

21

A SAÚDE MENTAL POR MEIO DO AUTOCONHECIMENTO
UMA HISTÓRIA INSPIRADORA DE SUPERAÇÃO E CONEXÕES

Neste capítulo você encontrará *insights* para se engajar e se conectar com seu ser, impulsionando para uma liderança mais humana, por meio de uma história de vida sem perspectivas, sem recursos, sem vitimização, uma história de muito sucesso e descobertas de alguém que aprendeu a sorrir e chorar, viver e sentir e se permitir.

JACKCELY GOUVEIA

Jackcely Gouveia

Líder, casada e mãe de dois filhos. Tenho muito orgulho da minha base e sou grata pela oportunidade de compartilhar minha experiência e impactar pessoas por meio da minha história. Sou apaixonada por desenvolvimento humano, autoconhecimento e gestão de negócios. Sempre acreditei na capacidade das pessoas e no poder que o líder tem de inspirar e extrair as potencialidades dos seus liderados. Sou psicóloga, *coach*, analista do comportamento humano e agora realizando o sonho de ser escritora.

Contatos
Instagram:@Jackcely.gouveia
jackcely.gouveia@outlook.com
64 99641 5220

> *Mulher,*
> *sexo frágil,*
> *meiga,*
> *não é capaz,*
> *menina não joga futebol,*
> *mulher não pode brincar de carrinho,*
> *não senta com as pernas abertas,*
> *menina veste cor-de-rosa,*
> *dança balé*
> *e por aí vai...*

Desde muito cedo eu sabia o que queria. Não tive tudo o que queria, mas tive o suficiente do que eu precisava para formar e desenvolver minha personalidade, meu jeito de ser.

Quando mergulho nas profundezas do meu ser, me conecto com minhas primeiras emoções, ainda dentro do ventre da minha mãe – eu vou, eu quero viver, e vou enfrentar tudo o que for preciso, vou trilhar meu caminho e provar para todos que eu sou capaz, porque sou forte, eu preciso ser forte, não preciso de ninguém, não dependo de ninguém, eu dou conta.

E assim foi se constituindo a personalidade de uma criança independente, séria, de poucos amigos, vergonhosa. A cada "não pode" ouvido, se formava uma força interna. Vou provar que eu posso, que dou conta, que sou capaz. Nunca aceitei a justificativa de que somente menino podia fazer tal coisa, ou, ainda, no mundo organizacional, que isso não é para mulher. Isso só me desafiava na intenção de provar que era possível sim.

Menina criada na roça, no interior, de família muito simples e uma fala bem caipira e cheia de erros, que se mudou para a cidade para iniciar os estudos. Uma fase de pouquíssimos recursos financeiros. Na lembrança, uma casinha alugada, de tábua, dois cômodos e uma área, onde ficava um tanque, um giral, ao lado um tambor azul grande, que armazenava água puxada da cisterna. E no quintal uma privada. Sinto, na memória, o vento frio circulando entre as frestas das tábuas, mas o aconchego de dormirem quatro em uma cama nos aquecia. Poucos recursos financeiros, mas muito trabalho, honestidade e esforço é o que meus irmãos e eu tínhamos como exemplo.

Lembro-me que aos oito anos estávamos com uma situação financeira bem melhor, a felicidade e o riso solto ainda vive na lembrança. Chegava a primeira TV 14' preta e branca. Sentados num tapete na sala, com apoio de três almofadas, assistíamos curiosamente às propagandas eleitorais. Já estávamos em uma casinha que tinha banheiro e chuveiro quente.

A adolescência ia se aproximando e a soma de todas as vivências fortaleciam minha identidade. Uma adolescente forte, determinada, cheia de rebeldia se formava, acreditando sempre que era boa o suficiente. Tudo o que mais queria era a independência financeira, ser dona de sua vida e de sua trajetória. Com uma inquietude nata, queria chegar lá, chegar em qualquer lugar, não sabia nada sobre seu propósito de vida ainda, mais queria se movimentar.

Sempre sonhadora e acreditando que tudo era possível, não esperava o tempo passar, sempre buscava melhorias no âmbito profissional e pessoal, não aceitava e nem usava as desculpas para me justificar.

Tive por toda a minha vida um mantra, a música *Lua de Cristal*, da Xuxa:

> [...]O sonho sempre vem pra quem sonhar,
> Tudo pode ser, só basta acreditar.
> Tudo que tiver que ser, será.
> [...]tudo que eu quiser, o cara lá de cima vai me dar,
> Me dar toda coragem que puder,
> Que não me falte forças pra lutar.

Não admitia que ninguém me paralisasse, me convencer a mudar de ideia nunca foi uma tarefa fácil.

Sempre estudei em escolas públicas. Já enxergava a conclusão do ensino médio se aproximando e, mesmo sem nenhuma perspectiva financeira de cursar uma faculdade, segui acreditando e alimentando este sonho.

Minha jornada no trabalho iniciou-se aos 11 anos, como muitas outras mulheres, como babá. Aos 15 anos, cheguei à primeira experiência empresarial e, aos 17 anos, estava concluindo o ensino médio e ganhei a inscrição do vestibular. Audaciosa, somente com o que tinha de conhecimento de um ensino médio em escola pública, sem me preparar, no dia da prova, lá eu estava e fui surpreendida com a notícia de que fui aprovada no curso de psicologia.

Apesar de não ter condições financeiras para arcar com as mensalidades, livros, de não ter meio de transporte para ir para a faculdade, a qual era bem distante, resolvi, claro, enfrentar os desafios e iniciar a realização de um sonho. Ainda vem na lembrança a frase "eu vou cursar semestre a semestre, vai dar certo, eu vou dar um jeito". Sempre fui muito otimista para tudo. Acreditei fielmente no meu mantra.

Dizia para meu interior: "acredita e vai, busque o melhor resultado, se esforce, não pare até conseguir". A coragem foi uma qualidade muito presente, eu trabalhava arduamente para complementar o pagamento da faculdade, trabalhava para garantir as bolsas que eram disponibilizadas. Conseguia realizar meus estágios e atividades complementares na hora do almoço e finais de semana. Passava madrugadas e madrugadas estudando, enquanto muitos se divertiam e viajavam nos finais de semana e feriados.

Um primeiro marco na carreira profissional aconteceu aos 22 anos. Estável na área administrativa financeira, sendo responsável pela gestão da empresa, decidi deixar de lado a estabilidade da CLT e partir para uma proposta de estágio em RH, com contrato determinado de sete meses e com ganho 50% menor do que eu já tinha. Sabia que eu precisava de uma ponte para ingressar na minha área de atuação.

A escolha do curso de psicologia foi simplesmente pelo fato de que, mesmo eu sendo jovem, as pessoas gostavam de conversar comigo, me confiavam as suas dores e alegrias. No terceiro período da faculdade de psicologia, tive contato com a disciplina de psicologia organizacional e foi amor à primeira vista. Neste momento, me convenci muito facilmente que seguiria a carreira na área organizacional, à qual já havia me identificado em experiências anteriores. Era desafiada por entender os resultados da empresa, contribuir para que esses resultados melhorassem.

Os sete meses de contrato de estágio iam se findando e esse período foi aproveitado ao máximo para aprendizado, para mostrar minha disponibilidade, compromisso e qualidade. Aos 45 minutos do segundo tempo, a supervisora do RH, na qual eu me inspirava e admirava, decidiu seguir outros projetos e lá estava uma oportunidade. Para muitos, algo impossível, pois como uma estagiária seria promovida para supervisora? Sem experiência, sem teoria? Mas, para mim, nada era impossível, só bastava acreditar!

O meu papel, naquele momento, era buscar no mercado uma profissional quem a substituísse; o sonho estava dentro de mim, mas eu precisava fazer o melhor para a empresa. Então fui recrutar as melhores opções, porém naquele ano ainda eram poucas as profissionais na cidade. Busquei opções de candidatos em outras cidades e foram apresentadas aos diretores duas opções, mas a empresa não estava com orçamento para atender as expectativas de remuneração das profissionais.

Na frente deles, uma jovem disposta e sonhando com a oportunidade. Eu estava no lugar certo, na hora certa e preparada para iniciar minha trajetória de grandes aprendizados. Meu pensamento sempre positivo e confiante não falhou e lá eu estava, a oportunidade foi-me confiada. Claro, a remuneração era a metade do que as candidatas estavam pedindo, mas estava ótimo pra mim. Pelo menos já tinha alcançado o salário que tinha antes de ir para o cargo de estagiária e minha carteira estava assinada novamente.

E o que eu fiz? Dediquei-me, entreguei-me, precisava mostrar que eu era capaz, precisava surpreendê-los. Iniciei uma pós-graduação e estudei bastante. Fazia pesquisas de melhores práticas na Internet, conseguia vender as ideias e ir colocando-as em prática. O departamento foi se estruturando. Com um ano de atuação, a supervisora do DP se desligou da empresa. E lá estava o convite para assumir também essa área, que era totalmente desconhecida, mas "desafio dado sempre foi desafio cumprido". Assumia uma equipe de grandes profissionais, pessoas já experientes e então precisava me dedicar mais, pois a área de DP não aceita erros, exige conhecimento e precisão. Trabalhava de 12 a 14 horas por dia. Depois que minha equipe ia pra casa, eu ficava estudando os processos, aprendendo para que conseguisse atender as expectativas, soubesse orientar a equipe. A empresa me deu três meses para aprender. Naquele período, eu teria carta branca. Se acontecesse algum erro de cálculos e gerasse prejuízo financeiro, eles arcariam com os prejuízos. Mas depois desse prazo, eu seria responsável por todas as operações da área e teria que responder pelo orçamento de gastos com pessoal de toda a empresa, que naquela época tinha em média 400 colaboradores.

Alcançar nossos objetivos tem sabor doce, toque aveludado, gosto de vitória, de realização. Esse caminho exige persistência, constância, dedicação, abnegação, foco, determinação, esforço, humildade e resiliência.

Hoje são quase 15 anos da construção de um legado, de um propósito. Nesse tempo, passei por quatro empresas fantásticas, onde consegui realizar meu propósito de contribuir para a evolução das pessoas e das empresas com foco na melhoria dos resultados e com a valorização do SER humano.

Algumas dessas contribuições foram a implantação de práticas de RH, as quais levaram uma dessas empresas à certificação entre as dez melhores empresas para se trabalhar no Centro-Oeste pelo GPTW por cinco anos consecutivos. E, por dois anos consecutivos, entre as melhores para se trabalhar no Agronegócio a nível nacional, isso concomitante a um crescimento de mais de 300% em número de colaboradores. Liderei o processo de fusão cultural dentro das empresas, impulsionando um *mindset* mais orientado à excelência de desempenho, qualidade e busca de resultados. Cheguei à posição mais alta da organização na área de pessoas e tinha uma cadeira na mesa de comitê gestor do grupo, participando das decisões mais estratégicas do negócio, sendo a única mulher entre dez homens. Todo esse trabalho foi conduzido com base nos princípios de que os colaboradores devem sempre ser vistos como seres humanos e que tudo é um processo de cocriação, cada um contribuindo dentro de seu espaço. Assim se faz uma grande organização, com pessoas felizes e realizadas.

Durante esses 15 anos, nunca me aquietei, sempre tive sede de conhecimento, principalmente de autoconhecimento. E sabe quando eu mais crescia? (E aqui não me refiro ao crescimento financeiro e sim ao crescimento do SER). Quando eu me entregava, quando eu me conectava, quando eu me permitia entrar em contato com meu interior, o verdadeiro autoconhecimento. Quando eu aceitava, por mais doloridos que fossem os *feedbacks*, pois os grandes líderes nos permitem enxergar a realidade, são verdadeiros, querem ver nosso crescimento e não existe mudança sem conexão.

Além dos *feedbacks*, foram várias as ferramentas que me possibilitaram o autoconhecimento. Mas a conexão se iniciou de forma profunda com o eneagrama; foi um longo processo de negação para chegar até a aceitação do meu eneatipo, afinal de contas, quando fui apresentada para a ferramenta, o único perfil que eu não aceitava era ser o tipo 3. E adivinhem? Lá estava um típico tipo 3. Nesse momento, a grande magia foi entender na base porque eu tinha essa personalidade, foi entender o porquê eu agia e reagia, porque eu sentia e o que eu sentia, porque doía e onde doía. O maior choque foi descobrir que aquela criança, adolescente e mulher que sempre foi forte, séria, firme e insensível, que demonstrava frieza muitas vezes, era uma mulher emocional e sensível. Eu tinha escondido, abafado o meu emocional desde o ventre da minha mãe. A gravidez não desejada, a insegurança da minha mãe, o medo, me fizeram internalizar que eu viria neste mundo criando uma barreira de proteção, tendo que ser forte, super-heroína e provar que eu dava conta de tudo sozinha. Quem me conhece e convive comigo, começou a me ver emocionada, a viver as sensações aos 32 anos.

Chegou um momento em que o pote transbordou, debaixo do tapete ficou cheio, o corpo somatizou. Foi então que encontrei na microfisioterapia e na constelação a verdadeira transformação. E com vários processos de psicoterapia, *coach*, terapias integrativas, fui aprendendo a me permitir verdadeiramente, sentir, viver, realizar sem me julgar, permiti ser minha essência, sem me preocupar com o externo, com o material.

Esta é a base da saúde mental, o autoconhecimento pleno, não importa quais ferramentas ou métodos se utiliza para chegar lá. O importante é o entendimento sistêmico de que todos os aspectos da vida, os relacionamentos, a família, o círculo de amizades, o lazer, a intimidade, o financeiro, a carreira profissional e a espiritualidade, te levam ao bem-estar biopsicossocial, no qual a saúde física e psicológica se encontram, formando um SER com propósito, acima de tudo feliz e preparado para lidar com as variações dos cenários político, social e econômico como as que estamos vivendo.

Sempre carreguei comigo que meu tempo de permanência em uma empresa seria o tempo em que eu conseguisse contribuir. A partir do momento que essa contribuição se estabilizasse, seria o momento de alçar outros voos.

Hoje estou no melhor momento da minha vida, estou leve, fiz um balanço, fiz uma faxina na minha mala da vida e decidi o que eu quero que permaneça dentro dela e o que eu quero acrescentar. Revisitei o propósito que me conduziu nesses 15 anos de atuação e sigo adiante, deixando para trás a carreira de executiva CLT, um ótimo salário e benefícios para trilhar minha missão de contribuir com as organizações para que o SER humano sempre esteja no centro e apoiar os líderes no seu desenvolvimento, no encontro com o seu SER para que sejam líderes humanos, que apoiem suas equipes para que eles construam seus sonhos e sejam felizes por meio de seus trabalhos.

22

POR UMA LIDERANÇA FEMININA MAIS PRESENTE

Neste capítulo, você irá encontrar as peças que faltavam para o seu quebra-cabeça, e aprender que o grande diferencial para isso acontecer é focar na sua presença de corpo e alma. Invista seu tempo e sua energia naquilo que lhe traz alegria, satisfação, paz e, acima de tudo, autoconsciência. No caminho de exercermos a nossa liderança feminina, precisamos liderar, primeiramente, nós mesmas.

JANES SANDRA DINON ORTIGARA

Janes Sandra Dinon Ortigara

MBA Executivo em Formação de Consultores Empresa (Unoesc), MBA *Coaching* (FAPPES), mestrado profissionalizante em Recursos Humanos e Gestão do Conhecimento (FUNIBER), especialista em Competências Emocionais e o Eneagrama na Gestão de Pessoas (Instituto Eneagrama), *Life Coaching, Business Coaching,* Palestrante *Line,* Líder *Coaching* e Analista Comportamental (*Line Coaching*), *Practitioner* e Master em Programação Neurolinguística (The Society of NLP), *Personal & Professional Coaching®, XTreme Positive Coaching, Career Coaching e Executive Coaching e Alpha Coaching (SBC), UPW – Unleash the Power Within (Anthony Robbins)* e *Master Coaching* em Análise Comportamental (Dynamo), especialista em *KidCoaching* (Rio Coaching). Idealizadora do projeto "ABC das Emoções", que auxilia mães e filhos no equilíbrio das suas emoções. Mãe apaixonada pela maternidade, empreendedora e proprietária da JDO Consultoria e Assessoria Ltda., empresa especializada em desenvolvimento humano por meio do autoconhecimento.

Contatos
www.jdoconsultoria.com.br
jdoconsultoria@yahoo.com.br
LinkedIn: Janes Dinon Ortigara
LinkedIn: https://www.linkedin.com /company/jdoconsultoria/
Facebook: janes.ortigara / jdoconsultoria
Instagram: @janesdinon / @jdoconsultoria / @abc.dasemocoes
48 99912 1610

Você, mulher, em algum momento já passou pela sensação de não pertencimento? Sabia que é muito comum isso acontecer, sentir-se assombrada pela impressão de que não pertencemos a este ou aquele lugar, a este cargo, ao papel de liderança bem-sucedida?

Pois bem, esta é uma crença limitante que, por vezes, nos paralisa e nos faz acreditar que não merecemos ou não temos competência para estar ali.

Por outro lado, como Glennon Doyle apresenta muito bem em seu livro Indomável:

> ...há uma voz que anseia por algo mais dentro de cada mulher. Existe nelas um esforço constante para serem boas em tudo: boas esposas, boas filhas, boas mães, boas profissionais e boas amigas. Elas esperam que todo esse esforço as deixe satisfeitas. Mas, em vez disso, ficam cansadas e sobrecarregadas. Observam suas vidas e se perguntam: as coisas não deveriam ser melhores? No entanto, aprendem a ignorar essa questão. Precisam se sentir gratas pelo que têm e devem esconder a insatisfação, até de si mesmas.

Na psicologia costuma-se chamar isso de síndrome do impostor. Mas calma, o objetivo aqui é lhe dizer que podemos e merecemos estar aqui e ser uma liderança forte e feminina.

Eu vim de uma família muito humilde, simples, do interior e nem por isso me deixei levar pelo que pensavam ou falavam sobre mim. Lembro-me como se fosse hoje, quando, aos 16 anos, meus pais mudaram de cidade e eu decidi que iria ficar, estudar, trabalhar e praticar o esporte que eu mais amava na vida: voleibol.

Foram anos muito difíceis. Meus pais não tinham condições financeiras para me manter ali, então eu comecei a trabalhar para complementar nas despesas que tinha para poder me manter.

Naquela época eu nem imaginava o que viria pela frente, apenas tinha na minha cabeça que, se eu quisesse ser alguém na vida, teria de estudar e muito, e que, para isso, eu não poderia deixar as expectativas alheias tomarem conta da minha vida. Eu precisava parar de tentar ser boa para poder ser livre, eu precisava parar de tentar ser agradável e começar a viver a minha história, a minha vida.

E, assim, passaram-se alguns anos, eu fui me desenvolvendo e, acima de tudo, criando autoconfiança e rompendo crenças limitantes. Cada pequeno passo era uma grande conquista e fazia brotar, dentro de mim, o sentimento de que eu estava no caminho certo.

Aprendi que a presença feminina requer que estejamos sintonizadas com nosso propósito de vida, nossos sentimentos, crenças e valores mais verdadeiros. Precisamos conhecer nossas habilidades e conhecer a nós mesmas, sermos verdadeiras com tudo que nos propusermos a fazer.

Quando manifestamos a síndrome do impostor, vivemos o oposto disso. Pensamos que não somos bons o suficiente, que o outro é melhor e nos preocupamos excessivamente com o que os outros vão dizer. Depositamos muito valor ao julgamento alheio e passamos a dançar conforme a música, mas não a nossa música, e sim a do outro.

Você sabe quem é o outro? O filho, o marido, o trabalho, os amigos...

Sabe quando eu despertei de verdade?

Quando entendi que o primeiro passo deveria ser em minha direção, que dançar conforme a minha música era maravilhoso e reconfortante para o meu coração, para o "meu eu".

Por mais que tenha dificuldades no caminho, foque na sua presença de corpo e alma. Invista seu tempo e sua energia naquilo que lhe trouxer alegria, satisfação, paz e, acima de tudo, autoconsciência.

Autoliderança e crescimento profissional

Costumo dizer que, no caminho de exercermos a nossa liderança feminina, precisamos liderar, primeiramente, a nós mesmas. Somente quando você assume o controle total sobre a sua vida, consciente dos seus pontos fortes e suas fraquezas, sabe qual a direção certa para guiar seus pensamentos, emoções e atitudes. Quando isso acontece, você possui autoliderança.

Do ponto de vista individual, a mulher que conquista mais consciência sobre as suas próprias características vislumbra a oportunidade de utilizá-las e moldá-las a seu favor, trabalhando as suas limitações e potencializando seus próprios pontos fortes. Isso é excelente para o seu desenvolvimento pessoal, afinal, quando trabalhamos o autoconhecimento, conseguimos aceitar as nossas características e transformar as coisas que julgamos passíveis de aprimoramento. Mas, para além disso, possibilidades se abrem também no horizonte profissional.

No mundo dos negócios, a visão e as habilidades femininas são diretamente relacionadas à construção de relações e realidades mais positivas nas empresas. De acordo com estudos recentes, mulheres em cargos de liderança se mostraram mais eficientes à frente das organizações durante a pandemia, apresentando resultados positivos e consolidando um maior engajamento da equipe.

Conforme pesquisa publicada pela *Harvard Business Review*, num comparativo com gestores homens, as mulheres foram classificadas de forma mais positiva em 13 das 19 competências gerais de liderança, sobressaindo-se principalmente no uso de habilidades interpessoais – as *soft skills*, como colaboração, trabalho em equipe e motivação.

Ou seja: para uma mulher que conquista a autoliderança e desenvolve as suas competências através da inteligência emocional, o céu é o limite!

Ao assumir com mais segurança esses diferenciais, as mulheres não apenas conquistaram o devido reconhecimento do seu potencial, mas também passaram a ocupar cargos de liderança dentro de suas empresas. Aqui no Brasil, diversas pesquisas também apontam o constante crescimento no número de mulheres empreendedoras e bem-sucedidas profissionalmente.

Para se ter uma ideia, em 2018, as mulheres já representavam 48,7% dos empreendedores do país, de acordo com a *Global Entrepreunership Monitor*. E, para dar continuidade a esse processo, é importantíssimo que as mulheres desenvolvam, cada vez mais, um novo olhar sobre si mesmas, para que possam reconhecer e se apropriar de suas qualidades.

Reconheça, integre-se e inicie o seu processo

"Presença é quando todos os seus sentidos coincidem". Esta frase, atribuída à dupla musical composta por um árabe e um canadense, Majid Jordan, é citada pela aclamada psicóloga e professora de Harvard Amy Cuddy, no livro "O Poder da Presença", lançado em 2015. Na jornada de autoconhecimento exigida pelo processo de autoliderança, esta afirmação faz todo sentido, afinal, os diferentes elementos do "eu" precisam estar contingenciados em equilíbrio para que possamos nos dedicar verdadeiramente a uma situação, seja ela pessoal ou profissional.

A liderança feminina se torna presente e forte quando conseguimos ser autênticas, alinhadas, sincronizadas com nossas emoções, pensamentos, expressões físicas e faciais, comportamentos, com tudo isso em harmonia. Se nossas atitudes forem coerentes com nossos valores, nos sentiremos fiéis a nós mesmas e as nossas emoções nos tornam mais genuínas, gerando forte autoconfiança interior.

Carl Jung, fundador da psicologia analítica, defendia que o processo mais importante no desenvolvimento humano era integrar as diferentes partes do eu: o consciente com o inconsciente, o disposicional com o experimental, o congruente com o incongruente. Todos juntos foram nomeados como processo constante de individualização, ou seja, é a sua "verdadeira personalidade".

Para as mulheres, a consciência e a concretização desse processo é, também, a celebração de uma quebra de paradigmas, afinal, tivemos muitas conquistas tardias, inclusive da capacidade de estar presente e atingir postos de liderança em muitos espaços em que, há poucas décadas, isso seria inimaginável. Ainda acumulamos papéis e existem dicotomias associadas de maneira mais forte à mulher, mas quando ela consegue, se reconhece como um ser único – agregando diferenciais relativos a aspectos pessoais e profissionais – e seu poder se ressalta.

Quando a mulher valoriza suas qualidades intrínsecas, respeita suas características individuais e as direciona para o seu crescimento, pode encontrar o equilíbrio em todas as esferas.

Portanto, acredite na sua própria história. Aprenda a se impor aos grandes desafios e assuma o controle da sua vida pessoal e profissional.

Exercício prático

Para que você possa desenvolver melhor sua liderança feminina e autenticidade no seu trabalho, lhe convido a fazer um breve exercício:

1. Liste quais são as três palavras que melhor lhe descrevem como feminina.
2. O que você tem de único que lhe leva aos seus momentos mais felizes e ao seu melhor desempenho?

3. Reflita sobre um momento especial no seu trabalho que você agiu de uma forma que lhe pareceu natural ou certa. Agora pense como você pode repetir esse comportamento hoje?

4. Quais são os seus principais pontos fortes como líder que são a sua marca? Como você pode fazer mais uso deles?

Agora que você identificou seus valores, atributos e forças que melhor lhe representam, avalie se você acredita e confia neles. Tudo que você revelou até aqui só terá valor real se contar uma parte importante da sua história pessoal e se você acredita nela.

Se você não acreditar, por que outra pessoa acreditaria?

Expressar o poder feminino e acreditar nele vai ajudar a superar ameaças que podem lhe derrubar durante grandes desafios, vai lhe ajudar a se impor diante deles.

Outro ponto bem relevante é o quanto temos do poder de convencer pela nossa presença, reconhecer quando sentimos e vivemos ela no nosso dia a dia.

Estar presente, de fato, é o ato de liderança. Nos meus processos de *coaching*, trabalho três aspectos que considero relevantes e que estão relacionados à presença que gera autoridade feminina:

Competência: você sabe que está fazendo o trabalho, precisa ser boa no que faz, tem o domínio do seu papel, mas não mede esforços para que as coisas aconteçam. Não espera orientações adicionais: se antecipa, age.

Credibilidade: os colegas dizem que você está fazendo um bom trabalho. A confiança é valiosa e aparece quando as pessoas sabem que você é confiável. Você faz muito bem seu trabalho e os outros confiam em você.

Confiança: os colegas a elegem como a pessoa certa para o cargo, com a confiança deles, que é crucial para a presença de liderança.

Se você é uma líder e manifesta competência, credibilidade e confiança, com certeza inspira outras mulheres a lhe seguirem. Um dos ensinamentos de James McGregor Burns aponta que "os líderes têm sucesso quando as opiniões do líder e dos seguidores se tornam uma só".

A pergunta que eu lhe faço hoje é: onde você está inserida, as pessoas querem, de fato, fazer o que você pede? Elas confiam em você como liderança?

Esse é um breve contexto da importância da presença de liderança. Como *coach*, trabalho com questões específicas. O que você mulher pode fazer para descobrir e alimentar um senso de presença?

Trabalho áreas específicas de desenvolvimento, o que permite explorar cada uma delas transferindo para o processo de desenvolvimento, autodesenvolvimento. De maneira geral, como você pode praticar a implementação da presença de liderança por meio da autoconfiança e da autoconsciência?

Comece em você e por você a transformação que quer ver na liderança feminina.

Referências

CUDDY, A. *O poder da presença*. Rio de Janeiro: Sextante, 2016.

DOYLE, G. *Indomável*. São Paulo: HarperCollins Brasil, 2020.

GRECO, S. M. de S. S. et. al. *Global Entrepreneurship Monitor: empreendedorismo no Brasil 2018*. Curitiba: IBQP, 2019.

ZENGER, J.; FOLKMAN, J. Research: women are better leaders during a crisis. In: *Harvard Business Review*: Dezembro, 2020.

23

LIDERANÇA, AUTORRECONHECIMENTO E APRENDIZAGEM

Uma voz de fundo, um olhar no espelho e a frase "quem você pensa que é?". Palavras ouvidas muitas vezes no decorrer do desenvolvimento interpessoal trazem consigo questionamentos, dúvidas e incertezas. Duvidar de si mesmo reflete na credibilidade ao próprio potencial, abrindo portas para inseguranças, negativismo, autossabotagem e insucesso. O contraponto positivo para questionamentos e/ou dúvidas é a possibilidade de transformação, a oferta de novos caminhos, mudança de rumos e alcançe do desconhecido. O pensamento gera reflexão que se transformará em ação. Você é o resultado dos seus pensamentos.

JESSIENE LAISSE SOARES MOURÃO

Jessiene Laisse Soares Mourão

Psicóloga clínica. Terapeuta cognitiva comportamental, pós-graduanda em Terapia Cognitiva Comportamental, Neuropsicologia e Psicologia Hospitalar. Possui MBA Executivo em Desenvolvimento Humano e Psicologia Positiva. Experiência em atendimentos em Oncologia clínica e assistencial há 12 anos.

Contatos
jlaisse@yahoo.com.br
Instagram: @jessiemourao
86 99803 8043

Autoconhecimento

Existem infinitas possibilidades de autorreconhecimento, enraizados em comportamentos, sentimentos, valores pessoais e no que pode ser definido como "a verdade de cada um".

Uma maneira de ilustrar essa linha de pensamento pode ser feita através de uma brincadeira entre crianças: uma bola de futebol, um chão batido e um gol. As crianças correm de um lado para o outro do campo improvisado e, no auge da brincadeira, após um gol "carimbado", uma pergunta: "podemos brincar de outra coisa?". A pergunta é recebida com incerteza pelos participantes que timidamente respondem que a brincadeira está legal e não teria razão para mudar. A autora da pergunta insiste: "acho que poderíamos brincar de amarelinha ou de outra coisa". A insistência é recebida de forma negativa, e a criança termina por ouvir "quem você pensa que é?".

As crianças se entreolham murmurando "se não quer brincar, não brinca!". Uma situação simples de desacordo infantil esconde raízes de comportamentos que serão refletidos na adolescência e na fase adulta. Poderão ou não mudar o rumo de histórias, pensamentos, maneiras de agir e até sentimentos. A reflexão sobre essas raízes é muito válida para a evolução do ser e tem de ser considerada antes de darmos continuidade à discussão do autoconhecimento.

Crianças são esponjas absorvendo informações que auxiliarão na construção de suas personalidades. Aprendemos comportamentos e pensamentos que são reflexos desses dias vividos, incluindo localização, tempo, sociedade e visão de mundo. A forma como um adulto toma uma decisão em um ambiente de trabalho, a visão que ele tem de si mesmo diante de uma situação que exige um pouco mais do seu "eu", ou até mesmo a forma como ele decide o que fazer nas horas de lazer com os amigos são comportamentos e maneiras de agir enraizados desde a infância. Ação – reação – autopensamento.

O fato é que a forma como agimos tem muito a ver com o que pensamos de nós mesmos. Martin Seligman (2019), em *Aprenda a ser otimista*, nos diz que:

> *Nosso raciocínio era simples. A depressão é resultado de hábitos permanentes do pensamento consciente. Mudando o jeito de pensar dos pacientes, curaremos a depressão. Vamos fazer um ataque direto ao pensamento consciente, dissemos, usando tudo o que sabemos para alterar a forma como as pessoas deprimidas pensam nos eventos ruins. Disso surgiu a nova abordagem, que Beck chamou de terapia cognitiva. Ela tenta mudar o jeito com que o paciente deprimido pensa o fracasso, a derrota, a perda e o desamparo. O instituto*

> *nacional de saúde mental gastou milhões de dólares testando se a terapia funcionava para a depressão. Ela funciona, assim, o modo como pensamos sobre os nossos problemas pode aliviar ou agravar a depressão.*

Positivismo e negativismo caminham lado a lado, então fica a pergunta: "Quem você pensa que é?" E "Quem é essa mulher dentro de você?"

A autoavaliação nesse momento é importante porque, como explicado anteriormente, o comportamento é criado no pensamento e será refletido em ações e na visão do "eu". Quando falamos a frase "Ninguém me ama", estamos na verdade mostrando que não nos sentimos importantes, exigindo do outro um valor ou importância que não nos foi dado por nós mesmos. A partir do momento que a frase se torna "Eu me amo, eu sou uma pessoa incrível", a mensagem será transmitida de forma diferente e será sentida por todos ao nosso redor. Fato? Sim, fato!

O outro reconhecerá esse comportamento, já que essa ação é o espelho do pensamento interior, independentemente do que deixamos ou não transparecer.

Voltando para o exemplo da criança que contesta continuar ou não brincando, no momento do questionamento vários pensamentos estavam presentes em sua mente: desconforto e sentimento de afronta, risco ou não de um convite para brincar no futuro, reflexão sobre o interesse dos outros participantes em dar continuidade a uma amizade e aceitação do grupo.

A menina em questão pode ter armazenado crenças limitantes relacionadas a opinar, se expressar e assertividade comportamental. Fica a pergunta: essas crenças refletirão em seu futuro profissional? E no pessoal?

Continuar ou não na brincadeira mudaria algo em si mesmo?

Sim e não.

> *A terapia cognitiva não defende o "poder do pensamento positivo", e sim o poder de identificar o que quer que esteja sendo pensado.*
> LEAHY, 1999, 2002

A compreensão da mensagem emitida, baseada no próprio "eu", reflexo do pensamento interior, deve ser primeiramente compreendida pelo "eu" em questão. Como estou vivenciando essa mensagem? Gosto ou não da mensagem? E, finalmente, como estou emitindo a mensagem? Estou mostrando como gostaria de ser tratada?

Às vezes admiramos uma mulher belíssima nas redes sociais, ou na empresa em que trabalhamos, pode ser a chefe do departamento superior ou uma funcionária em contato com a diretoria etc. Admiramos essa pessoa por sua inteligência sobrenatural, por ser magnífica, mas e nós mesmas? Como nos visualizamos?

Ao invés de imaginar uma construção não terminada, sem fundação feita, e ficar no negativismo, o caminho é a criação de estratégias dentro da própria inteligência para alcançar projetos, metas e até mesmo sonhos. Sonhar é uma das ferramentas mais admiráveis do pensamento positivo e impulsiona o "eu" a chegar ao desconhecido. Por quê? Porque a mente esteve lá primeiro e vai motivar essa nova caminhada.

A menina que brinca de bola não tem acesso a essa reflexão e, consequentemente, está perdoada. A adolescente talvez teria mudado alguma coisa em seu caminho se tivesse sabido desse contexto. Mas e a mulher adulta? O que fará com essa nova informação? Pensará realmente a respeito ou irá simplesmente mantê-la guardada com os livros antigos de autoajuda?

Não seria justo encontrar a chave da sua própria evolução e fingir que ela não existe, que não foi encontrada, como não seria justo manter-se no mesmo lugar estando em poder das ferramentas necessárias para mudar o rumo da própria história.

Chegamos ao autoconhecimento

É importante lembrar que o tempo investido em algo está diretamente ligado ao tamanho do "algo" em questão. Quanto mais tempo de investimento, maior o crescimento. Mas e a mulher adulta do parágrafo anterior? Quanto tempo ela está investindo nela mesma? Qual a importância dada a cursos, palestras ou lives para ensinar o outro? Existe um "eu" representado ali, um "eu" que estudou, que enfrentou desafios como a mãe que deixou as crianças sozinhas em casa para dar uma palestra, ou o "eu" que investiu em aprender uma nova língua. Esse "eu" não precisaria da aprovação do outro, do aplauso ou opinião alheia para reforçar o próprio esforço e aprendizado. Esse caminho percorrido é seu e somente seu.

Perguntamos mais uma vez para essa mulher adulta: "Quem você pensa que é? O que tem pensado de si mesma? Como tem seguido sua vida?"

Se a resposta incluir a autorreflexão e, consequentemente, o autoconhecimento, essa mulher estará no processo de mudança da própria vida, da busca do sucesso e acreditando em si mesma. Com o "eu" definido, ela saberá que tem possibilidades infinitas, possibilidades de evoluir e dar continuidade ao seu desenvolvimento pessoal e finalmente "ser a melhor versão de si mesma". Sejamos a melhor versão de nós mesmas.

Referências

BECK, J. S. *Terapia cognitiva comportamental, teoria e prática*. Porto Alegre: Artmed, 2014.

LEAHY, R. L. *Técnicas de terapia cognitiva, manual do terapeuta*. Porto Alegre: Artmed, 2007.

SELIGMAN, M. E. P. *Aprenda a ser otimista*. São Paulo: Objetiva, 2019.

SELIGMAN, M. E. P. *Felicidade autêntica, usando a nova psicologia positiva para a realização permanente*. São Paulo: Objetiva, 2019.

24

ACULTULIDERANÇA
UM NOVO OLHAR PARA
GESTÃO E ATINGIMENTO
DE RESULTADOS
ESTRATÉGICOS

Neste capítulo, você conhecerá sobre a Acultuliderança, uma estratégia para desenvolver pessoas, projetos ou a si próprio, com princípios de aculturamento e imersão de propósitos. Um líder embasado nesses princípios é dotado de sapiência frente à circunstância e propósito para ação, tendo como consequência resultados assertivos e coerentes, por mais subjetivas que sejam suas demandas.

JOSIANE ARANTES

Josiane Arantes

Josi, 24 anos, casada. Psicóloga, graduada pela Universidade de Rio Verde (UniRV - 2019), mestranda em Educação Corporativa e das Instituições pela Universidad de la Empresa (Montevideo – UY), com foco em duas frentes de atuação: desenvolvimento de líderes e inserção de jovens no mercado de trabalho (novos talentos). Especialista em neuropsicologia pelo Centro Universitário Leonardo da Vinci (Uniasselvi) e especializanda em Direito do Trabalho pela mesma instituição. Graduada em *EneaCoaching* pela Nova Escola Brasileira (Faculdade Faja) e *Advanced Coach* pelo Instituto Sulivan França. Analista MAPA, DISC e ENEAGRAMA. Diretora de Projetos e Operações na SALUS – Recursos Humanos. Apaixonada pelo desenvolvimento humano, autoconhecimento e relações interpessoais. Sigo minha carreira em busca de resultados estratégicos e assertivos com foco no crescimento, desenvolvimento do ser biopsicossocial no âmbito das organizações.

Contatos:
Josiane_tsr@hotmail.com
Instagram/Twitter: @josiane.oa
64 996141764

Acultuliderança: um novo olhar para gestão e atingimento de resultados estratégicos

Como surgiu?

O termo *Acultuliderança* surgiu em um momento da minha carreira em que eu estava focada em processos e projetos na área de desenvolvimento humano e organizacional, relacionamento com a liderança e aprimoramento de competências, técnicas e comportamentais. Eu saía da atuação de uma área de seleção de pessoas, agora eu caminhava para um papel distinto daquele que eu executava, todavia, com o mesmo propósito, lidar com as competências profissionais.

A atuação com desenvolvimento humano, seja como gestor, pai, líder religioso, professor, maestro e afins, é algo inenarrável. Assistir ao processo de crescimento e poder ver os frutos serem colhidos é de suma graciosidade. Este desenvolvimento humano está nas esferas mais singelas da nossa vida, como os pais quando percebem seus filhos falarem as primeiras palavras ou dar os primeiros passos ou um professor ao acompanhar o processo de alfabetização de um aluno. Só se é possível perceber o desenvolvimento humano quando o mensuramos, quando visualizamos e valorizamos os ciclos que vão e vêm à nossa volta.

Tendo a oportunidade de assistir ao desenvolvimento de pessoas, pude ter alguns *insights* em relação ao mesmo. Percebia, quando professora, que cada aluno redarguia de uma forma diferente ao processo de aprendizagem, no contexto organizacional, cada colaborador, muitas vezes, ligados aos mesmos estímulos obtinham respostas e consequências distintas.

Contudo, em todos esses processos, notava algo comum que marcava o período, método e até mesmo o sucesso de como esses resultados esperados eram alcançados. No início compreendi como aculturamento, em alguns estudos, artigos e livros percebi que a forma como cada indivíduo aculturava-se a um determinado contexto ou circunstância tinha uma grande significância, mas, ao longo do tempo, pude compreender que havia uma junção do processo de aculturamento com a forma de como se era gerido tudo isso acima descrito.

A essa junção nomeei Acultuliderança, uma estratégia para desenvolver pessoas com princípios de aculturamento e imersão de propósitos. Um novo modelo, olhar para liderar, gerir pessoas, processos, resultados e, sobretudo, a si próprio.

Em meio a tantos ensinamentos e pesquisas após às 21h (me considero noturna), pude compreender que, diante de todo sucesso e/ou insucesso no ambiente organizacional, existiam ali um gap que se assimilava com os fatores que levavam ao erro. Seja na falta de alinhamento, no descumprimento de políticas, na insubordinação, existia algo em comum, a não contextualização diante do esperado, a dificuldade de se dar a importância esperada, expectativas incoerentes, ou seja, a não Acultuliderança.

Propósito e visão prática

Acultuliderar se refere a aprimorar estratégias específicas que vão contribuir para o atingimento dos resultados esperados. Um líder embasado nesses princípios é capaz de compreender fortalezas e dores, administrando-as e proporcionando assertividade. Posso exemplificar isso relembrando o técnico da Holanda, Gaal, nas quartas de finais da Copa do mundo de 2014. Era Holanda x Costa Rica, um jogo esperado e que exalava grande rivalidade. A Costa Rica tinha muitos torcedores, inclusive os brasileiros, temendo enfrentar o time holandês em um breve futuro. Durante o jogo, Gaal realizou poucas mudanças e sempre mantendo-se muito atento à movimentação de seu time.

No ato dos pênaltis, o corajoso Gaal simplesmente tirou o goleiro titular e trouxe para defender o goleiro reserva Krul. Ele sabia o que estava fazendo. Sua equipe, sem entender, o goleiro titular sem acreditar no que estava acontecendo, sem escolhas, saiu de campo. Enfim, sua decisão trouxe o time para a semifinal com a Argentina, pois ele havia focado em não desenvolver Krul como um goleiro de partidas. Conhecendo as necessidades da sua equipe, ele o acultuliderou como um especialista em defesa de pênaltis.

Um acultuliderante é capaz de acultuliderar novas pessoas e novos processos. Líderes e colaboradores alinhados com as expectativas e propósitos organizacionais, são multiplicadores e formadores de equipes de sucesso.

Com o entendimento de que a liderança se trata dos pilares que sustentarão novas estruturas, faz-se saber a extrema importância de se ter um time de pessoas sólidas, congruentes, que sejam disseminadores constantes da cultura empresarial, que atraiam as pessoas para o atingimento dos resultados, bem-estar da equipe, evidenciem valorização e respeito, sejam otimistas, deleguem, confiem e acultuliderem pessoas.

Aqui também cabe mais uma observação: esta literatura acima apresentada não é apenas para líderes diretos, ou seja, àqueles que já possuem um cargo de gestão, mas para você que está lendo, que, diante de sua atuação, é, ou pode ser, a partir de agora o líder do seu processo, um líder em alguma outra instituição, o braço direito do seu líder ou um líder em formação.

A matriz da Acultuliderança

Mas, genuinamente, no que se dá a acultuliderança? Significo-a como o cruzamento entre a sapiência frente à circunstância e o propósito para a ação. Sapiência, no sentido de revelar conhecimento e prudência. E no cruzamento de ambas, a acultuliderança se revela no conhecimento e prudência para a ação, é o conhecimento douto, que contradiz os rasos entendimentos que costumamos ter diante de nossos desafios e ainda assim nomeamos conhecimento.

A matriz se dá pelo processo de avaliação comportamental e autoidentificação diante do que se refere a cada quadrante.

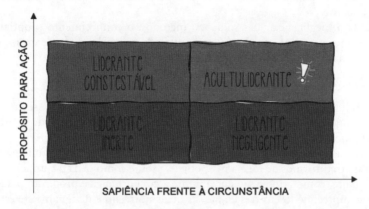

O liderante inerte

Na baixa sapiência frente à circunstância e no baixo o propósito para a ação dá-se o liderante inerte. Aquele que não se esforça e não se dispõe à modificação de suas ações e ideologias para o alcance de resultados estratégicos, seja consigo ou para com seus liderados. A inércia faz-se presente em suas crenças e em sua forma de enxergar as proposições de mudanças que lhe surgem no decorrer de sua trajetória.

O inerte tende a se basear em conhecimentos superficiais e dogmatizados que, com a ausência de propósito para a ação, o limitam. Pude atuar próxima a uma líder inerte, e de fato, o que mais me incomodava, não se tratava dos comportamentos dela propriamente ditos, mas de perceber o quanto ela poderia deslanchar pessoal e profissionalmente se buscasse o autoconhecimento e se colocasse à brecha para o processo de desenvolvimento. Tinha práticas antigas e visualizava as mudanças como um caos para a empresa e como uma perda do que ora havia sido estabelecido, mesmo que, como no dito popular, em mil novecentos e bolinha.

O liderante contestável

O liderante contestável encontra-se no alto propósito para a ação, contudo na baixa sapiência frente à circunstância. Este tem alto nível de vigor e energia para fazer acontecer, mas tende a não se voltar para o conhecimento prudente. Geralmente, tende a estar envolvido em apagar incêndios e estar em questões mais operacionais. Quanto mais se sente "ocupado", mais atuante o liderante contestável tende a se sentir.

O nome contestável vem, justamente, do fato de muitas vezes suas ações serem contestáveis, o famoso fazer e não calcular riscos ou tomar decisões incalculáveis, questionáveis e sem pensamento crítico, analítico e estratégico.

O liderante negligente

Este, contrário ao contestável, é dotado da sapiência frente à circunstância e baixo propósito para ação. Busca compreender a fundo sobre as questões que lhe exigem atuação, preocupa-se com tomadas de decisões mais estratégicas e assertivas, mostra-se prudente e consegue mensurar o que a situação exige no dado momento, contudo

Josiane Arantes | 193

lhe falta propósito para ação, falta trazer para a prática aquilo que o cerca nas esferas do conhecimento.

Ele, de fato, negligencia suas soluções, métodos, o conhecimento propriamente dito, e podemos perceber isso em diversas situações, seja pelo medo de expor, receio da crítica, necessidade de sentir-se nos bastidores e afins.

O acultuliderante

O Acultuliderante possui conhecimento e prudência para ação. Consegue desdobrar-se nas exigências desafiadoras do dia a dia e submete-se com facilidade ao processo de aprendizado e novas adequações.

Este busca a compreensão e planeja suas ações. Acultulidera-se e acultulidera outras pessoas. Para traduzirmos de forma mais objetiva sobre como se dá o comportamento Acultuliderante, como atingir sapiência frente à circunstância e propósito para ação, podemos compreendê-lo em três etapas, as quais norteiam e designam este estilo de gestão: identificar, desenvolver e escalar definem-se como o processo em que a mesma percorre para que haja êxito em sua realização.

Como se designa cada etapa do ciclo?

Identificar

Anterior à etapa desenvolver, a qual tem o sentido de planejar, esboçar ou idealizar algum projeto, atividade, processo ou direcionamento, precisamos nos acultuliderar diante do exposto. É importante entender esta necessidade, pois, como vamos planejar ou executar aquilo que não compreendemos, e nos aculturamos, integramos diante disso? Está claro para você quais são seus propósitos e expectativas que tem para si, ou age, rotineiramente, em prol de um alvo que você não tem clareza em alcançar? É preciso desvendar os olhos e identificar-se.

O exemplo acima citado evidencia que o acultultuliderante detecta quais as estratégias, conhece o cenário em que está inserido e consegue atuar, dosando as estratégias e sistematizações.

Desenvolver

Nesta etapa, depois do processo de aculturamento, depois da sensata compreensão daquilo que preciso desempenhar ou elaborar, iremos iniciar o processo de arquitetar, planejar aquilo que irei, posteriormente, executar.

O arquitetar é, definitivamente, o mapa acional, que irá te orientar, detalhadamente, em cada ação que precisará ter para alcançar seus objetivos estabelecidos. Vale ressaltar que, a meu ver, esta é a etapa mais minuciosa, e pode ser que, para muitos, seja a mais complexa, justamente pelo fato de exigir entendimento, tempo e planejamento. Desta forma, faz-se necessário o desenvolvimento de um plano de ação bem elaborado e instruído pelas demandas já mencionadas.

Escalar

Esta traduz-se à execução das definições do plano de ação. Parece ser simples, mas as competências principais aqui referam-se à disciplina e à coerência no seguimento das estruturações realizadas. Agir, sem as orientações da arquitetura do planejamento, é como desligar o GPS em um caminho sem sinalizações e nunca percorrido.

O processo de escalada se trata da constância dos processos anteriormente descritos. À medida que estou em constantes estágios de identificação e desenvolvimento, eu tenho escaladas rumo ao atingimento de resultados.

Ressalto que identificar, como também desenvolver, se trata de crescimento. Mas para que eu continue a evoluir, para que eu tenha congruência, eu preciso escalar, caminhar até o final, ter acabativa, lapidar. Pois se eu identifico que a necessidade da minha equipe é ter um líder que seja focado em indicadores de performance e *feedback*, identifico que o desenvolvimento se trata de realizar *feedbacks* programados com a equipe, gerar indicadores e acompanhá-los e se não os fizer, eu não escalei rumo ao resultado, eu me perdi no caminho, não tive acabativa e não alcancei o resultado.

Agora gostaria que refletisse: quantos projetos seus precisam ser escalados? Em quantas coisas você identificou oportunidades, necessidades, propósitos, soube o que precisa ser desenvolvido, mas não conseguiu desenvolver e escalar, dar andamento, dar acabativa?

É de suma importância protagonizarmos, sermos agentes de nosso próprio celeiro de desenvolvimento. É algo que ninguém pode fazer por mim e por você. Acultulidere-se antes de tudo. Tenha claro onde queres chegar, planeje-se e vá em busca. Identifique, desenvolva e escale oportunidades, seja um Acultuliderante, pratique a Acultuliderança.

Qual seu grande propósito? Tem batalhado por ele? Ou vive a sonhar, pensar e não realizar? Almejo, estrategicamente e carinhosamente, que a Acultuliderança tenha contribuído para seu desenvolvimento, seja qual for a esfera de sua aplicabilidade. Vamos nos falando por aí! Seja em capítulos de livro, artigos, bate-papos ou afins. Ainda temos muito a abordar sobre este tema!

25

SALÁRIO EMOCIONAL
UM CAMINHO PARA MOTIVAR PESSOAS NO SERVIÇO PÚBLICO

Neste texto, relato minha experiência com meu primeiro *feedback* de liderança, descrevo algumas práticas que me ajudaram a gerir equipes no serviço público e falo sobre as responsabilidades de um líder.

JULIANA BORGES

Juliana Borges

Juliana Borges é servidora de carreira do Senado Federal desde 2009. Nesse período, esteve à frente das equipes de Difusão Institucional na Relações Públicas, Comunicação Interna e Assessoria de Comunicação da Diretoria-Geral. Também foi chefe de gabinete na Diretoria-Geral. Além disso, atuou no planejamento de campanhas institucionais e no planejamento de comunicação de leis. Fez parte da equipe de mídias digitais como produtora de conteúdo e foi assessora de imprensa da Presidência do Senado. Atualmente, é coordenadora-geral na área de Relações Públicas, sendo responsável pela integração da comunicação institucional do órgão.

Contatos
01julianaborges@gmail.com
61 98138 0747

Liderar não é impor o nosso jeito

Quando ouvi pela primeira vez que eu era líder não foi exatamente uma experiência agradável. Estava no final da minha graduação e havia me inscrito em uma seleção para o programa de *trainee* de uma multinacional.

Análises de currículo, provas, entrevistas, testes psicológicos. Fui passando por todas as etapas até chegar na última: a dinâmica de grupo.

Os candidatos foram divididos em equipes para cumprir a seguinte tarefa: estruturar, em 20 minutos, o processo de comunicação de uma campanha publicitária da empresa. Iniciado o desafio, as cinco pessoas do meu grupo, ainda tímidas, se entreolharam. Ficamos naquela conversa: "E aí? O que vocês acham?" Nessa época, com 24 anos, eu tinha uma força de realização desgovernada e acabei sendo tomada por uma angústia aguda ao perceber que o tempo estava passando e nada havia sido estruturado. Peguei o papel e comecei a escrever tudo sozinha. Perguntava a cada minuto: o que vocês acham disso que estou fazendo? Os outros integrantes me encaravam incrédulos. Eu julgava que o olhar deles era de alívio e que estava, definitivamente, salvando o grupo. Saí de lá achando que meus colegas não tinham iniciativa e que, portanto, seria a selecionada.

Duas semanas após a dinâmica, lá estava eu aguardando meu *feedback* com os recrutadores da empresa. Logo no início da conversa, já tomei um choque de realidade: "Então, Juliana, infelizmente você não foi selecionada". Fiquei atônita. Não conseguia compreender como não havia sido escolhida, pois era a única pessoa do meu grupo que tinha, de fato, feito alguma coisa.

Depois de tecerem alguns elogios sobre minhas características, identificadas nas etapas preliminares, as profissionais de recursos humanos da empresa chegaram ao ponto que eu esperava: "Juliana, você é uma líder nata. Mas precisa aprender a trabalhar com outras pessoas. Você percebeu que não deu espaço para ninguém manifestar as próprias ideias? Você me entregou o 'seu' planejamento".

Até aquele momento, não fazia ideia de que liderança era algo natural para mim. Também não compreendia que a liderança que eu exercia era tóxica justamente por não dar espaço para uma construção coletiva. Achava que estava ajudando, mas, no fundo, estava usando o meu poder de influência para impor a minha maneira de pensar.

Como é comum nos grandes aprendizados da vida, a minha ficha não caiu imediatamente após aquele *feedback*, nem nos dias ou semanas posteriores. Percorri um bom caminho de estudos e experiências em cargos de gestão até conseguir compreender que liderar é, na verdade, um caminho de coletividade.

E por acreditar no poder da construção coletiva, compartilho a seguir algumas das práticas que implementei com diferentes equipes que tive a honra de estar ao lado nos últimos 12 anos no Senado Federal.

Salário emocional

A configuração hierárquica e salarial de uma instituição pública não costuma ser um elemento de motivação para os funcionários: dificilmente existem promoções relevantes nesse tipo de organização. O funcionário costuma progredir por tempo de serviço, independentemente de realizar um bom trabalho. Além disso, as atividades em si podem ser bastante limitadoras, sem muito espaço para novas ideias. Outro agravante é que na esfera pública não existe o medo de perder o emprego. O processo de desligamento de um funcionário é longo, moroso e bastante complexo.

Apesar dessas condições adversas, existem outras formas de trabalhar a questão motivacional com as pessoas. Alguns autores denominam de **salário emocional** as ações que estimulam emoções positivas nos colaboradores. Flexibilidade na rotina organizacional, mapeamento de perfil, ambiente de trabalho agradável, reconhecimento, autonomia e senso de propósito são algumas das ferramentas que podem compor esse tipo de remuneração.

Contudo, para além das ferramentas, penso que o salário emocional é uma maneira de repensar o seu colaborador. Funcionários não são obrigados a assumir mais responsabilidades, a buscar mais engajamento com a equipe, inovar, compartilhar conhecimento e serem leais. Essas atitudes são desejáveis, mas não podem ser remuneradas, nem punidas. Exatamente por isso é tão necessário criar mecanismos de retenção e recompensa.

Relato, a seguir, os aprendizados que tive ao colocar em prática algumas das ferramentas citadas anteriormente.

1. Descubra o que as pessoas precisam para trabalhar melhor

Diante da pouca mobilidade hierárquica e salarial, entendi que o servidor público precisa de coisas simples para se manter interessado e contribuir da melhor maneira possível com a equipe. Sair mais cedo para acompanhar o filho em uma aula de natação uma vez por semana, estender o horário de almoço para poder ir à academia ou mesmo um esquema de trabalho mais flexível que não o obrigue a estar oito horas no mesmo ambiente são alguns exemplos.

Gostaria de chamar atenção para duas características fundamentais que permitirão que você implemente essa prática: respeito às individualidades e flexibilidade. Algumas pessoas têm filhos e querem preferência nas férias em janeiro e julho. Outras não têm filhos e preferem emendar férias e abonos para conseguirem fazer um curso fora, por exemplo. Não existe o mais legítimo, precisamos respeitar cada um nas suas necessidades. Com boa vontade e respeito é possível alocar as diferentes demandas.

A coletividade também exige que o gestor seja uma pessoa verdadeiramente flexível. Isso significa abrir mão do controle total e confiar mais nas pessoas. Não é fácil não ter a presença física de um funcionário durante oito horas. Sentimentos como insegurança e abandono podem vir à tona. Em todos os casos, o ideal é deixarmos sempre combinado que os acordos serão revisados, caso os prazos de entrega estabelecidos não sejam cumpridos.

Na minha caminhada, percebi que pequenas e simples concessões, usualmente relacionadas a horário de trabalho e férias, podem fazer maravilhas para a retenção do funcionário na equipe, motivação e envolvimento no alcance das metas estabelecidas.

2. Acerte na alocação das pessoas

Muitas vezes na esfera pública caímos na armadilha de pensar que as pessoas precisam estar aprisionadas em determinadas funções. Se você fez concurso para uma área específica, precisará enfrentar muita resistência ao se movimentar para outro setor.

Todos nós somos movidos a desafios, adoramos novidades, ficamos mais motivados quando temos novas oportunidades. O deslocamento horizontal deveria ser a regra no serviço público. Assim como pessoas querem migrar de um setor x, outras terão interesse em trabalhar lá. A falta de confiança nessa autorregulação dos sistemas vivos faz com que a maior parte dos gestores públicos entre no modo "senhor de engenho" e não permita que os membros da sua equipe sejam realocados em outras áreas.

Essa atitude é ruim para a organização, para o gestor e para o funcionário. Todos nós adquirimos mais experiência ao entrarmos em contato com meios diferentes, seja uma viagem a um país desconhecido, uma comida exótica ou mesmo um livro novo que lemos. Esse conjunto de vivências variadas impactam diretamente a criatividade, a flexibilidade, a capacidade de pensar alternativas *sui generis*. Portanto, conforme um funcionário conhece ainda mais outras áreas de uma instituição, mais *know-how* ele adquire e mais ideia do todo ele tem. Isso só pode beneficiar a organização.

Além de não aprisionar o colaborador, avalie sempre a personalidade das pessoas que trabalham com você e tente ao máximo encaixá-las em funções que sejam afins a esse perfil. Quando estamos bem com nosso trabalho, nossa produtividade aumenta. Muitas vezes um funcionário bem alocado produz mais do que três profissionais infelizes aprisionados em sua área.

3. Crie a atmosfera ideal

A contratação de pessoas no setor público é diferente da área privada. Não podemos demitir ou contratar com facilidade. O ingresso de pessoal é por meio de concurso público e a estabilidade garante que não haverá demissão. Ou seja, com universo de seleção de pessoas bastante reduzido, captar recursos humanos é um grande desafio.

Aprendi que as pessoas dispostas e motivadas normalmente se orientam primeiramente pela busca de uma atividade relevante ou desafiadora, e em seguida por um ambiente saudável. Nós passamos mais tempo com nossos colegas de trabalho do que com a nossa família, então é fundamental que o clima seja agradável.

Na minha opinião, a responsabilidade do astral em um time é inteiramente da líder. As pessoas tendem a seguir a maneira de trabalhar daqueles que estão na condução e isso vai construindo uma determinada atmosfera.

Fomentar um ambiente produtivo e leve, inovador e humano, responsável e descontraído, pode ser decisivo para a conquista de funcionários colaborativos e competentes. Para tanto, busque desenvolver essas características. Exercite sua humanidade por meio da escuta empática, trabalhe a sua leveza imprimindo tranquilidade ao lidar com questões difíceis e apenas dê espaço para a descontração. Tenho certeza de que essas atitudes simples aumentarão a retenção dos seus funcionários e despertarão o interesse de outras pessoas.

Responsabilidades de uma líder

De acordo com um levantamento realizado pela consultoria de recrutamento Michael Page em 2019, **oito em cada dez** profissionais pedem demissão por causa do seu gestor. Dentre as principais razões estão o sentimento de que o chefe não é um líder ou uma inspiração, a falta de crescimento profissional e a falta de *feedbacks*.

Liderança não é ter um cargo, é ter uma atitude, uma competência que pode, e deve, ser aprimorada. Na minha visão, existem três responsabilidades básicas que precisam ser assumidas para que uma pessoa se torne uma líder transformacional.

1. Seja a mudança que você quer ver no mundo

A realidade é que uma líder é uma pessoa em que outras se espelham. É um exemplo. E não dá pra fingir sermos o que não somos.

Precisamos ajustar a nossa forma de pensar com a nossa forma de agir. E isso passa por equalizarmos os nossos objetivos profissionais com os pessoais. Passa pelo reconhecimento dos nossos pontos fracos e pelo esforço de assumir nova postura quando se fizer necessário. Passa, ainda, por agir com integridade e sempre no interesse do propósito da equipe.

Verdadeiros líderes têm a preocupação de formar outras lideranças, formais e informais.

2. Seja líder de si mesma

É muito possível que você já exerça o papel de liderança fora do ambiente laboral, seja na esfera familiar, seja entre seus amigos, seja na relação amorosa. Contudo, no espaço profissional, muitas mulheres ainda têm receio de abraçar essa função.

Penso que a primeira coisa a se fazer para que seja possível tomar esse lugar para si é trabalhar a sua liderança consigo mesma. Descobrir se estamos indo na direção que queremos, qual o legado desejamos deixar, quem são nossas inspirações positivas e negativas, qual o nosso propósito com o trabalho. Essas são questões fundamentais para acolher e desenvolver sua liderança profissional.

Outro fator imprescindível: abrace a sua intuição. Muito provavelmente você chegou em uma posição de liderança caminhando com a sua intuição. Use-a abundantemente. Nossa intuição é nossa sabedoria.

3. Seja líder do seu chefe

Pode parecer estranho dizer que precisamos liderar quem está nos chefiando, mas a verdade é que se estamos orientados a uma construção coletiva, a liderança ocorrerá em todas as direções.

Por isso, uma das responsabilidades que enxergo como basilar é saber liderar os hierarquicamente superiores. Abrir mais canais de conversas sobre pontos de divergência, explicar de maneiras diferentes e inovadoras as questões mal resolvidas, estabelecer um canal de confiança mútua e respeito com o seu gestor podem ser caminhos que transformam a relação de demanda-atendimento-controle em uma construção verdadeiramente coletiva.

    Diante de todo o exposto, vale lembrar que as pessoas são os principais ativos de qualquer organização, seja ela pública ou privada. É preciso ter em mente que motivação, lealdade e inovação não podem ser remuneradas com bônus financeiro. Portanto, encontrar maneiras de incitar esses sentimentos nas pessoas é essencial. Nesse sentido, o salário emocional surge como o principal componente dessa engrenagem, capaz de estimular colaboradores, reter talentos da organização e promover lealdade e senso de propósito. Uma liderança responsável cumpre exatamente esse papel de encontrar a justa medida, dentro do contexto e das particularidades de cada equipe, para gerar engajamento e incentivo e, de quebra, ainda criar um clima mais favorável (e por que não mais produtivo?).

26

A HISTÓRIA DE UMA MENINA QUE SONHAVA EM MUDAR O MUNDO

Neste capítulo conto a minha história desde minha primeira experiência na infância com a venda de geladinho pra turma da rua, além da venda de pipas, o primeiro emprego, até chegar à minha vida adulta com minha escola e os novos negócios que estão surgindo. Em meio às brincadeiras da infância, o espírito empreendedor, a busca por desafios e novas conquistas sempre me acompanharam. A preocupação em criar um ambiente de trabalho saudável e democrático me levou a muitos estudos para sempre buscar o melhor para os negócios e o bem-estar dos profissionais que me acompanharam. Acredito que o sucesso de uma liderança é colocar seu coração em tudo o que fizer, ter o cuidado e o carinho de fazer pelos outros aquilo que você gostaria de receber. Não tenha medo, simplesmente vá e faça, os frutos com certeza você irá colher.

LÉIA GRECHI

Léia Grechi

Léia Maria Galioni Grechi, 42 anos, pedagoga, escritora, criadora de metodologias para ensino musical, mãe da Larisse e da Sophia, fundadora do Instituto Musical Viva Arte, um espaço dedicado às atividades de formação musical e pedagógica. Formada em Pedagogia e Administração Escolar pela Universidade Cidade de São Paulo e pelo *The Orff Course Certification Program*. Cursou abordagem pedagógica de Loris Malaguzzi em Reggio Emilia (Itália, 2015 a 2017) e abordagem Emmy Pikler na Association Pikler Locsy (França, 2015), a educação de 0 a 3 anos e os cuidados com os bebês e crianças pré-escolares, estudou com o mestre Jos Wytack, discípulo de Carll Orff em Portugal, 2018. Autora do projeto "O bebê e a música", apresentado no 1º Encontro Nacional da Rede Pikler, Rio de Janeiro, 2018; do projeto "O processo musical no desenvolvimento de crianças com lesões neurológicas", apresentado nas conferências mundiais da ISME – Internacional Society for Music Education – Porto Alegre julho/2014 e na EAS – *European Association for Music in Schools*, em Leuven, na Bélgica, em abril de 2013, Nicosia, no Chipre, em maio de 2014; e do projeto *Reggio Emilia's approach as a tool for the construction of musical education* em Malmo, na Suécia, em maio de 2019.

Autora da metodologia *A turma da ilha do som* para o ensino de piano, teclado, flauta doce, violino, violão, musicalização infantil e a coletânea em quatro volumes Orff para as crianças brasileiras.

Contatos
Instagram: @leiagrechi
11 99404 8839

Minha história começa lá pelos meus oito anos de idade, onde ainda brincávamos na rua de pega-pega, esconde-esconde, brincadeiras de roda. Tempo bom que não volta mais.

Ainda na infância, meu perfil de líder já aparecia ao escolher as brincadeiras, os grupos de amigos para os jogos e assim foi durante muito tempo.

Na mesma época, por muita insistência pedi para minha mãe me colocar nas aulas de piano, o que me traria aos dias de hoje na escolha da minha profissão. O piano é minha eterna paixão e com ele me sinto um ser totalmente livre, capaz de expressar através dele todo os bons sentimentos que habitam em mim e, ao tocá-lo, toda a tristeza que um dia possa tentar entrar na minha vida vai embora no mesmo minuto ao dedilhar as teclas.

O espírito empreendedor já me acompanhava e, depois do convite do meu vizinho, aos sete ou oito anos de idade, montei a minha primeira empresa, se posso chamá-la assim. Era a venda de geladinho para os amigos da rua, mas logo ela abriu falência, pois comíamos a matéria-prima.

Na sequência, começamos a vender pipas e acessórios para a turma da rua de cima, pois em nosso quarteirão já havia outro vizinho que realizava o serviço com um diferencial, entrega delivery na casa dos amigos, e assim dominava o nosso quarteirão. E por ele ser mais velho que a gente e muito maior de tamanho, a competição ficava difícil, mas isso não nos impediu e trilhamos nosso próprio caminho naquele verão. Fomos buscar algo diferente.

Onde estaria nosso diferencial na venda de pipas? Pipas para meninas, pipas cor de rosa, roxa, amarela, vermelha, porque afinal meninas também podiam e podem fazer o que quiser, basta querer. Como dizem, o lugar da mulher é onde ela quiser e determinar, é só ir à luta. E assim vendemos muito naquele verão, mas logo paramos porque as férias acabaram e tínhamos que voltar para a escola.

E em meio às brincadeiras de rua, o colégio e as ideias de uma menina que queria mudar o mundo, os anos foram passando.

Seria eu somente mais uma criança sonhadora? Talvez, mas eu sempre pensei grande. Não como mania de grandeza de um jeito ruim ou egoísta, mas eu queria mais.

Eu acreditava que os limites estavam ali para serem respeitados, mas também poderiam ser quebrados, desafiados, ultrapassados para grandes conquistas. E então, naquele momento, tracei a minha vida. Queria quebrar barreiras, superar desafios e conquistar tudo aquilo que eu pudesse sonhar e meu coração pudesse desejar.

Com doze anos comecei a dar aulas de piano em casa para as amigas e no final da aula ia brincar um pouco de boneca, porque afinal ainda éramos crianças. Uma época muito boa, na qual não havia a responsabilidade da vida adulta, mas já havia a responsabilidade de fazer algo produtivo e que desse frutos.

Mas eu queria mais, conquistar coisas novas, novas experiências e histórias. E com quatorze anos, saí na rua para procurar meu primeiro emprego.

Na verdade, não sabia nem o que procurar, só queria mesmo era saber quanto eu iria ganhar para comprar as minhas roupas, laços de cabelo e minhas maquiagens.

Bati na porta de vários lugares e a resposta era sempre "não, você não tem experiência, volte daqui um ano". Até que uma escolinha me contratou, era na rua de casa. Trabalhei um mês preenchendo cadernos de atividades dos alunos. Quando eu entreguei todo o trabalho, a diretora me disse que meu trabalho não estava bom e acabou me dispensando. E o pior, não me pagando.

Mas ela não me ensinou como o trabalho deveria ser feito, não foi clara no que necessitava, mas mesmo errando, eu tentei. E na verdade, em toda a nossa vida é assim, só vamos descobrir se algo deu certo, tentando. E se der errado? Faz parte, o importante é tentar sempre e aprender com os erros.

Isso me despertou um senso crítico e o despertar reflexivo que eu precisava me preparar para o mercado de trabalho para que eu fosse capaz de realizar qualquer tarefa que me fosse pedida e pudesse executar com perfeição. Mas para que isso ocorresse, era preciso aprender, estudar, ir em busca do conhecimento.

E foi aí nesta constante busca que entendi que somente os estudos não são suficientes, mas sim colocar os nossos sentimentos à prova, colocar o nosso coração em tudo o que formos fazer. Esse é o grande caminho para o sucesso, a junção do saber, do querer, do fazer e da determinação.

Continuei com as aulas e cada vez mais fui aperfeiçoando minha maneira de ensinar. Formei-me em pedagogia, fiz pós-graduação em administração escolar.

Mais e mais pessoas me procuravam para receber aulas e a sala de casa foi ficando pequena. Foi então que resolvi montar a minha escola de música.

E ali, em janeiro de 2009, fui com a cara e a coragem, dei início à construção de um grande sonho. Não sabia absolutamente nada de administração, sabia somente de música, então comecei a buscar estudos e pessoas que pudessem me ensinar para que meu trabalho fosse completo.

Nessa jornada, foram muitos cursos buscando cada vez mais minha própria superação, e nessa busca encontrei o sentido da minha vida profissional. O Brasil foi ficando pequeno para essa sede pelo saber, então fui para diversos países estudar e buscar alternativas para as aulas.

Foi então que, após um *insight*, resolvi criar minha própria pedagogia, a união de todas as abordagens que havia estudado. Elas me inspiraram a criar minhas metodologias, meu material de trabalho e uma escola diferente. Uma escola de música criada exclusivamente para bebês e crianças.

Então a recompensa por toda essa busca bateu à minha porta. Cheguei a ter trezentas crianças dentro de minha escola estudando exclusivamente com o material que criei. Que presente maravilhoso que Deus me deu, a oportunidade de mudar vidas através da música.

O espaço foi ficando pequeno e em 2017 inaugurei a segunda unidade da escola. Esta atendia aos pais e irmãos mais velhos dos alunos da unidade kids. Ao todo, quinhentas pessoas passaram pelo Instituto Musical Viva Arte, que contava com mais de quarenta funcionários.

A gestão dessas duas unidades foi feita com muita competência e atenção aos cuidados com os alunos, fazendo com que se tornassem seres únicos, um atendimento personalizado.

Esse era nosso grande diferencial: tratar os alunos com respeito, dedicação e entender suas expectativas, dificuldades e assim criar um ensino eficaz.

Para este sucesso, foi primordial o treinamento constante da equipe, sem exceção. Fazíamos reunião de pais no início do ano para apresentar os projetos que seriam trabalhados com as crianças, e os adolescentes e adultos faziam parte da construção de seu curso juntamente com os professores e coordenadores pedagógicos.

Uma grande equipe para um grande projeto, que durante muito tempo foi perfeito em sua execução e cumpriu seu propósito de criação, além de proporcionar aos colaboradores com espírito empreendedor a buscar seus próprios caminhos inspirados em uma gestão democrática, onde todos podiam ser ouvidos, podiam compartilhar suas ideias com seus colegas e ver os frutos dessa construção coletiva.

Em 2020, a necessidade de buscar algo a mais, uma diversificação dos negócios, começou a surgir em minha cabeça. Então, fui convidada por um grande amigo a montar em sociedade um salão de beleza com um conceito inovador para a área. O sistema *coworking* é um modelo de trabalho que se baseia no compartilhamento de espaço, pessoas, e empresas usuárias de *coworking* também utilizam este modelo de trabalho para estabelecer relacionamentos de negócios onde oferecem e/ou contratam serviços mutuamente. Alguns desses relacionamentos também visam favorecer o surgimento e amadurecimento de ideias e projetos em equipe.

E tem sido um sucesso. Mesmo em meio ao momento em que estamos vivendo, criamos um diferencial para os profissionais da área, seres livres para gerenciar seu próprio negócio. Tornamo-nos inspiradores de sonhos, a experiência adquirida nos anos de administração da escola de música também foi utilizada em nosso salão. Reuniões mensais acontecem com os parceiros para juntos buscarmos inovações na área e na execução dos serviços, trazendo assim a máxima satisfação para nossos clientes.

E, claro, o espírito empreendedor continua e mais dois novos negócios surgirão em breve.

Acredito que o sucesso de uma liderança é colocar seu coração em tudo o que fizer, ter o cuidado e o carinho de fazer pelos outros aquilo que você gostaria de receber. Não tenha medo, simplesmente vá e faça, os frutos com certeza você irá colher.

Com amor,

Léia Grechi.

27

A LIDERANÇA HUMANIZADA DA MULHER VIRTUOSA
APLIQUE OS PRINCÍPIOS DA LIDERANÇA DE JESUS PARA SER UMA LÍDER CADA VEZ MELHOR

Independentemente de sua crença, este capítulo é um convite para extrairmos o melhor da personalidade de Jesus Cristo, enquanto líder, e, ao mesmo tempo, lhe mostrar como aplicar essas valiosas lições no seu dia a dia como líder e mulher. Um capítulo perfeito para líderes que buscam um modelo de liderança com base em valores humanos.

LINDALVA LIMA SILVA REIS

Lindalva Lima Silva Reis

Graduada em Licenciatura Geografia pela UFMA (2002); bacharel em Geografia pela UFMA (2004); bacharel em Ciências Contábeis pelo CEUMA (2007), com pós-graduação em Planejamento Tributário, Gestão e Auditoria Tributária na modalidade *lato sensu* pelo IDEP da Universidade Tuiuti do Paraná (2010); técnico em Óptica de Nível Médio, na área da saúde, pelo Instituto Filadélfia de Itajaí-SC (2011); pós-graduação/MBA em Gestão Empresarial a título de Especialista pela UNDB (2014); pós-graduação *latu sensu* em Auditoria e Controladoria pelo UniCeuma (2018); pós-graduanda em Gestão Estratégica de RH pela FGV/ISAN (cursando) e empresária do segmento óptico há 29 anos. Atualmente, atua na Liderança em Desenvolvimento de Pessoas da Óticas Veja Ltda.

Contatos:
www.oticaveja.com.br
lindalvareis@hotmail.com
Instagram: @lindalvalimasilva / @oticavejaoficial
98 8127 8194

Por que falar sobre a liderança de Jesus é importante?

Eu poderia citar inúmeras mulheres da bíblia que foram exemplo de liderança, como: Maria, mãe de Jesus, Sara, Miriã, mas o tema desse capítulo não aconteceu por acaso. Quando decidi participar do projeto deste livro, em meu pensamento vieram outros temas. Entretanto, algumas circunstâncias me fizeram querer falar de Cristo e usá-lo como exemplo de uma liderança humanizada.

Um dos motivos é que, dias antes, ofereci um treinamento para minha equipe, e nele eu dizia sobre a liderança de Jesus, que devemos ser imitadores de Cristo, assim como Paulo, o apóstolo, disse em 1 de Coríntios, capítulo 11, versículo 1.

Se analisarmos o exemplo de liderança humanizada que Cristo deixou, e todo o seu legado, podemos considerá-lo o maior líder de todos os tempos.

As evidências mostram que Ele viveu pouco mais de 33 anos, e o seu exemplo e ensinamento nunca teve fim. E provavelmente, nunca terá.

O poder da autoconfiança

Antes de te mostrar todas as lições valiosas de liderança que aprendi com Jesus, quero falar sobre o poder de confiar em si mesma, de confiar no seu potencial como pessoa, como mulher e como líder para fazer uma boa gestão. Hoje eu vejo que a confiança que adquiri em mim, não aconteceu da noite para o dia.

> *Todas nós somos mulheres virtuosas, ou seja, mulheres cheias de potencial e qualidades, mais valiosas até mesmo que rubis.*
> Provérbios 31:10

Sim, somos, mesmo que muitas ainda não consigam se enxergar dessa maneira.

Eu sou uma mulher que optou por dar uma pausa na carreira de contadora para cuidar da minha família. Tive uma filha e um esposo empresário que precisavam muito do meu auxílio em casa. Eu gostava muito de contabilidade, mas eu também sempre quis ter uma família para cuidar. Depois que minha filha cresceu, olhei para trás e senti que algo estava faltando em mim. E esse algo se tratava da parte profissional da minha vida.

Foi por meio de processos do *coaching* e vários cursos de autoconhecimento que me conheci de verdade e pude entender que tudo tem o seu momento certo para acontecer.

Hoje, ao lado de meu esposo, cuido da nossa empresa, que tem várias unidades e muitos funcionários, e me sinto extremamente capacitada para ser líder, tanto da empresa, quanto de minha casa e de mim.

E mais recentemente, comecei um estudo sobre a bíblia, mas a minha confiança em Deus sempre esteve presente muito antes. Ainda jovem, quando ainda estava solteira e fazia faculdade, orei para ter a vida que eu tenho hoje, e essa minha confiança em Deus me fez ser uma mulher que aprendeu a confiar em si mesma também.

As oito lições preciosas de liderança que Cristo nos deixou

No livro "O Monge e o Executivo", James Hunter disse que liderança é *"a habilidade de influenciar pessoas para trabalharem entusiasticamente visando atingir os objetivos identificados como sendo para o bem comum"*. Isso que fez Jesus Cristo ser um líder único. Ele visava o bem comum.

Jesus foi o líder mais humano, mais empático e amoroso que já existiu. Sua liderança foi tão poderosa e marcante que seus apóstolos levaram muito a sério a missão dele e passaram adiante a palavra que ele deixou, sendo perseguidos e até a morrer por isso.

Um líder que se mostrou fiel primeiro, para obter a fidelidade dos seus discípulos depois. Dentre todos os princípios de liderança, selecionei oito deles, para te mostrar um pouquinho do que nós, enquanto líderes, podemos aprender com seus ensinamentos.

1. Não tente se encaixar nos estereótipos

Os judeus esperavam que o Messias viria de uma linhagem de reis, com todo o estereótipo da época, mas o que Jesus mostrou é que nada disso realmente importava, pois nasceu em uma família humilde e pobre. Não se portava como um príncipe, porque a aparência não era o que ele queria que chamasse mais a atenção das pessoas, e sim o conhecimento que Ele trouxe.

A questão de estereótipos em uma liderança tem que cair por terra quando você é uma líder que deseja humanizar seu ambiente. Se fôssemos pensar em estereótipos de líderes, pensaríamos em líderes que mandam e os outros obedecem a qualquer custo, em líderes que só veem seus liderados como números e resultados. Foque no que pode acrescentar e aprender com as pessoas da sua equipe.

2. Mesmo que você seja suficiente, delegue tarefas

Cristo poderia ter feito tudo sozinho, entretanto, convidou 12 pessoas de personalidades distintas e soube compor uma equipe incrível que levou adiante os seus princípios, mesmo depois de sua morte.

Nós mulheres muitas vezes achamos que precisamos dar conta de tudo: sermos líderes no trabalho, sermos mães e esposas em casa, e ainda sobrar tempo para o lar e autocuidado.

Esse fato de achar que tem que dar conta sozinha faz a gente sentir uma culpa imensa quando precisamos delegar tarefas.

Eu também pensava assim, até que percebi que, para ter mais tempo para mim e para fazer o que gosto, precisava distribuir as tarefas, não só na empresa em que estou, mas em casa também.

Hoje tenho pessoas que me ajudam no cuidado com o lar, e colaboradores na empresa para que eu consiga fazer uma boa gestão, e ainda sobrar tempo para meus estudos, para a família, e para o cuidado comigo. Sim, eu me considero um pouco vaidosa e não abro mão do autocuidado.

Jesus não olhou para os pontos de melhoria, e sim para as qualidades e o potencial que seus apóstolos tinham para oferecer e que contribuiria com sua missão.

> *Levais as cargas pesadas uns dos outros e, assim, estareis cumprindo a Lei de Cristo.*
> GÁLATAS 6:2

Você pode levar e pode deixar que te ajudem a levar a sua também. Simão Sirineu ajudou Cristo levar sua cruz momentos antes de sua morte, e Cristo aceitou. A cruz simboliza o peso que sentimos nas costas em muitos momentos na liderança, e que podemos deixar que outras pessoas nos ajudem.

3. Liderar é servir

> *"[...] quem quiser ser importante, que sirva os outros", disse Jesus e ainda continuou: "Assim como o Filho do homem, que não veio para ser servido, mas para servir [...]"*
> MATEUS 20:26,28

Mais do que receber um título, ser líder é servir. Cristo foi um líder que estava a todo momento se colocando como servo das pessoas e até mesmo deixou um gesto muito bonito sobre servidão quando lavou os pés dos discípulos, demonstrando muita humildade.

Essa humildade é necessária para sermos boas líderes. A arrogância não faz uma líder conquistar seus liderados, e demonstrar a todo instante que você é quem manda também não faz.

> *"Estar no poder é como ser uma dama. Se tiver que lembrar às pessoas que você é, você não é."*
> MARGARET THATCHER

Você já parou para pensar se está sendo uma líder que serve seus funcionários com ferramentas para desenvolvê-los? Você não está ali só para conduzir, mas para fazê-los crescer enquanto profissionais e pessoas, ao mesmo tempo em que atingem os resultados que você e a organização espera.

4. Não desista das pessoas facilmente

Se você é aquela líder que qualquer problema que acontece, por menor que seja, já pensa em demitir o liderado, pare imediatamente!

Um ambiente humanizado reconhece que as falhas e os erros são características do ser humano.

Muitas pessoas interrogavam porque Jesus vivia cercado de pecadores, então ele fez uma pergunta reflexiva usando uma parábola como exemplo:

> *"Se um homem tiver 100 ovelhas e uma delas deixar o rebanho, ele não deixaria as 99 para ir procurar a perdida? E se quando encontrasse a ovelha perdida, não ficaria feliz por tê-la encontrado?"*
> LUCAS 15:1-7

No dia a dia em nossa liderança devemos ter uma escala de gravidade dos erros para saber medir o que fazer em relação ao liderado que errou. Se ele está tendo comportamentos que não te agradam, chame-o para uma conversa, procure saber o que houve.

Na bíblia, Jesus cita sobre perdoar 70x7. Isso mostra que ele é um líder que não desiste fácil das pessoas. Você não precisa dar 490 chances para um liderado que está no erro, mas também não precisa tomar uma atitude impulsiva e demiti-lo sem antes conversar e dar uma nova oportunidade.

5. Não desista de seu propósito diante dos desafios

Segundo a bíblia, Jesus sabia exatamente o que aconteceria com ele. É como se a vida dele fosse uma história, e ele soubesse o que aconteceria no final. Na verdade, a vida dele teve desafios desde o início. Quando nasceu, o rei Herodes já queria matá-lo, e essa perseguição seguiu até o dia da sua morte. Em nenhum momento ele hesitou. Até mesmo no final, ele apenas pediu que fosse feita a vontade de Deus.

Nós líderes não sabemos o que vamos encontrar no cotidiano da liderança, mas com certeza teremos muitos desafios, principalmente na gestão de pessoas. Temos que ter resiliência, e encarar a liderança como um compromisso, por mais que pareça difícil. Foi confiado para você estar ali à frente desse cargo, e se você recebeu essa missão é porque tem capacidade para exercê-la.

> *[...] mas Deus cumpre a sua promessa e não deixará que vocês sofram tentações que vocês não têm forças para suportar.*
> 1 CORÍNTIOS 10:13

6. Não julgue com parcialidade

Jesus era um líder que não gostava de fofocas. A fofoca dentro de um ambiente profissional não é nada saudável, e quando o líder escuta um boato, deve averiguar a fonte para tomar uma decisão.

Quando alguns homens chegaram até Jesus dizendo que a mulher que estava perto deles era uma prostituta e por isso deveriam apedrejá-la, Jesus não concordou com eles.

Muito sabiamente propôs uma dinâmica para que entendessem que todos erram e falham. Mesmo que sejam erros diferentes, ainda são erros.

Ele disse:

> *Aquele que não tem pecado atire a primeira pedra!*
> JOÃO 8:7

Um por um foram saindo, restando somente Jesus e a mulher. Assim que eles saíram, Jesus falou para ela não pecar mais. Ele não falou isso na frente de todos, deixou para orientá-la em particular.

Seja imparcial e não a pessoa que leva o boato adiante, muito menos a líder que toma uma atitude no impulso, sem ouvir todas as versões.

7. Seja empático e ouça com atenção

Jesus tinha muita compaixão em si. A bíblia relata alguns acontecimentos que Cristo chorou vendo a dor do outro. Um exemplo foi a história da morte de Lázaro.

> *Quando Jesus chegou ao sepulcro e viu que Lázaro estava morto, ainda que ele soubesse que poderia ressuscitá-lo, ele chorou.*
> JOÃO 11:1-45

Todo seu poder nunca foi usado em benefício próprio, mas sempre em prol do outro. Ele ouvia a todos que o buscavam para pedir ajuda. Pela empatia e também pelo poder de Deus, curava aquelas pessoas. Sendo um líder, poderia apenas espalhar a palavra, mas não a praticar. Se tem uma atitude que transforma um ambiente na liderança é a escuta ativa.

Converse com seus liderados. Escute suas dores e o que eles tem para te dizer. Trate as pessoas como elas gostariam de ser tratadas. Você só conseguirá isso após ouvi-las com atenção plena.

8. Prepare sucessores. Transfira seu conhecimento para seus liderados

> *[..]Aquele que crê em mim fará também as obras que tenho realizado. Fará coisas ainda maiores do que estas [...]*
> JOÃO 14:12

Jesus sabia o que aconteceria e que não estaria com seus liderados por muito tempo. Para que toda sua missão tivesse efeito, seus apóstolos e discípulos precisavam aprender tudo para que continuassem levando sua palavra para os outros.

Por isso, Cristo deu autonomia e autoridade para que eles fizessem isso. Acontece que toda essa preparação de seus sucessores aconteceu aproximadamente anos antes de sua morte. Ele ensinou tudo o que sabia sem reter conhecimento para si.

Você precisa ensinar seus liderados de tal maneira que eles consigam realizar as tarefas sem você por perto. Ser uma líder centralizadora não agregará nem a você e nem a eles. Hoje eu entendo que conhecimento é para ser levado adiante. Por isso, tudo o que eu estudo hoje busco colocar em prática, principalmente com a minha equipe.

A importância de saber qual o seu propósito

Eu quero enfatizar para você que Jesus Cristo só conseguiu realizar toda a sua missão porque sempre teve muito claro qual era seu propósito. Ele tinha uma causa. Ele sabia exatamente porque veio ao mundo. E isso foi extremamente importante para que Cristo não desistisse quando os dias estivessem cinzas.

Agora é com você: Você vê um propósito no que faz sendo líder? Você é grata por ter sido escolhida para fazer a gestão de pessoas? Se estamos nessa função é porque Deus nos capacitou.

Eu espero de verdade que você consiga se espelhar em Jesus para liderar. E quando tudo parecer sem saída, ore e peça a ele discernimento.

Exercício da Gratidão

Para finalizar, eu gostaria de lhe propor um exercício. O que transformou a minha vida foi me sentir grata todos os dias. Escreva abaixo quatro coisas (ou mais) pelas quais você é grata pelo dia que passou. Espero que este exercício, assim como este capítulo, colabore com a sua liderança.

Referências

BÍBLIA. Português. *Bíblia Sagrada*. Nova tradução na linguagem de hoje.

BÍBLIA. Português. *Bíblia Sagrada*. Tradução de João Ferreira de Almeida.

HUNTER, J. C. *O monge e o executivo*. Editora Sextante, 2004.

JONES, L. B. *Jesus o maior líder que já existiu*. Editora Sextante, 2006.

28

STARTUP
FLEXIBILIDADE, AGILIDADE E INOVAÇÃO PARA LIDERAR

Juntas vamos entender e planejar ações para que a sua liderança seja a liderança desejada pelas *startups*, não mais o futuro e sim a realidade com infinitas possibilidades e oportunidades. Para nós, mulheres, obstáculos nunca foram delimitantes dos nossos sonhos e vontades e, no ambiente corporativo cada vez mais competitivo, também não será.

MANUELE PEGLOW

Manuele Peglow

Líder, mulher e entusiasta da arte de ser feliz! Pedagoga graduada pela Faculdade das Américas (2010), com MBA em Gestão e Marketing Digital pela ESPM - Escola Superior de Propaganda e Marketing (2013). Desde 2008, atua no desenvolvimento de pessoas e negócios de forma integradora e confiável. Gerencia a área de *People* da maior *startup beauty tech* do Brasil. É especialista em desenvolvimento humano organizacional para geração de estratégias e inovações para carreiras e negócios de alta complexidade. Apaixonada por uma boa conversa, conhecer pessoas, compartilhar pensamentos e gerar novas ideias, estimulando pessoas a serem solucionadoras de problemas. Ambição é sua base de motivação, construir relacionamentos é o segredo para a energia e sorriso no rosto é a forma de trazer leveza para a vida.

Contatos
mapeglow@gmail.com
Instagram: @manuelepeglow
LinkedIn: Manuele Peglow
11 99177 1817

Mais do que saber liderar, viver em *startup* requer muita flexibilidade, vontade e disponibilidade física, emocional e temporal. Você pode estar se perguntando "Mas isso sempre foi o esperado em qualquer modelo de empresa". Verdade, ainda mais para nós mulheres com multiatribuições a todo tempo. Então, deixo como questionamento: "Será que só o mundo corporativo mudou seus anseios ou também os profissionais mudaram suas expectativas e percepção do que é permissível?" Desde 2008, estudando, experimentando e atuando com desenvolvimento de pessoas tenho acompanhado muitos profissionais com questionamentos sobre suas carreiras, crises e principalmente "o que fazer agora". E pode ser alguns de seus questionamentos também. Aqui vamos conversar e refletir sobre mudanças, expectativas e, principalmente, sobre o futuro ou será atual liderança?

Aquelas empresas consideradas tecnicamente tradicionais, com modelos de processos engessados e burocráticos e liderança autoritária, estão perdendo espaço para empreendedores com visão perspicaz, que buscam desenvolver e promover seus negócios com foco em pessoas (clientes), entendem que este foco é o que gera resultado (vendas), e possuem a clareza que são profissionais capacitadas, também visionárias e com muita vontade que fazem o *business* acontecer na prática (nós, mulheres na liderança). Percebemos isso claramente quando paramos para analisar o cenário de empregabilidade, onde muitas profissões deixam de existir todos os dias no mundo, e não mais temporariamente por uma sazonalidade ou crise. Profissionais estes substituídos por tecnologia. Há alguns anos já se fala muito sobre esta migração, porém, com a pandemia COVID-19 vivida a partir de 2020, quem ainda relutava por aceitar este fato teve que abrir os olhos e encarar de frente. Na prática:

- Profissionais de *checkout* substituídos pelo *self checkout* com autonomia e rapidez;
- Atendentes em restaurantes substituídos por cardápios on-line em app com infinitas possibilidades de acordo com seus desejos mais específicos;
- Secretariado substituído por agenda on-line e chatbot com maior praticidade no dia a dia;
- Representantes comerciais substituídos por ERP´s que alimentam estoques e emitem pedidos em segundos etc.

Então, se esta mudança é provocada por novas e modernas tecnologias que substituem ações operacionais com foco em *customer experience*, o que nos resta? Muitas boas oportunidades. A primeira delas é que o caminho é a tecnologia, não somente empresas de tecnologia e sim aquelas que acreditam que a base do seu negócio é a tecnologia e traz recursos para o dia a dia interno e também no seu produto/serviço. Não por acaso que o conceito de *startup* chegou junto e sempre esteve atrelado à tecnologia, não é mesmo?

Você deve estar se perguntando, "então agora só empresas de tecnologia terão sucesso e todo restante está fadado ao fim?" Não totalmente, mas esta reflexão também é muito válida. Não fadados à falência e sim, muito provavelmente, ao fim do seu atual modelo de negócios. E por falar em modelo de negócios, olha só quem novamente aparece por aqui: *startup*. Modelo de negócios flexível baseado em tecnologia, não somente como entrega final ao cliente e sim como base para desenvolvimento interno e experiência do consumidor. Experimentar o modelo de *startup* é permitir-se errar e aprender, transformar desafios em oportunidades, fazer ao invés de buscar a perfeição e não sair do papel, e principalmente saber que tudo isso só é possível com pessoas dispostas, comprometidas e ambiciosas.

Entendemos a tecnologia, seja ela como meio ou fim, como o caminho para oportunidades profissionais. E agora, neste cenário, qual será o nosso papel como líderes? Aqui gostaria de compartilhar um pouco da minha experiência em gestão de pessoas, onde o maior desafio em processos seletivos é encontrar profissionais não só preparados tecnicamente (com experiência), como também, e arrisco dizer principalmente, dispostos a pensar, ir além, fazer o que muitos ainda não fazem. O que ganha destaque na busca e valorização de profissionais é a capacidade analítica: analisar, pensar e agir, a necessidade de profissionais que possuem raciocínio lógico para tomada de decisão. Aqui a liderança ganha força e é pensando nisso que precisamos planejar e trilhar o nosso desenvolvimento como líderes.

Competências para liderança

É necessário preparo para tornar-se a líder que deseja e sonha ser, e que também é a liderança desejada pelas empresas de sucesso. Ainda hoje, em 2021, há muito preconceito que gera uma submissão feminina no mercado corporativo – espero que quando estiver lendo este livro já tenhamos definitivamente quebrado essa barreira machista. Apontam, em diversas pesquisas (2021), que somente 20% dos cargos de liderança no mundo são ocupados por mulheres. Mesmo nós estando à frente da porcentagem de profissionais com graduação concluída e mais à frente ainda, em relação aos homens, com pós-graduação em negócios, por exemplo. "Só os lobos vencem". Tolos, as lobas dominam a vitória. Hoje eu me desenvolvo não somente para cumprir as minhas metas e superar meus próprios medos – "não sou capaz para fazer isso", "eu não vou conseguir", "por que eu, se tem tanta gente boa?" – mas principalmente para conseguir ajudar e empoderar mulheres a serem o que elas quiserem. A jornada ainda é longa, será difícil e com certeza, juntas, com sorriso no rosto e uma pitada de perspicácia, chegaremos lá. "Lá" é o lugar onde sempre falaram que não era para nós mulheres, que não saberíamos nos portar ou até mesmo conversar, que intelectualmente nunca estaríamos prontas como os homens. Este "lá" também é aquele lugar que você fecha os olhos e se vê feliz, poder ser quem você é, sem ficar pensando no que eles vão achar, sem mudar o que você é para se encaixar no ambiente machista. E se você, assim como eu, já passou ou passa por situações como estas e decidiu que quer ser você e conquistar tudo aquilo que você deseja, vamos juntas conquistar o nosso sucesso.

Compartilho as principais competências para contribuir com o empoderamento da liderança feminina em negócios digitais:

1. Seja você!

Quanto mais você tentar ser o que não é, mais irá se distanciar de chegar aonde quer e ser feliz. Seus anseios, desejos e expectativas precisam estar alinhados em todos os âmbitos da vida. Analise tudo aquilo que você faz muito bem (o que você realmente acha, não o que os outros dizem), e que te deixa feliz quando faz. Suas potencialidades já estão aí, só precisam ser encorajadas e estimuladas. Utilize este potencial que é só seu como sua base de lançamento, o foguete está aí pronto para ser lançado. Aliás, falando em foguete, você já deve ter ouvido este nome relacionado a *startups*. Exatamente pela ambição, rapidez, nem o céu é o limite e "foguete não dá ré"!

2. Automotivação é uma prática diária

Utilize todos esses pontos identificados como seu potencial base, inclusive por exercê-los com tranquilidade e com orgulho, não só como base de sustentação, mas também para que seja sua motivação no dia a dia. Somente você tem a honra de ser esta pessoa que corre atrás do que quer e não mede esforços para realizar. Muitos vão lhe dizer que não irá conseguir ou até mesmo que é loucura o que busca. Não caia nas armadilhas de quem, por medo de tentar, transfere suas frustrações para quem sabe onde quer chegar. Lembre-se, assim como o foguete, nem o céu é limite para quem experimenta a arte de liderar.

3. Captar e entender o que não é falado

Nenhuma empresa sobrevive sem pessoas, nenhum líder guia somente a si e ninguém vive sozinho. Pratique a escuta; exercite o mapa de empatia; aproxime-se e permita-se conhecer pessoas e que elas também possam lhe conhecer. Realize constantemente a nutrição dessas relações. Esteja sempre próxima e disposta a compartilhar e receber pensamentos, ideias e experiências com todos que passam pela sua vida. Perceba energias, expectativas e sentimentos que não são ditos claramente e sim percebidos quando estamos atentos e dispostos a analisar situações. Exercitamos assim a nossa capacidade de lidar com a complexidade e estimular nosso pensamento racional mesmo em situações emocionais.

4. Adaptabilidade

Ser flexível é estar disposta a se adaptar a cenários diversos em um curto espaço de tempo. Quando falamos em *startup*, ela é um cenário de mudanças o tempo todo (pivotar é redefinir a rota para chegar ao destino), resiliência tem que ser algo intrínseco. Inovar requer esforço e um dos maiores esforços dentro de qualquer empresa é criar sinergia entre pessoas. Aqui surge o conceito de liderança horizontalizada vista em ambientes complexos e ágeis. A descentralização da comunicação é geradora de ideias e soluções para a complexidade de desafios do dia a dia. Pensar em liderança em modelo de empresa como *startup* é deixar a hierarquia e autoridade para trás e liderar pelo estímulo com acessibilidade e liberdade de expressão. Juntos multiplicamos soluções.

5. Aprenda algo novo todos os dias

Liderar é relacionar-se o tempo todo, o que exige muito das nossas *soft skills* e isso vem a impulsionar que nossas *hard skills* estejam afinadas para embarcar nas oportunidades. Crie o seu plano de desenvolvimento técnico para que possa mergulhar a fundo no tipo de negócio que atua e também para propor melhorias dentro e fora das suas responsabilidades, visando maximizar o desempenho profissional seu, do seu time e do sonho que compartilham juntos todos os dias. Estimule-se e estimule a todos ao seu redor a estudar, a experimentar e a evoluir. *Lifelong learning* para que possamos, como pessoas, evoluir e acompanhar todas as mudanças da sociedade e do mundo corporativo.

6. Agilidade não é somente rapidez

Se tudo muda tão rapidamente, precisamos estar atentos e prontos para agir. Ação esta que precisa acontecer o mais breve possível para sermos competitivos com assertividade. Não é somente sair correndo e fazer qualquer coisa, é fazer com fundamento e foco na solução. Fazer por fazer, provavelmente não resultará em nada. E sim, ter a capacidade de pensar em algo novo que seja efetivo e de fazer acontecer hoje. Amanhã o cenário já será outro e novas ações e decisões precisarão ser tomadas.

7. Encoraje e estimule pessoas

Quem nunca ouviu que o mundo já está cheio de sabotadores, não é mesmo? Esteja aberta e disposta a ajudar as pessoas, simples assim. Na sua casa, na sua comunidade, no ambiente profissional, em todos os lugares. Sabe algo bacana que pode ajudar alguém a superar algum desafio? Compartilhe. Analisou alguma situação diferente do outro? Compartilhe. São ideias, competências e vivências multiplurais que se complementam para multiplicar ações. Conviva com pessoas diferentes de você, converse sobre ideias divergentes da sua, permita-se conhecer o outro. Liderar é permitir que o diferente se encontre para que sinergicamente se impulsionem. É construir juntos dia a dia soluções que alavanquem negócios e desenvolvam pessoas.

8. Valorize conquistas e quem está com você

A cada aprendizado, a cada tarefa realizada, a cada resultado alcançado, a cada frio na barriga que vira um largo sorriso, pare e valorize. Criticamo-nos demais e nos acalentamos menos. Eu consegui! Nós conseguimos! Nunca foi sorte, sempre foi vontade. Vontade é o que move, é o que faz com que sucesso saia da cabeça e se torne ações. E jamais esqueça de quem sempre esteve com você nesta caminhada. Aproveito para agradecer a todos que estiveram e estão comigo nesta caminhada, hoje sou muito melhor do que ontem, por mim e por vocês.

Mais do que nunca, a liderança é desafiadora por todos os momentos de altos e baixos que vivemos no dia a dia, na incerteza (se é que um dia existiu a certeza), na rapidez de informações e na geração de valores humanos e organizacionais. A tecnologia é a realidade e o futuro. Líderes precisam ser estimuladores de profissionais para o desenvolvimento de novos líderes. Profissionais precisam exercitar sua capacidade analítica para a complexidade com agilidade. E nós mulheres precisamos conquistar nossa autonomia baseada em respeito e valorização com humanidade. Somos conhecidas como líderes natas, mães, provedoras. E no mundo dos negócios não deve ser diferente. Sou mulher, líder de mim, de um time de profissionais incríveis e uma profissional com muita vontade de fazer a diferença na vida das pessoas. Talvez este seja o meu negócio. E você, qual o seu *business* pessoal? Saiba que termino aqui minhas palavras com muita felicidade e espero ter contribuído de alguma forma para que você, mulher, desenvolva a capacidade de ser autoconfiante e ter segurança em suas decisões profissionais. Afinal de contas, somos protagonistas das nossas oportunidades. Conte comigo!

29

APRENDENDO LIDERANÇA COM OS ANIMAIS

Foi no ano de 2021, por meio do convite de Márcia Rizzi para participar de uma live do curso "Elas na Liderança", que me propus a escrever sobre a forma como os animais podem nos inspirar os valores de liderança em nossa vida profissional. O resultado do nosso encontro e discussão é este capítulo, que escrevi com muito carinho e que apenas pôde emergir graças à inspiração e colaboração das alunas do curso, da mestra Márcia Rizzi e de minha filha Pollyana, minha grande incentivadora. Em especial, agradeço à colega que trouxe a provocação sobre a real conexão entre liderança profissional e comportamento animal, pergunta desafiadora que se tornou eixo central deste capítulo.

MARIA DE FATIMA MARTINS

Maria de Fatima Martins

Médica veterinária geneticista e professora na Faculdade de Medicina Veterinária da Universidade de São Paulo (FMVZ-USP). Especialista em comportamento animal, fundou a disciplina de Zooterapia, a qual tornou-se parte do tradicional currículo da FMVZ-USP. Maria de Fatima é a principal referência nacional em estudos sobre a relação homem-animal e criou diversos projetos ligados ao tema, como o internacionalmente premiado "Dr. Escargot- Animais nas Escolas", o "Animais na Geriatria" e "Moradores de Rua e seus animais".

Contato
mariadefatimamartinsusp@gmail.com

Com a observação do comportamento dos animais, aprendemos muito desde nossa primeira infância. Já em crianças, as fábulas envolvendo animais fizeram parte de nossa vida e moldaram nossa personalidade e visões de mundo. Quem não se lembra do Gato de Botas e sua inteligência, da gentileza de Mickey Mouse ou a fidelidade do cão Rin Tin Tin com seu melhor amigo. Os modelos animais de liderança podem apontar caminhos para que sejamos melhores líderes em nossa sociedade humana.

Um líder humano com atitudes irracionais pode causar danos irreparáveis no seu ambiente de atuação e, nesse sentido, os animais ditos "irracionais" podem ser fonte de inspiração para "racionalizar" lideranças humanas. Um bom líder desempenha um papel essencial no bem-estar de seus colaboradores, e um líder não humano é responsável pela motivação e sobrevivência de seu grupo. Essas funções similares fazem com que animais e humanos partilhem características comportamentais de liderança na busca por melhores resultados. Por exemplo, a hiena se distingue por estar sempre alerta e usar o máximo de informações para a tomada de decisões, o que lhe confere assertividade. Um líder humano que não faça uso de tais atributos arrisca liderar seu grupo em direções negativas.

Alguns desses exemplos são importantes, pois permitem conhecer quais as competências que deve uma líder humana possuir e qual tipo de liderança ela executa. Considerando-se as capacidades comportamentais de animais, suas qualidades individuais e suas competências de gestão, podemos aprender a lidar com situações de estresse e desafios cotidianos. O comportamento animal pode ser fonte de inspiração até mesmo para o sucesso de nossas relações interpessoais. O cão, ao lidar com as pessoas, escolhe o líder da casa e estabelece seu foco, elegendo aqueles em quem confia. Ele comunica e influencia as pessoas de uma casa através de sua postura corporal, abanos e afagos de maneira a receber também afeto e conquistar acolhimento. O cão demonstra claramente seus sentimentos. Nesse sentido, sua forma de agir é um exemplo de forma possível para conquistar apoio e carinho daqueles que elegemos confiar. A seguir apresento alguns modelos de liderança baseados no comportamento de animais que podem oferecer inspiração e reflexões sobre liderança no ambiente profissional.

O castor – A liderança pelo exemplo

O ser humano está em constante evolução, e nesse processo a tecnologia pode inspirar-se no mundo animal para desenvolver-se. Por exemplo, castores são grandes construtores e inspiraram humanos a criarem diques e casas. Podemos aprender não apenas com seus padrões construtivos, mas também comportamentais. Castores são animais com muita energia e observadores, e quando constroem suas casas, sempre criam espaços para fuga em caso de ameaça ou necessidade.

A líder pode aprender e muito com eles. Como castores, elas podem construir várias entradas e saídas em seu ambiente de trabalho. Devemos pensar em caminhos alternativos desde o começo de nossas ações se não quisermos ser emparedadas. O castor sempre trabalha em grupo, nunca sozinho, ou não conseguiria realizar seus incríveis feitos construtivos. Uma liderança castor entende a importância do trabalho coletivo para alcançar grandes feitos.

Mas como motivar sua equipe a atingir um resultado que só você consegue visualizar? Nos castores, a aprendizagem ocorre por assimilação: os demais animais copiam o comportamento do castor líder na realização dos trabalhos cotidianos. Os castores nos ensinam a importância de liderar pelo exemplo: estamos ensinando nossos liderados a como agir, comportar-se e desenvolver tarefas da mesma maneira e com o mesmo empenho com que nos colocamos nessas ações.

A liderança feminina no mundo animal: exemplos de cooperação

São muitos os exemplos inspiradores das fêmeas não humanas para nós mulheres, nos oferecendo amplo material de observação e aprendizagem em nossa vida profissional. No decorrer dos séculos, temos conseguido melhorar as desigualdades de gênero, porém animais como bonobos, elefantes, leões, entre outros, lideram sem dominar. Realizam coalizões, pacificam os ambientes, se valem de cooperação a fim de assegurar o melhor resultado para seu bando. Isso sugere que a liderança feminina animal se pauta em muito na cooperação para atingir seus objetivos.

Elefante e liderança natural

Alguns animais sociais como patos, lobos e cães seguem o líder, ou seja, aquele animal que tem mais informações é escolhido para tomar decisões em nome do grupo. Esses *insights* dos animais podem explicar os fundamentos da liderança e a sociabilidade humana. De maneira semelhante, o líder humano passa por diferentes caminhos para chegar ao poder, e muitas vezes os mamíferos não hesitam em seguir um animal com mais conhecimento e experiência acumulada ao longo da vida.

Entre os elefantes africanos, a líder é a fêmea mais velha da manada, porque elas conseguem reconhecer rugidos de leões perigosos e protegem os demais fazendo uso de sua memória privilegiada para mapear locais onde há água e alimentos. Com base no prestígio e na realização de feitos, conquista sua posição de líder. Em geral, o patriarcado predomina na sociedade humana, e reconhece homens mais velhos como "líderes naturais". Usar-se do mundo animal e seus exemplos de liderança é uma forma de desconstruir e desnaturalizar tais pressupostos: nos elefantes, orcas, hienas, leões, primatas bonobos e lêmures quem assume a liderança e toma decisões centrais para a sobrevivência do grupo são as fêmeas. No mundo humano, a escolha do modelo de liderança deve-se pautar pelos resultados e não por costume.

A Líder Bonobo: a importância da aliança feminina

As fêmeas bonobos são menores que os machos, mas se sobrepõem a eles nas decisões comunitárias. Por entenderem as implicações negativas à sobrevivência do bando ocasionada pela violência de membros intragrupo, com frequência machos, elas expulsam os mais violentos do convívio comunitário. Importante ressaltar que elas apenas vencem os machos violentos porque as fêmeas se unem em torno do objetivo comum de expulsar o macho causador de problemas.

As fêmeas bonobos nos ensinam a importância de realizar alianças em prol de objetivos comuns: elas não se intimidam pela força física ou agressividade porque contam umas com as outras. Um exemplo de solidariedade feminina que facilmente deve ser transposto aos ambientes profissionais hostis às mulheres. É importante que uma líder consiga fomentar em sua equipe o sentimento de pertencimento e união (em particular entre suas lideradas) para conseguir transpor o machismo e agressividade no trabalho.

Por outro lado, outra espécie de primatas, o gorila, apresenta um modelo de liderança muito diferente e ambicioso. Eles não aceitam fêmeas em posições de comando. São constantes as agressões do macho alfa a outros membros do grupo, e gera-se um ambiente muito competitivo entre os machos, o que tende a causar tensão e estresse aos membros, além de muitas brigas[1]. É muito comum que haja a divisão do grupo devido a disputas internas, o que tende a enfraquecer o poder da comunidade contra outros predadores.

Não é difícil perceber a grande diferença comportamental entre as duas espécies e suas consequências. Macacos bonobos são muito menores e precisam de um grupo grande para sobreviverem em ambientes hostis, enquanto gorilas disputam território com animais de maior porte e a força física aparece como principal atributo de sobrevivência. Podemos entender que os modelos de lideranças se adequam a necessidades diferentes, mas a lição que fica é que lideranças pautadas em disputas constantes e demonstrações de dominância acarretam estresse e tensão ao grupo, além de constantes divisões, ou, no caso de equipe humanas, alto nível de *turnout* de equipes. A união das macacas bonobos em busca de maior pacificação no grupo é uma inspiração para a líder que busca manter um time estável.

Hienas – o momento de ser líder

Nas hienas, as fêmeas são maiores que os machos e comandam as direções de caça. Em geral, a líder é uma fêmea amamentando porque seu instinto de sobrevivência torna-se aguçado nesse momento particular. Podemos aprender o significado da liderança rotativa: de acordo com a situação e necessidade, outros membros da equipe podem ser mais aptos a guiarem o grupo e atingirem melhores resultados. O importante é assegurar a sobrevivência da espécie (foco nos resultados) e reconhecer que a importância da rotatividade da tomada de decisões, considerando o mérito ou capacidade individual, é peça-chave nesse processo.

Cavalo-Cavaleira – confiança

O cavalo é um animal que sempre foi utilizado pelo homem como montaria ou força para o trabalho. Cavalos vivem em grupos e possuem um sentimento de unidade, além de serem extremamente sensíveis. Na natureza são considerados presas, e não predadores, e ensinam aos humanos o respeito, pois se o ser humano não consegue se

---

[1] Gorilas apresentam respostas fisiológicas de estresse e são muito emotivos, conforme diversos estudos. SMITH, Jennifer et al. 2015. Leadership in Mammalian Societies.

equilibrar sobre o animal e ser conduzido para onde deseja, o homem deve aprender a ter controle emocional e a se comunicar com o animal para atingir seu objetivo. Para ser líder, faz-se necessário ter boa comunicação com a equipe, de outro modo não será possível alcançar o destino almejado pela equipe.

O cavalo desperta em nós a coragem em situações que envolvem risco, exigindo atuação de forma firme e segura, e a tomar decisões em situações que envolvam vontade própria para que tarefas sejam executadas. O cavalo pode atuar como um modelador de líderes. Vários heróis e chefes de Estado (como Napoleão Bonaparte, Alexandre, o Grande e tantos outros) tiveram estreitos laços com esses animais. Ele pode auxiliar pessoas que buscam autoconfiança, disciplina e equilíbrio emocional através de atividades que vão desde seu trato, cuidados e alimentação, porque a relação cavaleira-cavalo apenas ocorre quando um vínculo de confiança é estabelecido entre ambos. Essa relação nos ensina lições que devemos aplicar em nossas equipes: a importância da disciplina de ambos na busca por resultados, o exercício da paciência para o estabelecimento de um vínculo duradouro e a necessidade de um vínculo mútuo de confiança e parceria para que destinos comuns sejam alcançados.

Os animais são motivação para nos tornarmos melhores líderes de nossas equipes e de nós mesmos por seus exemplos comportamentais, mas não apenas por isso. Creio que, em nossos tempos de pandemia covid-19 no qual devemos nos habituar ao "novo normal", em especial o teletrabalho, os animais auxiliam na melhoria da saúde mental e física ao estarem em nosso cotidiano (quem não se sente mais feliz ou motivado a caminhar por ter um *pet* precisando de carinho?). A empatia desenvolvida no convívio com os animais também tende a ser transferida em nossas outras relações interpessoais, incluo aqui o ambiente laboral. Aprendemos com seus exemplos e também em nossa relação de respeito e gratidão para com eles.

Referências

FRANCIA, A. *Lições de animais*. Paulus, 2000.

VAN, V. The evolutionary psychology of leadership: Theory, review and roadmap. *Organizational Psychology Review*, 2013.

30

NOVE MULHERES E UM *CASE* DE SUCESSO

> *A gratidão não é somente a maior das virtudes, mas a origem de todas as outras.*
> CÍCERO, filósofo romano.

Ser grato por coisas boas é fácil, mas chegar ao ponto de estar com as emoções à flor da pele e ter a capacidade de agradecer por algo que não saiu como era esperado, pode transformar vidas. Um grupo composto por nove mulheres viveu momentos em que a gratidão e o acreditar trouxeram a confiança necessária para alcançar o sonho de lançar um livro de história infantil sobre as emoções em plena pandemia de Covid-19 e em um país onde a literatura não está no *ranking* das prioridades. E tudo começou com um desejo de ver sonhos realizados.

MARIA VILELA GEORGE E MÁRCIA TOMIYAMA

Maria Vilela George

Nasceu em Urupês/SP. Formou-se em Psicologia, com pós-graduações em Contoexpressão, Marketing & Negócios Internacionais e Recursos Humanos. Construiu carreira no mundo organizacional ao longo de 30 anos. Hoje se dedica à orientação e ao desenvolvimento de carreiras, aos atendimentos terapêuticos on-line e à literatura infantil sobre as emoções. É autora do livro *O laço que virou abraço*, coautora do livro *Sinto o que conto, contos que sinto*. Idealizadora do Método Lumen e do projeto "As emoções sob diferentes olhares".

Contatos
mvilela64@gmail.com
Facebook: Maria Vilela George
Instagram: @Metodolumen

Márcia Tomiyama

É natural de Caçapava/SP e reside em Americana/SP com o marido e dois filhos. É formada em Administração, tendo atuado por 15 anos em multinacionais no Vale do Paraíba. É apaixonada pela leitura e administra junto com a filha Alyssa Tomiyama, o projeto de incentivo à leitura "Alyssa e a magia da leitura". Está sempre envolvida em projetos culturais e é uma das organizadoras da Feira Literária e Artística de Americana (Flaam). Atualmente, cursa uma pós-graduação em Literatura Infantojuvenil.

Contatos
marciatomiyama.cno@gmail.com
Redes Sociais: @marciatomiyama
@alyssaeamagiadaleitura
YouTube: alyssatomiyama

Histórias e mais histórias

Em março de 2020 viajei para o Brasil, onde pretendia ficar por 45 dias e trabalhar no lançamento do meu jogo infantil sobre as emoções. Tive de retornar para casa nove dias depois, por conta da pandemia. Na viagem de volta para os Estados Unidos, eu não via uma luz no fim do túnel. No avião, ao conversar com uma pessoa, essa luz se acendeu. Eu disse "Agora o mundo está junto, com as mesmas emoções". A palavra "junto" trouxe o *insight*: "juntarei pessoas para falar das emoções". Já em solo norte-americano, contatei pessoas de profissões e idades variadas, que residiam em diferentes lugares no Brasil e nos Estados Unidos. Em abril de 2020, formamos um grupo de nove mulheres para, juntas, escrever o livro. Assim nascia o projeto "As emoções sob diferentes olhares".

Formamos um grupo diferente em vários aspectos. Um deles foi a faixa etária. A mais nova, Alyssa Tomiyama, na época com 12 anos, é uma garota que ama contar histórias. E a mais experiente, Maria Beatriz, uma vovó com quase 70 anos. Alyssa participava de nossas reuniões ocasionalmente e, quem a representava era sua mãe, Márcia Tomiyama. Era interessante ver uma pessoa que não fazia parte do grupo diretamente ser uma peça fundamental.

Apesar do trabalho a distância, tínhamos um objetivo traçado: lançar o livro na primeira quinzena de dezembro de 2020 com recursos advindos do financiamento coletivo. Para tanto, não poderia haver atrasos no cronograma.

Agradecer por coisas boas é fácil

Apesar de toda a harmonia existente no grupo, os desafios surgiram. O primeiro eram as ilustrações. Em razão da pandemia, muitas pessoas perderam o emprego e outras voltaram ao mercado para garantir o sustento da família. Isso aconteceu com José Luiz Gozzo Sobrinho, nosso ilustrador. Depois de fecharmos o contrato, soubemos que ele começaria a trabalhar em uma agência. Isso deixava apenas algumas noites para ele criar os personagens. A criatividade é algo que demanda tempo, mas não o tempo do relógio. E, para nós, o relógio corria desenfreadamente! Tínhamos data para entregar o material para a editora. Foram dias de agitação no grupo. Não havia tempo hábil para contratar outro ilustrador. Percebi que, num grupo com diferentes cabeças e crenças, era necessário abordar os sentimentos individualmente. Eu contatava cada uma das mulheres para acalmar os corações e seguir em frente. Em momentos de incerteza, o resultado do grupo depende da força do acreditar de seu líder para manter o moral elevado. Foram muitos os momentos de gratidão por ter a firmeza do propósito viva em meu coração. Assim, conseguia agradecer pelas coisas que não saíam como planejado, pois sabia que no final tudo daria certo.

O cansaço da longa jornada

Com o passar dos meses, o grupo já apresentava sinais de cansaço. O trabalho corpo a corpo de venda da ideia do projeto exigia habilidades que nem todas tinham. Apesar disso, uma aprendeu com a outra. Meu estilo de liderar é fundado no respeito a cada pessoa pelas suas virtudes. Foram muitos os momentos de conversas individuais para manter o ânimo e dar sequência ao projeto. Por acreditar que nossa mente materializa o que pensamos, mantinha viva a questão de valorizar as virtudes e o respeito por cada pessoa do grupo. Porém, num grupo tão diverso, nem sempre o resultado foi positivo. Houve momentos em que a empatia deixou de existir e eu frustrei as pessoas que ansiavam por uma liderança incisiva. Foram momentos que exigiram de mim uma energia de que eu não dispunha. Buscava o alívio para o cansaço no objetivo primeiro do projeto, que era unir pessoas diferentes para falar das emoções. Continuei a jornada, agradecendo por não desistir.

O que se foca, expande

Em meio ao compasso de espera pelas ilustrações, muitos outros desafios se apresentaram para o grupo. Um deles foi a decisão sobre o valor da meta para o financiamento coletivo. O número era bem desafiador. Algumas autoras traziam para as reuniões que pessoas diziam que não acreditavam que conseguiríamos arrecadar aquele valor, pois era um ano de pandemia, e todo mundo estava pensando antes de gastar. Além disso, o Brasil não tem a literatura como prioridade. Assim, a cada reunião, eu lembrava às meninas que o que se foca, expande. Tínhamos a convicção de que o número seria atingido. Foi um mês de trabalho intenso para a divulgação do projeto entre amigos, familiares e leitores em geral. Ao final, nossa meta foi ultrapassada, as ilustrações foram entregues no prazo para a editora e nosso livro, *Sinto o que conto, contos que sinto*, foi publicado em 16 de dezembro de 2020, como planejamos.

Depois de seis meses do lançamento, reimprimimos a obra. E, assim como desejamos, o livro chega nas escolas e casas ao redor do mundo. Recebemos *feedbacks* positivos de pais, crianças e idosos. Não somente em época de pandemia, falar das emoções se faz necessário.

Educadores já estão trabalhando com nosso livro: SESC Uberlândia/MG – Profa. Danielle Ganda; Colégio Magnus, Jacarezinho/PR – Prof. Ariane Vicioli; Colégio Dom Bosco, Americana/SP; Colégio do Carmo, Guara/SP – Prof. Maria Eunice Rodrigues; Escola SER, Campinas/SP; Colégio Renovatus, Campinas/SP – Prof. Thaynan Rodrigues; Escola Ondinhazul, Americana/SP – Ana Paula Rissi de Pinho; EMEF Geny Rodrigues, Campinas/SP – Prof. Cibele Ignácio, Marcela Borba, Patrícia Fernandes, Priscila Ribeiro.

Lembro que no início dessa montanha-russa emocional, escrevi num papelzinho e coloquei dentro do meu pote da gratidão por acreditar nas palavras de Viktor Frankl: "entre o estímulo e a resposta há um espaço e, nesse espaço, reside a nossa liberdade de ser...". Todas nós, incluindo a Márcia Tomiyama, mãe da caçula do grupo, agarramos esse espaço e nos reinventamos para concretizar o sonho de lançar um livro em conjunto.

O peixe "dentro" d'água

Adoro estar com pessoas e sempre dei muito valor ao trabalho em equipe. Acredito que a soma de diferentes talentos é fundamental para o sucesso do grupo. Sou apaixonada pelo mundo dos livros desde criança. Ao me tornar mãe, senti-me no dever de mostrar como os livros são importantes; eu sabia que a infância é a melhor fase para formar o hábito da leitura. A Alyssa sempre esteve mergulhada nas histórias e envolvida por seu encantamento. Aos 9 anos, ela observou o quanto a sociedade estava ligada ao mundo virtual, deixando de lado as brincadeiras e os livros. Então, surgiu a ideia de gravar vídeos sobre os livros que ela lia. Era apenas um passatempo e não esperávamos que faria tanto sucesso.

A história por trás da história

Minha família é ligada às causas sociais e acreditamos que a literatura tem o poder de transformar vidas. Nós nos unimos a fim de criar um projeto para melhorar o mundo: incentivar a leitura e levá-la para todos os lugares. Em 2016, surgiu o projeto "Alyssa e a Magia da Leitura", cujo objetivo era gravar vídeos curtos contando sobre os livros que ela lia e visitando escolas para falar sobre a importância da leitura. Com o projeto em crescimento, surgiu a oportunidade de ela aprender a contar histórias. Para ela ser aceita em um curso de contação de histórias, tive de me inscrever para participar. Assim, a mãe que gostava apenas de ler, embarcou na aventura de aprender as técnicas da narrativa oral. Ao final, recebi o certificado ao lado da minha filha. Isso foi muito marcante para mim.

Em 2017, fui convidada pelo escritor Juliano Schiavo para organizarmos a Feira Literária e Artística de Americana (Flaam). Foi um desafio para nós, pois não houve praticamente nenhum apoio por parte do poder público. Alyssa abriu o evento contando histórias. Foi gratificante vermos o sucesso da feira. Na 2ª edição da Flaam, conhecemos o escritor Odair Schirmer, que anos depois fez um convite a Alyssa para participar de uma antologia, cujo foco eram as emoções e os sentimentos. Nesse livro ela seria a única criança em um grupo de nove mulheres. E ela topou! A idealizadora do projeto, Maria Vilela George, entrou em contato comigo. Foram muitos bate-papos sobre os objetivos da coletânea e como seria importante a perspectiva de uma criança.

Apesar de não ser coautora, fui acolhida no grupo e jamais me senti um peixe fora d'água.

Oportunidade dentro da dificuldade

Durante a pandemia de Covid-19, Alyssa e o irmão, Luciano, estavam deprimidos devido à impossibilidade de ter contato com amigos e familiares. Não poder ir para a escola foi muito desgastante, especialmente em razão de as aulas serem virtuais.

O sentimento de Alyssa foi o mesmo de toda a sociedade – a tristeza causada pelo distanciamento. Então ela resolveu escrever sobre a saudade dos amigos. Era uma ideia para ajudar as pessoas a encontrar na escrita e na criação de amigos imaginários uma forma de extravasar a saudade.

Isso foi muito importante para ela, por ter descoberto mais uma estratégia para auxiliar as pessoas naquele momento, além de incentivar a leitura e mostrar a importância da escrita.

Por ter outros compromissos, Alyssa quase não frequentou as reuniões do grupo. Participar das reuniões representando-a foi uma experiência fantástica para mim, ainda mais ao ver o livro publicado e saber que contribuí com minhas orientações. O dia a dia do grupo era recheado de mensagens com sugestões, melhorias e soluções para vários problemas, sempre com todas se colocando no lugar das outras, com muita empatia. Estratégias foram criadas para atingirmos a meta, com as melhores técnicas de acordo com a realidade de cada autora. O clima de amizade e união foi muito importante para atingir o objetivo final.

No fim, tudo dá certo

A conexão da minha família com as integrantes do projeto foi especial e nos deu muita alegria. Enfim, sinto o que conto e conto o que sinto: gratidão! Esse sentimento que é tão poderoso e positivo.

Cada ser é único, assim como suas experiências

No livro *Sinto que conto, contos que sinto*, cada coautora conta uma história. Convidamos cada uma delas para deixar aqui seu relato de como foi esse processo.

Participar desse projeto tem sido uma experiência incrível. Em cada etapa tenho aprendido uma lição. Sou grata à Maria por ter me proporcionado essa oportunidade.
Adriana Vicioli, pedagoga

Posso considerar um grande presente poder ajudar as pessoas com relação aos seus sentimentos e ganhar novas amigas por meio da produção e lançamento de um livro. Sou muito grata pela oportunidade!
Alyssa Tomiyama, contadora de histórias e *booktuber*

Eu tinha um sonho de ser escritora, mas não esperava ser presenteada com essa oportunidade. Ter participado desse projeto foi enriquecedor para a mente e para o coração.
Elaine Alcantara, nutricionista

Escrever um livro me fez perceber que os laços de amizade transcendem a distância. E, acima de tudo, aprendi que o coração e a razão são dois valentes soldados que, juntos, levam nossos sonhos para atravessar as fronteiras da realidade!
Cibele Madai, pedagoga

Eu escolhi a confiança como palavra para representar o encontro dessas nove mulheres que fizeram "história". Agradeço os aprendizados, os desafios vencidos e as conquistas, sempre com o apoio umas das outras.
Flávia Bruno, *coach* educacional

Foi mais do que o exercício de escrever um livro. Mais do que o desafio de publicá-lo. Foi uma sinergia, uma conexão. Movidas pelo desejo de auxiliar as pessoas a terem mais saúde emocional. Foi possível porque acreditamos.
Maria Beatriz Marinho dos Anjos, psicóloga

A experiência vivenciada no processo da escrita do livro foi muito significativa para mim, o que me trouxe um especial aprendizado. Proporcionou uma troca afetivamente enriquecedora entre as autoras.
Rossane Correia, psicopedagoga

A oportunidade de participar do projeto com oito mulheres e poder compartilhar, em um conto infantil, sentimentos que vivencio, me fez olhar para minha essência, acreditar e valorizar de onde vim e o lugar ao qual quero chegar.
Valéria Maria Fusch Ferreira, fonoaudióloga

Para cada uma de nós, coautoras do livro *Sinto o que conto, contos que sinto*, esse é um *case* de sucesso, advindo da união de virtudes, da determinação e da gratidão pela conquista de um objetivo conjunto.

31

CARREIRA E MATERNIDADE
SIM, É POSSÍVEL!

Este capítulo reúne informações relevantes sobre as mudanças no mercado de trabalho que favorecem as mulheres mães e também dicas simples e eficazes para conseguir conciliar carreira e maternidade de forma que o sonho de ser mãe e continuar trabalhando caminhem juntos.

MARIANA TERZONI

Mariana Terzoni

Minha primeira formação foi em Medicina Veterinária pela Universidade Estadual de Londrina (UEL), pelo amor aos animais, mas foi na gestão estratégica de empresas que encontrei a minha profissão. Especialista em Planejamento e Gestão de Negócios pela PUC-PR, lidero há 10 anos a área de desenvolvimento de pessoas, estratégias e inovação da Terzoni Consultoria e Escola de Negócios. Apaixonada por temas de gestão de pessoas, desenvolvimentos de lideranças, transformação de empresas por meio das pessoas, meu grande orgulho é ser mãe e profissional e conseguir conciliar os dois papéis buscando levar melhorias no ambiente de trabalho para as mulheres.

Contatos
www.terzoni.com.br
mariana@terzoni.com.br
43 99957 1910

Éinegável que há uma crescente participação das mulheres no mercado de trabalho. Elas estão se qualificando, se preparando e desejando alcançar posições antes só alcançadas por homens. Há um aumento do número de mulheres em cargos de lideranças e a equidade salarial também vem melhorando.

Mas ainda há muito a ser alcançado, dentro e fora do ambiente de trabalho. Segundo pesquisas, mesmo trabalhando as mulheres são responsáveis por quase 80% do trabalho dentro de casa: ajudar as crianças nas tarefas escolares, levar à escola, a consultas médicas, planejar as tarefas domésticas, cuidar de familiares doentes. Mulheres dedicam até 25 horas semanais aos trabalhos domésticos enquanto os homens dedicam 10 horas no mesmo período.

Sabe-se que um número grande de mulheres sonha em ser mãe, mas como conciliar a tão almejada carreira com este desejo? Como, se boa parte do mercado de trabalho ainda não favorece esse equilíbrio? São muitas dúvidas que pairam na mente feminina e, infelizmente, os dados mostram que 50% das mulheres acabam deixando seus cargos ou sendo desligadas em até 24 meses após a licença-maternidade.

Este assunto me tocou antes mesmo de ser mãe. Em 2017, na minha empresa, uma colaboradora da equipe teve um bebê e acompanhei de perto os desafios dela para tentar conciliar o esperado filho e o trabalho. Incomodei-me com a curta licença-maternidade regulamentada no Brasil e com a falta de flexibilidade nos horários de trabalho. Montamos um programa de licença-maternidade estendida e retorno gradual ao trabalho, com parte da jornada em *home office*, tornando o ambiente mais acolhedor para as recém-mães.

Mesmo com o apoio da empresa ou com o trabalho autônomo, que é um pouco mais flexível, os desafios são inúmeros. A verdade é que as mulheres passam por uma profunda transformação depois de ser mãe e nem sempre o que fazia sentido continua fazendo depois da chegada de uma criança.

Continuei estudando bastante sobre o tema e acompanhando mulheres que têm êxito nesta conciliação entre suas carreiras e maternidade. Mas foi depois que me tornei mãe – a melhor experiência da minha vida – que pude colocar em prática dicas valiosas para continuar trabalhando e participando do crescimento e desenvolvimento das minhas filhas.

Estabeleça objetivos para seus diversos papéis

As mulheres exercem diversos papéis em suas vidas: filha, esposa, profissional, mãe, amiga, entre outros. Para conseguir conciliar qualquer coisa é preciso saber onde se quer chegar em cada um dos papéis exercidos, é preciso ter clareza dos objetivos que devem ser alcançados. Quando não há um foco, as pessoas demoram a perceber que estão na estrada errada.

Depois que uma mulher se torna mãe, pode identificar que muitos papéis ou objetivos se tornaram obsoletos, destoantes das coisas que realmente valorizam na vida na fase atual. Por exemplo, talvez não faça mais sentido planejar aquela mudança de país através da empresa, porque quer estar mais perto da família ou agora faz mais sentido poupar dinheiro para construir uma casa mais espaçosa para os filhos. Somos capazes de usar nossa criatividade e imaginação para reescrever novos objetivos de acordo com nossos valores. Faça esse exercício, pense em cada um dos seus papéis e escreva até três objetivos que deseja alcançar. Exemplo:

Papel	Objetivos
Mãe	• Estar presente • Dar autonomia ao meu filho • Ser apoio nos momentos difíceis
Profissional	• Desenvolver meu time para ser mais independente e confiante • Conquistar uma base de 20 clientes mensais

É muito comum as mulheres se sentirem sobrecarregadas em razão dos inúmeros papéis que desempenham e pela expectativa que as outras pessoas têm sobre elas. Existe um mito que nós conseguimos dar conta de tudo e isso não é verdade! Tendo objetivos claros e específicos é mais fácil se dedicar ao que é mais importante para você.

Priorize

Há um grande abismo entre saber o que é importante, seus objetivos, e efetivamente realizar o que mais importa. Se não houver planejamento e priorização, ter definido seus papéis e objetivos não servirá para muita coisa.

Priorizar significa concentrar a sua atenção e energia no que é mais importante na sua vida em um determinado momento. Para priorizar é preciso planejamento e foco. Experimente tirar 30 minutos em um determinado dia para planejar a sua semana, colocando tudo o que é mais importante primeiro. Faça um exercício diário de verificar as principais tarefas do seu dia e como você vai realizá-las. Tenho certeza de que trabalhando esses dois pontos terá muito mais clareza e precisão.

Outro ponto fundamental para priorizar é realizar uma coisa por vez, não adianta executar uma tarefa olhando mensagens ou com a cabeça em um e-mail que precisa responder. É preciso concentrar a sua energia!

Priorização é uma das principais dicas para conciliar carreira e maternidade: planeje os períodos que trabalhará e os períodos que ficará com seu filho. Mesmo que tenha duas horas por dia para passar com ele, faça deste tempo o melhor possível. Deixe o celular, que hoje consome muito da nossa atenção, e as preocupações de lado e curta este momento. Sem dúvida, é melhor tempo de qualidade do que quantidade de tempo!

Esqueça que mulheres são multitarefas, isso não é verdade, as pequenas coisas podem esperar.

Da mesma forma, quando estiver trabalhando, dê o seu melhor, foque no importante, dedique sua atenção, assim conseguirá executar melhor suas atividades e vai se sentir mais tranquila e leve.

Não se culpe! Se uma semana foi mais intensa no trabalho ou se seu filho demandou mais atenção e cuidados, saiba que sempre é possível compensar de alguma forma, intensificando o tempo de qualidade no final de semana ou as atividades do trabalho na próxima semana.

A importância da rede de apoio

Existe um provérbio africano que diz que é preciso uma aldeia para se criar um filho e não há nada mais real do que isso. É preciso uma rede de apoio e amor para conciliar carreira e maternidade.

Precisamos ter uma rede de confiança para os momentos de pequenos e grandes apertos, para quando uma reunião importante se estende mais do que o previsto, para quando precisamos viajar, quando as crianças ficam doentes etc.

Quando se trata de rede de apoio, não é necessário ir longe: pode e deve ser o pai ou parceiro, a escola, a creche, uma babá, os avós, os padrinhos, uma tia, uma amiga ou uma vizinha querida.

Para construir uma rede de apoio efetiva, tem-se que derrubar a barreira da autossuficiência, de que damos conta de tudo e de que ninguém cuida melhor de nossos filhos do que nós mães. A dica é: construa sua aldeia aos poucos, vá devagar até se sentir segura de deixar seu filho aos cuidados de outras pessoas.

Quando as mães conseguem focar em seu trabalho e fazer outras atividades, se sentem mais leves, produtivas e sem aquela sensação de que tudo depende delas para funcionar bem.

Tenha um trabalho que fortaleça a conciliação entre carreira e maternidade

Se a mulher trabalha como autônoma, costuma ter mais facilidade para flexibilizar seus horários, pode definir alguns momentos ou períodos da semana para estar com os filhos ou então determinar quais atividades gostaria de estar presente, como levar na escola, ajudar nas tarefas, assisitir à aula de natação. Claro que para isso é preciso bastante disciplina para dar conta das demandas do trabalho e dos filhos.

Para quem trabalha registrada em uma empresa, deve escolher uma organização que fomente a participação da mulher no mercado de trabalho. Hoje em dia é possível saber quais práticas as empresas têm com o foco nas mulheres. Existem certificações específicas de empresas como um excelente lugar para uma mulher trabalhar.

Estes locais costumam ter como práticas a promoção da equidade salarial, processos seletivos mais justos que foquem nas competências necessárias aos cargos e não no gênero, licenças-maternidade com período estendido, retorno gradativo ao trabalho, flexibilidade de horário, podendo fazer parte da jornada em *home office*, auxílio-creche, berçário dentro das empresas para a mãe estar mais próxima do filho, entre outras.

Se a empresa onde trabalha não possui essas práticas, converse, ajude a mudar a cultura da organização. Se perceber que não é possível, existe sempre a possibilidade de uma mudança de trabalho programada, que pode ser migrar para um local com boas práticas, ou se tornar autônoma, empreendedora. Assim, é possível você ficar com seus filhos e continuar trabalhando com algo que lhe faça bem.

Esteja bem, cuide-se

Ninguém consegue se dedicar de forma satisfatória ao trabalho ou a cuidar de outra pessoa se não estiver bem, se não parar por alguns momentos do dia e ter um tempo de autocuidado, de olhar para si.

É muito comum as mulheres que buscam conciliar carreira e maternidade só focarem no trabalho e nos filhos e se deixarem de lado. Isso a longo prazo pode trazer consequências negativas.

Para ter equilíbrio na vida e cuidar de você mesma é preciso dar atenção a quatro dimensões ou aspectos de sua natureza: corpo, mente, espírito e coração.

O corpo está ligado à nossa saúde física, à nutrição adequada, à prática de exercícios físicos regulares, ao tempo de sono e cuidados com o estresse.

A mente está relacionada aos estudos, às leituras relevantes, à escrita, à renovação constante de nossos conhecimentos.

O espírito está ligado ao seu íntimo, ao olhar para dentro, à sua renovação e aos seus valores. Não está necessariamente ligado a religiões. Cada pessoa consegue a renovação espiritual de uma forma: oração, meditação, contato com a natureza, música, entre outros.

Já o coração tem ligação com o lado social, com os relacionamentos familiares, com amigos, com a sociedade. Estar próxima das pessoas, ajudar os que estão à nossa volta, criar empatia e conexão abastece o coração.

Procure dedicar uma hora do seu dia às dimensões corpo, mente e espírito e olhe constantemente para seus relacionamentos. Com certeza, vai se sentir mais abastecida e conseguirá exercer ainda melhor seu papel de mãe e profissional.

O caminho para conciliar carreira e maternidade não é fácil, mas é plenamente possível. Se você se sente feliz trabalhando, produzindo e estando com seus filhos, não desista! Planeje-se, informe-se e terá muito sucesso nesta trajetória!

Referências

COVEY, S. R. *Os 7 hábitos das pessoas altamente eficazes*. Editora Best Seller, 2009.

GPTW. *Como fomentar a participação da mulher no mercado de trabalho?* Disponível em: <https://gptw.com.br/conteudo/artigos/participacao-da-mulher-no-mercado-de-trabalho/>.Acesso em: 29 mar. de 2021.

KORON, K. *5 escolhas: o caminho para uma produtividade extraordinária*. Editora HSM, 2016.

OLIVEIRA, A. *5 boas práticas que apoiam a primeira infância*. Disponível em: <https://gptw.com.br/conteudo/great-practices/boas-praticas-para-primeira-infancia/.> Acesso em: 29 mar. de 2021.

SUPERAR OS LIMITES DA PERFEIÇÃO

Ser perfeita é a busca interior do ser feminino, mulheres criadas e educadas para serem boas, sensíveis, tolerantes, fiéis e compreensivas, para atender as expectativas que a sociedade impôs ao feminino. A natureza feminina: curiosa, gregária, talentosa e criativa foi esquecida no seu inconsciente. Reconhecer, conhecer e autoconhecer é o resgate, para inovar e ousar como líder. Este capítulo é uma reflexão do papel feminino como líder e mulher, superando o fantasma da perfeição. Como fonte inspiradora, *A coragem de ser imperfeito*, de Brené Brown.

MARLIZE BRANDÃO RIBEIRO CARDOSO

Enfermeira, graduada em 1994 pela Universidade Católica do Salvador, mestre em Desenvolvimento Humano e Responsabilidade Social, especialista em Enfermagem Oncológica e Estomaterapia. Professora de pós-graduação, coordenadora de unidade oncológica hospitalar. Consultora na área hospitalar e mentora em enfermagem e gestão oncológica.

**Marlize Brandão
Ribeiro Cardoso**

Contatos
marlize.cardoso13@outlook.com
Insatgram: @bmarlize
LinkedIn: linkedin.com/in/marlize-cardoso- a4bb3988/
71 99144 7731

Após a leitura do livro *A coragem de ser imperfeito*, de Brené Brown, o capítulo *Compreendendo e combatendo a vergonha* despertou a necessidade em estudar a temática – Ser perfeita. A autora Brown trata em sua obra, após pesquisas com mulheres, que parecer perfeita é a definição que as entrevistadas definem como vergonha.

Nós mulheres fomos criadas e educadas, independentemente da cultura, para sermos excelentes mães, filhas, noras, esposas, amigas e, no mundo atual, século XXI, excelentes líderes, nesta sequência. Isso porque somos mulheres e, no imaginário humano, ser feminino é ser compreensiva, sensível, tolerante, executora de várias tarefas, submissa, de posse de uma inteligência que é ímpar do feminino – a Inteligência Linguística. Se você falha em uma dessas expectativas é vergonhoso. É assim que as mulheres entrevistadas por Brown definiram e compartilharam suas experiências de vergonha.

> Parecer perfeita... Fazer tudo com perfeição... Qualquer coisa menos que isso é vergonhoso.
> BROWN, 2016, p. 66

Neste artigo vamos compreender a natureza feminina, como ser líder e como vencer os desafios das regras impostas no inconsciente feminino.

A natureza feminina

Estés (2014), como analista junguiana, define as características psíquicas das mulheres saudáveis como percepção aguçada, espírito leve, uma capacidade para devoção, gregária, curiosa, dotada de grande resistência e força. Profundamente intuitiva, e tem uma profunda preocupação com seus filhos e família. Capacidade de se adaptar à circunstância em constante mutação, determinação feroz, de extrema coragem.

Como os lobos, a alma feminina é talentosa, criativa e profunda. Devemos resgatar a bela forma psíquica natural da mulher e compreender, e adequá-la a uma cultura intelectual, de sabedoria instintiva. A mulher tem alma selvagem, que foi esquecida e aniquilada no seu inconsciente feminino por uma sociedade predatória.

Tentar ser boa, disciplinada e submissa diante do perigo interno ou externo, ou esconder uma situação crítica psíquica ou no mundo objetivo, elimina a alma da mulher. É uma atitude que a isola do que sabe, que a isola da capacidade de agir. Ao recuperar a sua natureza feminina, sua vida criativa floresce, seus relacionamentos adquirem significado, profundidade e saúde. A mulher deixa de ser alvo para as atividades predatórias dos outros, segundo as leis da natureza. A mulher sabe instintivamente quando as coisas devem morrer, quando devem viver, como ir embora e como ficar (ESTÉS, 2014).

O inconsciente feminino é alvejado por suas fraquezas e vergonha, porque muito se estudou e pesquisou dos defeitos femininos.

> Creio que todos homens e mulheres nascem com talentos. No entanto, a verdade é que houve pouca descrição dos hábitos e das vidas psicológicas de mulheres talentosas, criativas, brilhantes. Muito foi escrito, porém, a respeito das fraquezas e defeitos dos seres humanos em geral, e das mulheres em particular.
> ESTÉS, 2014, p. 23

O objetivo deste artigo é nos dar coragem, um fortificante para a luta em difíceis cenários da mulher líder, empreendedora, mãe, esposa, filha. Que sua alma floresça, sem culpa, mas com prosperidade para as gerações femininas seguintes.

Liderança

Para a mulher no mundo corporativo, como líder, cria-se uma expectativa de entrega de resultados criativos, rápidos, ágil, inovador e sustentável, pelas suas características psíquicas femininas. Porém, não podemos esquecer que a alma feminina selvagem foi esquecida por elas, na inconsciência, e substituída pela culpa, perfeição, autocobrança e submissão.

Neville (2010) esclarece que: Liderar é tarefa complexa e descrever as características de uma boa liderança não é tão simples como parece, porque a competência para liderar ocorre de forma diferente com pessoas diferentes. Em seu papel inovador, o líder deve reconhecer a capacidade e potencial das pessoas, encorajá-las a reconhecê-las, desenvolvê-las para atuar com efetividade. Dessa forma, podemos dizer que o ato de liderar implica em influenciar pessoas, compromisso e responsabilidade com o "ser e saber fazer".

Cada um pode se tornar um líder melhor, cuidando do fortalecimento permanente de si mesmo. É um processo que ocorre de dentro para fora. Dever ser persistente e convicto do caminho (NEVILLE, 2010).

> Nada acontece sem uma transformação pessoal.
> DEMING

Como vamos derrubar as barreiras que impedem a ascensão de mulheres? As mulheres enfrentam obstáculos concretos no mundo corporativo, barreiras como o machismo sutil, discriminação e assédio. Além dessas barreiras externas da sociedade, temos as nossas internas, onde nos refreamos pela ausência de autoconfiança, interiorizamos as mensagens negativas que ouvimos ao longo da vida como: é errado ser direta, ter iniciativa, ser mais poderosa do que os homens. As mulheres reduzem suas expectativas profissionais para fazeres domésticos do cuidar da família, filhos, companheiros que muitas vezes ainda nem existem (SANDBERG, 2013).

Quais das barreiras devemos enfrentar primeiro? A interna ou a externa? As duas. Os obstáculos internos são minimizados, e devem ter uma melhor atenção porque estão sob nosso próprio controle. As externas nós conquistamos, com conhecimento, responsabilidade e ética. O avanço na carreira depende de assumir riscos e defender a própria posição – traços que somos desestimuladas a mostrar. Por isso, as mulheres de 2021 têm excelentes qualificações, mas não assumem cargos de altos níveis. O predomínio nesses cargos continua no mundo masculino.

Um dos fatores que predominam essa realidade dos homens em cargos de liderança é o que Sandberg (2013) denominou de "abismo na ambição de liderança". As mulheres têm individualmente a mesma ambição profissional do que as dos homens, porém, quando o assunto é ocupar níveis mais altos de liderança, que exigem uma dinâmica de atividades, os homens sentem-se mais atraídos.

A ambição profissional é algo negativo para as mulheres. Atitudes agressivas, tácteis, práticas transgridem as regras sociais aceitáveis. As mulheres bem-sucedidas, poderosas, costumam pagar por um preço social. Por isso devemos vencer as barreiras internas para avançar as externas, com seus estereótipos embutidos pela sociedade.

Nosso trabalho não prejudica nossos filhos, família ou casamento. Precisamos acreditar nos estudos que demonstram esses dados. A insegurança e culpa da nossa ausência no ambiente doméstico é uma cultura de comportamento com a qual a sociedade machista nos educou. O primeiro passo é ter a consciência e atitude para nos libertarmos da culpa.

A culpa

A culpa é uma ferramenta poderosa para manipular comportamento, relacionado com a necessidade de aprovação externa. Somos condicionadas a nos sentirmos culpadas pela família, amigos, sociedade, religião, que nos ensinam o sentimento de culpa por agir ou pensar diferente. O resultado é que, **com o tempo, ficamos fortemente condicionadas a buscar a aprovação de outras pessoas** para as coisas que dizemos e fazemos. Isso nos leva à falsa convicção de que devemos fazer e dizer o que os outros esperam de nós para receber sua aprovação (GARRIDO).

> Pode parecer loucura, mas a pesquisa da neurociência mostra que nosso cérebro realmente nos recompensa por nos sentirmos culpados.
> GARRIDO

Isso explica por que pode ser tão atraente acumular culpa e vergonha em relação a nós mesmos: **estamos ativando o centro de recompensa do cérebro.**

Apesar de suas diferenças, **orgulho, vergonha e culpa ativam circuitos neurais semelhantes.** O orgulho é a mais poderosa dessas emoções no desencadeamento de atividades nessas regiões, exceto no *nucleus accumbens*, onde a culpa e a vergonha prevalecem.

As pessoas propensas à culpa tendem a trabalhar mais arduamente e a ter um desempenho melhor do que as outras, e são vistas como líderes mais capazes. Portanto, há boas razões científicas para nos sentirmos culpados; é claro que as desvantagens da culpa são muito piores do que os benefícios (GARRIDO).

O benefício da culpa é quando nos desculpamos ao comparar algo que deixamos de fazer com nossos padrões de excelência e vemos que não combinam. É um sentimento desconfortável, mas benéfico. Culpa ou vergonha?

> A culpa é tão poderosa quanto a vergonha, mas a influência da primeira é positiva, ao passo que a influência da segunda é negativa.
> BROWN

Vergonha

> A vergonha é uma dor real. A importância da aceitação social e do vínculo com as pessoas é reforçada por nossa química cerebral, e o sofrimento resultado dessa rejeição é genuíno. O sofrimento físico e experiências de rejeição social doem do mesmo modo, porém é difícil descrever a dor emocional.
> BROWN, 2016.

Vergonha é descrita como constrangimento, culpa e humilhação, indistintamente. Como descrever uma emoção ou experiência com o uso do termo apropriado? Através do autoconhecimento. A conversa interna irá examinar e distinguir esses quatro sentimentos, analisando o peso de cada um.

A conversa interna nos deixa alertas e fortalecidas para nos distanciar de comportamentos destrutivos, relacionados a vícios, violência, depressão. Fomos criadas com a crença de que a vergonha é um instrumento que nos mantém na linha. Isso é errado e perigoso. A vergonha não é uma ferramenta útil para um comportamento saudável. Sentir-se aceito e digno é da natureza humana. E quando passamos vergonha, sentimo-nos desconectados, ávidos por valorização. E ao sofrer por uma vergonha ou por ter medo dela, estamos propensas a comportamentos autodestrutivos (BROWN, 2016).

Mulheres líderes precisam vencer o medo de sentir-se ridicularizadas e menosprezadas para lançar suas ideias inovadoras e criativas. Lançar o novo, algo que ninguém pensou pode parecer estranho, louco, mas o fracasso e o aprendizado fazem parte dessa revolução. As mulheres, como disse Estés, têm uma percepção aguçada, espírito leve, uma capacidade para devoção, gregária, curiosa, dotada de grande resistência e força.

A resiliência é o caminho para nos recuperarmos e adaptarmos a uma mudança. É a empatia o afeto para nos libertarmos desse sentimento que é a vergonha. Seja autêntica ao vivenciar a vergonha, encare sem sacrificar seus valores, seja corajosa, tenha compaixão e tenha mais conexão do que antes. Empatia é o antídoto da vergonha (BROWN, 2016).

> Compartilhar nossa história sofrida com alguém que responda com solidariedade e compreensão, a vergonha perderá a força.
> BROWN, 2016.

Vencendo a vergonha e liderar com ousadia

Vergonha produz medo, diminui a tolerância à vulnerabilidade. E assim atrofia a motivação, a inovação, a criatividade, a produtividade e a confiança. Para recuperar a inovação, a criatividade e o aprendizado, as líderes precisam se comprometer a reumanizar o trabalho, aprender a abraçar a vulnerabilidade, reconhecendo e enfrentando a vergonha, o que Brown chama de compromisso perturbador.

Como vencer a vergonha e liderar com ousadia? Seguem algumas dicas de Brené Brown em seus estudos de vulnerabilidade:

- Seja honesto e transparente, essa é a chave do sucesso;

- Esteja cercado de fortes redes de apoio e de bons conselheiros;
- Assuma as responsabilidades, corra risco e tenha espírito empreendedor;
- Se você errou, conserte.

> [...]Acima de tudo isso, pedimos que você se mostre, que se deixe ser vista e seja corajosa. Ousem conosco.
> BROWN, 2016

A mulher mãe, líder e trabalhadora tem a busca incessante pelo reconhecimento da sua inteligência e percepção humana da vida. As crenças nas quais fomos educadas, o fantasma da possível vergonha nos persegue da primeira infância até a morte. A liberdade, a coragem e a ousadia de nos permitir a sermos transparentes, vulneráveis e imperfeitas é a chave do sucesso, comportamento saudável e inovador que enriquece o nosso meio social e familiar. O primeiro passo é a consciência do conhecimento e autoconhecimento.

Uma boa descoberta a todas.

Referências

BROWN, B. *A coragem de ser imperfeito*. Tradução, Joel Macedo. Rio de Janeiro: Sextante, 2016. 208p.

ESTÉS, C. P. *Mulheres que correm com os lobos: mitos e histórias do arquétipo da mulher selvagem*. Tradução Waldea Barcellos. Rio de Janeiro: Rocco, 2014.

GARRIDO, J. M. *A psicologia de la culpa: por que me siento culpable*. Disponível em: <https://psicopedia.org/5200/psicologia-de-la-culpa-por-que-me-siento-culpable/>. 30 nov. de 2021.

NEVILLE, M.; DRUMOND, R. C. *Liderança e sustentabilidade: dilemas, desafios e propósitos – guia prático e conceitual*. Salvador: Casa da Qualidade, 2010.

SANDBERG, S. *Faça acontecer: mulheres, trabalho e a vontade de liderar*. São Paulo: Companhia das Letras, 2013.

33

EM BUSCA DE UMA LIDERANÇA DISRUPTIVA E HUMANIZADA

Quanto mais atenção prestarmos a um comportamento, mais ele se repetirá. Ressaltar o positivo e mudar o negativo são os melhores recursos para aumentar a produtividade.

KEN BLANCHARD

MARTA FRANÇA

Marta França

Graduada em serviço social; pós-graduada em psicologia organizacional e gestão de pessoas; MBA em gestão empresarial; *professional, executive e master coach*. Inserida em um cenário global há mais de 20 anos, com uma carreira diferenciada, por meio de uma visão integrada de Recursos Humanos, segue com paixão na busca constante por novos conhecimentos, inovações e metodologias. Atua com foco em resultado e seu compromisso é ser uma parceira de RH que alinha a estratégia de pessoas com a de negócios.

Contatos
martaxoliveira@hotmail.com
LinkedIn: Marta Oliveira França
Instagram: martaxoliveira
11 99794 0959

Quando falamos de liderança, pensamos em pessoas e desempenho. Nesta era pré, durante e pós-pandemia covid-19, o termo liderar, que já vinha sofrendo transformações em seu conceito, teve sua transformação acelerada.

Neste capítulo trago a figura deste novo líder que é transformador, inovador e humanizador das organizações, bem como suas necessárias habilidades.

O líder, para ser respeitado e admirado, deve ter senso de dono, lutar pelos objetivos em equipe, promovendo o desenvolvimento das habilidades dos liderados e praticando liderança inovadora e humanizada.

Liderança não diz respeito apenas ao cargo. Você pode assumir o papel de líder quando está à frente de um trabalho, projeto, grupo ou sua casa. Liderança é responsabilidade e pode caminhar contigo em diversas situações, independentemente do cargo ou de nomeação. Portanto, se você administra atividades, negócios, engaja pessoas, delega tarefas, planeja, organiza, faz as coisas acontecerem e reconhece pequenas conquistas, parabéns, você lidera!

O assunto liderança e gestão de pessoas conta com vasta bibliografia. Independentemente do que já existe, nossa opção é trazer uma visão diferenciada, mais abrangente, humanizada, atualizada e eficaz. Isso porque, a partir de 2020, marco da disrupção, muitos conceitos precisam ser repensados e reescritos.

Tornou-se insuportável conviver com um líder que não sabe conduzir projetos, não escuta ninguém, passa por cima dos outros, não sabe distribuir tarefas, vê pessoas apenas como máquinas de resultados, os chamados "tratores", conhecidos como "os fins justificam os meios". Chega!

Se há algo que podemos aprender com isso é que um líder inovador precisa de comportamentos e habilidades, tais como respeito e educação no trato com as pessoas para motivá-las e engajá-las na construção dos resultados almejados.

Decida de que lado da liderança você deseja estar: dos modelos antigos e ultrapassados ou do modelo moderno, inovador e situacional! Sua sobrevivência depende dessa decisão.

Seja um líder aprendiz

Estar na posição de liderança é variável e temporal. Você pode estar na posição de líder em um determinado momento e em outro, na de liderado. Por isso, o líder inovador é aquele que engaja, aquele que as pessoas têm prazer de seguir, escutar suas opiniões. Aquele que tem em mente que todos que estão à sua volta são os protagonistas da história junto com ele.

As pessoas que conseguem caminhar com tranquilidade por diversos papéis, seja na posição de líder de pessoas ou projetos, de executor ou aprendiz, certamente possuem uma visão mais completa do todo e tendem a exercer a liderança de maneira mais eficaz, conquistando melhores resultados.

Conhecer, reconhecer, aceitar e valorizar

Cada membro da equipe possui o seu valor e deve ser reconhecido por seu desempenho. Conhecer cada liderado, sua formação pessoal e profissional, seus valores, o que lhes é mais caro, faz com que se sintam valorizados e respeitados. O reconhecimento do esforço, da dedicação e do comprometimento também requer atenção e devem ser considerados de acordo com cada situação, podendo ser monetário ou não.

Comemorar e reconhecer o time por um bom trabalho, implantação de um projeto, quebra de paradigma, bons exemplos, são atitudes importantes para manter a chama da conexão, da motivação e do engajamento de uma equipe. Elogiar, além de demonstrar interesse pela evolução e esforço do liderado, também representa pequenas injeções de motivação, sinalizando que ele está no caminho certo.

Erin Reid e Lakshmi Ramarajan disseram em seu artigo *Gerenciando ambientes de trabalho de alta intensidade*: "[...] as pessoas serão mais engajadas e mais produtivas, e as empresas mais bem-sucedidas, se os indivíduos não forem pressionados a suprimir suas complicadas e multifacetadas identidades".

Eles trouxeram para nós mais um ponto fundamental para o alto desempenho de uma equipe: a aceitação das pessoas como elas são.

Quando um liderado se sente compreendido, aceito e respeitado em sua singularidade, o trabalho se torna mais agradável e gratificante, aumenta a conexão com o líder e com o grupo, o engajamento se fortalece e as chances de sucesso e avanço profissional são maiores. Toda equipe é composta por pessoas de diferentes origens, com culturas, valores, visões de mundo, perfis comportamentais, formações e habilidades diferentes. Se o líder não souber enxergar valor nas diferenças, a convivência pode se tornar sofrida para ambos.

Cabe ao líder conhecer, aceitar, reconhecer e valorizar as pessoas. Então, que tal repensar suas crenças e atitudes no exercício da liderança?

Conexão e engajamento

As pessoas estão sedentas por verdadeiros líderes. A conexão se dá quando nos identificamos com a mesma causa, algo em comum. Exemplo: identifico-me com a ação voluntária, em ajudar o próximo, em doar um pouco do que tenho ao outro. Ao encontrar um amigo que tem o mesmo objetivo, a conexão é imediata. E assim se formam as tribos, pessoas conectadas por algo em comum.

Liderar é mais do que gerenciar. É a descoberta de um propósito, pois propósito conecta. O que percebemos claramente é que as pessoas não querem mais seguir os modelos de gestão antigos, porque eles não conectam. A expressão: "o que te trouxe até aqui pode não ser o que te levará ao futuro" é perfeita para este momento.

À medida que as organizações crescem e agregam mais pessoas, essas conexões levam a novas conexões, e assim, grandes ideias se espalham. Questione-se: "Como está minha conexão com as pessoas?"

Características e comportamentos de uma equipe conectada

Uma equipe conectada possui características marcantes, como:

Visão compartilhada: Para se sentirem motivados e engajados, todos da equipe precisam ter visão clara do que devem alcançar. Compartilhar informações sobre o andamento dos projetos é fundamental.

Responsabilidade e prazo: Todos precisam saber qual é o seu papel no projeto ou tarefa, quais são suas responsabilidades e prazos de entrega. Considere a delegação correta de tarefas de acordo com o perfil de cada um, assim como a confiança. Este ponto é primordial. Portanto, se você deseja que todos os resultados sejam entregues e prazos cumpridos, invista tempo no planejamento, na delegação e no monitoramento. Tão importante quanto elaborar o cronograma é validar com a equipe e monitorar.

Comunicação contínua e assertiva: Há diversas ferramentas e metodologias que podem ser utilizadas para estimular a comunicação em todos os níveis e direções o tempo todo. As metodologias de gestão ágil podem contribuir e estimular a comunicação rápida e frequente sobre as tarefas ou projetos para o grupo todo, além de contribuir para manter o foco. Se tenho uma informação e percebo que é importante e impacta nos processos, é essencial que todos os envolvidos tenham a mesma informação.

Qualidade: É importante verificar se as normas técnicas estão sendo cumpridas, se há erros ou rotas a serem corrigidos e compartilhar com o grupo. Tal ação traz maturidade, novos aprendizados e impactos positivos no desempenho coletivo.

Autonomia: Equipe engajada preza pela confiança e autonomia para desempenhar suas tarefas, são maduras e compreendem sua responsabilidade no processo.

Zona de aprendizado: Somente aqui surgem desafios que exigem que superemos nossos limites adquirindo novas habilidades e, assim, crescermos pessoal e profissionalmente. Encoraje seu grupo, esteja com eles. Uma equipe que cresce junto se respeita e vai mais longe!

Conhecendo um ao outro: O primeiro passo é perceber nossas características, habilidades, comportamentos marcantes, crenças limitantes e fortalecedoras, princípios, valores e nossos medos. Esta autoanálise mostra qualidades e pontos a melhorar na busca por se tornar um ser humano melhor, mais evoluído. Quem busca o autoconhecimento tende a não criticar o outro, sabe que também pode errar. É empático, pensa em ajudar, aprimorar uma ideia e apresenta solução.

Após conhecer-se, perceberá melhor o outro. Conhecer cada integrante da equipe é tarefa para todos, pois o respeito ao próximo, a empatia, o suporte são atitudes que aparecem depois. Crescendo junto, a equipe conectada evolui para time.

Visão integrada: Perceba que sua atitude e suas escolhas podem impactar em outros pontos, sejam pessoas ou processos. Enxergue ao seu redor, além dos muros do seu setor ou da sua atividade, equipes de alto desempenho buscam ter a visão do negócio como um todo e assim mudam sua percepção, e cada um passa a se sentir dono do negócio.

Valores e convicções de um líder

Valor é tudo aquilo que você acredita e não abre mão neste momento da sua vida. Você já pensou sobre os seus? E são eles que vão lhe guiar nas suas atitudes e seus comportamentos. Os valores e convicções estabelecem os limites e a direção que precisamos para atingirmos um bom desempenho.

Líderes devem passar uma visão clara quanto aos valores que nortearão a ação da equipe, para unir e elevar o humor de todos, dar um gás motivacional, uma direção, senão, quando as dificuldades aparecerem, eles desistirão ou sucumbirão a outras motivações.

O líder deve estar atento à mensagem que transmite, a coerência é vital na manutenção da autoridade, seja com o filho ou com a equipe.

Elogio para um bom desempenho, como ação constante e coerente, levará tanto seu filho quanto um integrante da sua equipe a se esforçar, repetindo comportamentos que levem a novos elogios.

Relacionamentos pautados em educação e respeito vindos do líder serão seguidos pelos liderados, pois o líder é observado a todo momento. O que as pessoas mais recebem de nós somos nós mesmos, nossos valores, convicções e atitudes.

Está ficando claro que a visão do líder precisa ir além de suas habilidades profissionais, seu conhecimento técnico e sua posição?

Se você quer vencer com pessoas engajadas, não pode deixar que o destino se encarregue disso.
KEN BLANCHARD

Veja alguns passos, sugeridos por Ken Blanchard, especialista em liderança, para ajudá-lo no desafio de engajar, desenvolver pessoas e promover um ambiente de amadurecimento contínuo.

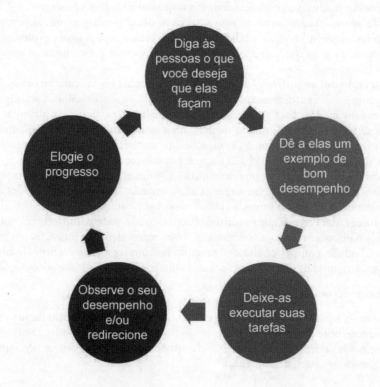

É comum um líder deixar de lado o passo "observe". Se você não observar, como terá condições de percorrer o passo seguinte (redirecionar e elogiar)? O redirecionamento pode ser uma maneira poderosa de fazer com que as pessoas reflitam, um *feedback* da forma adequada pode levar ao crescimento, gerando mudança de comportamento.

As *soft skills* e o mundo pós-pandemia

Diante de tudo que conversamos, percebemos que as competências comportamentais são de extrema importância para o relacionamento interpessoal. Nos últimos anos, as *soft skills* (habilidades interpessoais) vêm ganhando maior relevância no mundo. Percebemos que a pandemia acelerou a necessidade de desenvolver nas pessoas a arte do bom relacionamento interpessoal.

As habilidades comportamentais serão o grande diferencial no mundo a partir de agora. Veja algumas delas:

- Liderança: Empresas que contam com bons líderes percebem um grande impacto em seu desempenho;
- Escrita de negócios: E-mail e chat tornaram-se ferramentas indispensáveis de comunicação. Comunicar-se por escrito de forma concisa e persuasiva é uma das habilidades mais exigidas para qualquer cargo;
- Estratégias de concentração: Redes sociais, chats e escritórios abertos podem levar ao declínio da produtividade. Busque alternativas, mantenha-se concentrado;
- Desenvolvimento pessoal: Esteja ciente de seus pontos fortes e a melhorar. Isso pode aumentar sua eficácia no trabalho;
- Comunicação: Saiba se comunicar de forma assertiva, objetiva e empática, atento ao não verbal. Isso permite a conexão com o outro;
- Gerenciamento de estresse: Identifique válvulas de escape que funcionem para você e coloque em prática (nadar, correr, ler, escrever, meditar, praticar yoga ou cozinhar);
- Negociação: Desenvolva a habilidade de negociação para defender suas propostas, ideias e visão;
- Parceiro de negócio: Desenvolva a habilidade da visão sistêmica, postura profissional, comunicação assertiva e escuta atenta;
- Inteligência emocional e autocontrole: gerir suas atitudes permite uma melhor gestão de suas emoções. Desta forma é possível controlar ou redirecionar impulsos e estados de ânimos problemáticos.

Seja disruptivo

Aceite nosso convite para se tornar um líder mais humano, aquele que se aceita com suas imperfeições e está pronto para lidar com as diferentes características que as pessoas apresentam.

Avalie qual a direção que você está tomando em sua vida pessoal e profissional. Defina para onde deseja ir e conecte-se a pessoas com o mesmo propósito.

Referências

BATISTA, A. *Equipes de alto desempenho: uma perspectiva histórica*, 2012.

FRANÇA, S. *Leader coach - um guia prático para gestão de pessoas*. Editora França, 2011.

GODIN, S. *Tribos: nós precisamos que vocês nos liderem*. Rio de Janeiro: Editora Alta books, 2018.

HARVARD Business Review. *Para novos gerentes (10 leituras essenciais)*. Editora Sextante, 2019.

MAGALDI, S.; NETO, J. S. *Gestão do amanhã*. São Paulo: Editora Gente, 2018.

POLAK, L. *O novo líder: novas regras para uma nova geração*. São Paulo: Cultrix, 2017.

SHULA, D.; BLANCHARD, K. *Você também pode ser um líder*. Rio de Janeiro: Record, 1998.

34

O PODER DA COMUNICAÇÃO PARA SER LÍDER DE SI MESMA
A MAGIA DA CONEXÃO

Como seria sua vida se você pudesse se expressar com autenticidade, estabelecendo uma conexão genuína e empática com o outros garantindo uma comunicação compassiva, trazendo paz para suas relações? Seria libertador, não seria? Então convido você a acompanhar a jornada de um diálogo interno, aquele que também certamente acontece dentro de você, dentro dos seus pensamentos!

NIVIA MARIA RAYMUNDO

Nivia Maria Raymundo

Psicóloga, formada pela Universidade São Judas Tadeu com especialização Reichiana e Bioenergética. Facilitadora de Comunicação Não Violenta. Realiza *coaching* executivo e de carreira com formação pelo Integrated Coaching Institute (ICI) e Sociedade Brasileira de Coaching. Formação em Programação Neurolinguística pela Sociedade Brasileira de Neurolinguística. Seminário internacional com Anthony Robbins em Chicago (*Unleash the Power Whitin*). Especialização pela FGV – Dinâmica Organizacional, Motivação e Liderança. Mais de 20 anos de experiência em desenvolvimento humano, oriundos de empresas multinacionais de grande porte. Palestrante e *trainer* em Inteligência Emocional. Psicoterapeuta de adolescentes, adultos e casais.

Contatos
niviaraypsico@gmail.com
Instagram: @niviamariaray
11 99914 7992

A busca por uma vida autêntica conectada com sua essência

O diálogo interno

Seu **eu** do **presente** com seu **eu** do **passado** depois de um processo de autoconhecimento, conexão com sua essência e autoliderança. (Chamarei de PR e PA)
PR: Gostaria de lhe fazer um convite para uma viagem a um lugar maravilhoso, conhecido, mas que foi abandonado. Vamos?

PA: Onde? Como faço pra voltar? Como é esse lugar? Demora muito?

PR: Você não terá vontade de voltar, poderá ser autêntica, livre de julgamentos, sentirá uma autocompaixão jamais experimentada, será capaz de olhar as outras pessoas como são, não tem bom ou ruim, certo ou errado. Se demora muito? O tempo suficiente para algumas respirações e um pouco de autoamor!

PA: Mas espera, não quero ficar longe das pessoas que amo e da minha família.

PR: Fique calma, voltaremos para buscá-los. Uma vez lá, a proximidade entre vocês aumentará. Confie em mim. Você está pronta?

PA: Estou com medo. Como faço para esse medo ir embora?

PR: Traga ele junto!

PA: Mas não quero sentir medo, consegue arrancar ele de mim? Sinto-me paralisada.

PR: O medo será nosso companheiro de viagem.

PA: Com medo é impossível! Onde está a minha coragem?

PR: Coragem não é ausência de medo, mas sim seguir a viagem de mãos dadas com ele. Ele não é seu inimigo, apenas um sentimento dentro de você que quer ser acolhido. Nossos sentimentos são mensageiros, nos trazem informações importantes a respeito do que precisamos.

PA: Mas como faço isso?

PR: Vou te ensinar. Feche os olhos e respire devagar. Perceba no seu corpo onde esse medo se manifesta. Com as mãos no seu coração, converse com ele. Olhe para ele como uma criança perdida precisando de ajuda. Olhe-o com compaixão, amor e respeito. Essa criança precisa do quê?

PA: Precisa de cuidado, de proteção, está se sentindo abandonada e rejeitada, precisa de amor!

PR: Onde está seu medo agora?

PA: Acolhido dentro de mim. Amei encontrá-lo, respeitá-lo e ouvi-lo. Pronto, podemos começar a viagem!

PR: Nossa viagem já começou. A viagem é para dentro de si, esse lugar lindo de conexão com seus sentimentos.

PA: Uma viagem para dentro? Mas não tenho nada bonito em mim. Faço tudo errado, sou desorganizada, péssima mãe, tenho raiva do meu chefe, me sinto insegura, sou uma líder horrível, não vou embarcar. Já tentei expiar algumas vezes para dentro e me enchi de culpa, medo e vergonha. Não quero.

PR: Tenha um olhar de autocompaixão e autoempatia. Só dou para o outro o que está dentro de mim. Como você quer dar algo ao mundo que não tem dentro de você? Nutrida de culpa e julgamento, irá culpar e julgar os outros. Como andam suas relações?

PA: Eu tento disfarçar, me fazer de forte, engulo a raiva, a tristeza, a angústia e o choro. Tenho que ser forte. Fui ensinada a ser forte. Sentimentos não existem no mundo corporativo. Visto essa máscara todos os dias e vou.

Minhas relações estão horríveis. Eu grito com meus filhos, depois me culpo, peço desculpas, mas eles se distanciam. Todos os dias acordo e digo "hoje será diferente" e repito tudo de novo. É mais forte do que eu.

No trabalho eu visto uma personagem, sou dura com minha equipe, não sei dar *feedback*, não sou benquista, mas me respeitam porque têm medo. Eu sempre sou a melhor gerente do *ranking*, mas no fundo eles não me admiram. Sofro com essa situação, mas não sei fazer diferente.

Meu Diretor me adora, mas eu o odeio. Eu faço tudo o que ele quer, não digo não para nada e trabalho muito nos fins de semana. Ele é manipulador e egoísta. Vestindo a personagem da boazinha, sou uma marionete em suas mãos. Nas vezes em que tentei me expressar fui violentamente cortada, então sigo as regras desse jogo. Saio da empresa e às vezes choro no carro. Único momento que me permito estar triste, mas dura 30 minutos, e logo tenho outro papel a desempenhar.

PR: O que você está sentindo agora me contando tudo isso?

PA : Me sinto abandonada, manipulada, rejeitada, incompreendida.

PR: Feche seus olhos e respire devagar. Conecte-se com o que você está sentindo. Sem pressa ou cobrança. Qual sentimento de ser abandonada, manipulada, rejeitada e incompreendida?

PA: TRISTEZA e ANGÚSTIA. Sinto no peito.

PR: Leve suas mãos até seu peito e sinta essa tristeza e angústia. Acolha-os, aceite-os e agradeça. Lembre-se: Sentimentos são veículos de comunicação, nos mostram o que está nos faltando para que nossa vida seja mais maravilhosa. Agora pergunte para sua TRISTEZA E ANGÚSTIA quais necessidades precisam ser atendidas?

PA: Que difícil isso!

PR: Eu sei, é desafiador, não fomos ensinados a nomear nossos sentimentos ou a conversar com eles. Fomos ensinados que sentir tristeza é ruim e nos enfraquece e que temos de ser alegres. Abrace essa dificuldade. Encontre a conexão com sua dor.

PA: Preciso que me ouçam, que me respeitem... choro... preciso de amor, cuidado e carinho. Preciso que conversem comigo, que entendam minha dor. Choro compulsivamente.

PR: Deixe o choro vir. Permita sua vulnerabilidade. Como está se sentindo agora?

PA: Me sinto aliviada e em paz. Mas continuo com raiva do meu chefe. Ele é manipulador e egoísta.

PR: Por que acha isso dele?

PA: Porque me obriga a falar sim sempre. Nunca me ouve, tudo tem que ser do jeito dele.

PR: Você já parou para pensar nos sentimentos e necessidades dele? Isso se chama EMPATIA. Da mesma forma que aprendeu a se conectar com seus sentimentos e necessidades, para nos relacionarmos precisamos entender o que se passa dentro do outro. Ter empatia é surfar a onda do outro. Exemplifique uma situação com ele.

PA: Ontem ele me chamou para falar de um projeto novo, que eu terei de viajar e ficar um mês fora. Me disse que sou imprescindível. Eu tenho meus filhos, me sinto culpada em deixá-los. Mas tenho medo de perder o emprego.

PR: Você está me dizendo que se sente preocupada em deixar seus filhos sozinhos e que viajar um mês inteiro desatende sua necessidade de cuidar deles! Mas ao mesmo tempo fica angustiada e com medo de dizer não para o seu chefe e perder seu emprego, que atende sua necessidade de eficiência?

PA: Isso mesmo. Nossa! Como sabe?

PR: Apenas traduzi em sentimentos e necessidades o que você me disse. Diga isso a ele.

PA: Está maluca? Vou perder o emprego!

PR: E se disser assim: Chefe, agradeço em confiar esse projeto a mim, sei de sua importância para o meu desenvolvimento, e ao mesmo tempo estou preocupada em não poder cuidar dos meus filhos tanto tempo longe, fato que poderia comprometer minha eficiência no projeto. Existe abertura para negociação? Eu poderia voltar nos finais de semana?

PA: Uau! Nunca pensei em falar assim. Me sinto aliviada.

PR: Agora olhe para a descrição do seu chefe: egoísta e manipulador. Palavras que são julgamentos. Você sempre terá raiva dele porque irá se relacionar com esse "rótulo" e não com quem ele é de fato. Para haver empatia, é necessário olhar a situação como ela se apresenta. Interpretamos o comportamento do outro de acordo com nosso olhar, nosso mundo interno, dificultando as relações. Experimente olhar para a situação em si, sem interpretações. Você topa?

PA: Eu aceito o desafio sim. Quero reestabelecer minha relação comigo e com as pessoas à minha volta.

PR: E então, o que achou da nossa viagem?

PA: Um lugar de onde não quero mais voltar. Entender que posso sentir e acolher minha dor. Que meus sentimentos são veículos e me mostram o que preciso. E ao mesmo tempo poder olhar o outro como ser humano que também tem sentimentos e necessidades. Reconhecendo o que está vivo em mim e no outro tornará nossa vida mais maravilhosa! Esse lugar de paz, empatia e compaixão, que me faz ser líder de mim mesma! Muito obrigada por me conduzir até aqui!

A prática para a viagem

Existe um caminho para que essa jornada aconteça; ele começa internamente, na busca por autoconhecimento. A conexão com o outro só acontece após esse retorno para a minha essência, deixando florescer a comunicação compassiva.

1. Observar sem julgar

Pensar é uma arte! Somos criativos por natureza! Nossa mente pode ser nossa maior aliada ou nossa pior inimiga. O grande desafio é separar a interpretação do que é OBSERVAÇÃO DA REALIDADE. Interpretamos a partir das nossas próprias lentes, que são nossas CRENÇAS, nossas CONVICÇÕES, tudo o que vimos e ouvimos durante a vida, principalmente na primeira infância. Com essas lentes vamos ao mundo, iniciamos nossas relações e nos comunicamos com as outras pessoas.

Convido-lhe a fazer o exercício de separar a OBSERVAÇÃO da sua INTERPRETAÇÃO. Qualquer JULGAMENTO ou Generalização é uma INTERPRETAÇÃO. E quando não separamos esses dois elementos, nos desconectamos de nossos sentimentos e necessidades, o diálogo compassivo não acontece, a comunicação vira um jogo do ganhador e perdedor, o vínculo se desfaz, não há relacionamento e não há paz.

Toda história é apenas um gatilho que dispara sentimentos que são MEUS. Porém temos a tendência em culpar o outro por nos ter causado tal sentimento desconfortável. Mas afirmo, tudo que sentimos é nossa RESPONSABILIDADE. O outro foi um estímulo que disparou determinadas emoções. O que eu sinto é minha responsabilidade, somente minha. Assumir essas rédeas é libertador.

2. Conectando com as emoções

Todo pensamento gera um sentimento em nós que pode ser confortável como amor, felicidade, paz, gratidão, ou desconfortável como raiva, medo, tristeza, frustração.

Fomos ensinados que sentimentos desconfortáveis são ruins e machucam. Nesse sufocamento, o corpo paralisa e nos desconectamos de sentir. Porém, para que a comunicação com o outro aconteça, eu preciso voltar para dentro de mim, me conectar com o que estou sentindo. Se não encontro respostas é simplesmente porque não tenho vocabulário. Convido-lhe a reaprender essa linguagem, a ser um investigador de si mesmo, um cientista, olhando para dentro. Acolha o sentimento que vier, incômodo ou não. Sentimentos são nossos mais preciosos veículos de comunicação, ouça-os. Eles vêm te dizer quais NECESSIDADES não estão sendo atendidas.

3. Emoções são caminhos para nossas necessidades

Ao me conectar com o que está vivo em mim, eu me conecto com minha "energia de vida"!

Tudo o que fazemos, todos os nossos comportamentos, são ESTRATÉGIAS para atender nossas NECESSIDADES. As NECESSIDADES são universais, comuns a todos nós.

Se estamos a todo momento criando estratégias para atender nossas necessidades quando nos relacionamos com outro, ele também está tentando atender as dele. Enxergar o outro como um ser humano na busca por sua energia de vida ajuda a suspender o julgamento e criar empatia.

4. Pedindo o que eu quero – Autorresponsabilidade

Quando eu finalmente entendo que meu sentimento de FRUSTRAÇÃO, por exemplo, é consequência da minha necessidade de APOIO que não foi atendida, eu posso escolher PEDIR para que o outro colabore comigo deixando minha vida mais maravilhosa.

Existem três possibilidades quando ouvimos um "não" do outro: 1) ele não sabe como atender minhas necessidades; 2) ele não pode atendê-las; 3) ele não quer.

Minhas necessidades me tornam vivo; como reajo com a falta de colaboração?

Tento atendê-las e escolho outras estratégias e pessoas. Quando temos possibilidades, temos opções. Eleger apenas um indivíduo para nos atender é perigoso, a relação se torna doentia e sobrecarregada. A grande magia é entender que as necessidades são minhas exclusivamente e que tenho diversos recursos e possibilidades na vida para atendê-las. E quando uma necessidade não pode ser atendida naquele momento, entendo que tenho outras sendo atendidas.

Quando eu consigo, enfim, fazer esse caminho para dentro, entendendo que sou 100% responsável pelo que penso, sinto e faço, estou pronto para me conectar com o outro com autenticidade e essência e, consequentemente, a empatia e compaixão acontecem dando espaço para a comunicação de paz. Liberto-me da culpa, medo e vergonha, das obrigações do "eu tenho que", suspendendo o julgamento do "você tem que "...e compreendendo que todos somos seres humanos e buscamos uma estadia maravilhosa nesse mundo.

Conectando-me com o que está vivo em mim, eu posso ser líder de mim mesma, abrindo espaço para ouvir o que está vivo no outro. A partir dessa relação autêntica e através dessa interação, podemos tornar nossa vida mais maravilhosa.

Eu escolhi habitar nesse mundo. E você?

Referência

ROSERBERG, M. B. *A linguagem da paz em um mundo de conflitos*. São Paulo: Palas Athena, 2005.

35

ESCOLHER O SIGNIFICADO DE SER LÍDER

Quando recebi o convite para discutir o tema "autoliderança", a primeira pergunta que me fiz foi o que significava ser "líder de si mesma". Liderar pode parecer uma ação extraordinária, mas na verdade está em nosso cotidiano. Cuidamos de familiares e próximos, trabalhamos e pagamos nossas contas, influímos e tomamos decisões cotidianamente: viver pressupõe liderar-se. Contudo, até que ponto somos guiadas por versões de nós mesmas que não fomos nós quem criamos? A partir desses questionamentos, compartilho algumas reflexões sobre "Ser líder de si mesma", que considero uma ação composta por, essencialmente, outras três: (i) reconhecer-se; (ii) entender-se enquanto mulher e; (iii) escolher o que ser líder significa para você.

POLLYANA LIMA

Pollyana Lima

Mestra em políticas públicas, sendo a primeira brasileira a obter esse diploma com distinção na Universidade de Oxford. Previamente consultora da OECD, mais jovem superintendente de parcerias público-privadas do Brasil e membro de diversas redes de liderança como Vetor Brasil, Fundação Estudar e Líderes Lemman. Atualmente, é consultora sênior em Políticas Públicas na Mckinsey.

Contatos
pollyana.limamopan@gmail.com
11 97472 6290

Se diferentes pessoas fecharem os olhos e descreverem o que vem à mente ao ouvirem a palavra "líder", provavelmente não haverá duas respostas iguais em uma sala. Contudo, significar "líder" não é uma questão semântica, na verdade é consequência da importante decisão sobre seu propósito de vida.

Há algum tempo fui presenteada com a leitura de "Em busca de Sentido", por Viktor Frankl. Em resumo, o Dr. Frankl é um psicanalista, fundador de uma nova forma de terapia, que afirma que é o sentido que cada um **decide** atribuir à sua própria vida, em especial os momentos de dificuldade, o que nos torna capazes de superar desafios e trilhar novos caminhos. Podemos não escolher as situações e desventuras que nos ocorrem, mas, independentemente do cenário, teremos sempre o poder de decisão sobre o significado desses acontecimentos, e decidir como eles podem nos impulsionar para realizarmos o nosso propósito de vida.

Não fosse a forma com que Dr. Frankl constrói seu argumento, sua mensagem poderia passar como uma frase despercebida de algum livro de autoajuda, ou como mais um instrumento de culpabilização do indivíduo por falhas estruturais sociais, as quais são causa de discriminação, preconceito e desigualdade econômica. "Ora, eu estou desempregada no meio de uma pandemia, e tenho que ver o lado positivo disso? E ainda mais isso é uma escolha minha?", "Dr. Frankl, é a Pollyana Psicanalista, que nos manda levar a vida fazendo jogo do contente?" ou "Fácil falar em ver o sentido dos acontecimentos quando não se está sofrendo o que eu estou" são pensamentos muito recorrentes ao ser introduzido as afirmações de Frankl.

Judeu sobrevivente do campo de concentração de Auschwitz e Darkau, Viktor Frankl torna esse momento tenebroso da história uma oportunidade para entender o que, na situação mais extrema de desgaste físico e psicológico, permitia a algumas pessoas sobreviverem e outras não. Em sua objetiva análise dos colegas de tormento e de si próprio, Frankl conclui que a existência de um propósito para viver e não apenas o desejo de sobreviver era o maior combustível para superar as tantas adversidades cotidianas. Posteriormente ao holocausto, Frankl utiliza esse princípio para o desenvolvimento de sessões de terapia com seus pacientes, criando a chamada "logoterapia". Os resultados das sessões eram, em geral, um conhecimento com maior clareza sobre a missão de vida dos pacientes, o que os possibilita tomar decisões transformadoras.

Ser líder não é um objetivo em si, mas uma ação instrumental para alcançar um objetivo. Se você quer ser líder de uma equipe, de um projeto ou, em especial, de você mesma, é porque existe alguma visão que você quer implementar. Se você quer ser líder de você mesma, o primeiro passo é responder o que isso significa, e diferentemente das palavras que achamos uma definição no dicionário, quem escolhe o que liderança significa é você. E isso é uma grande e exclusiva liberdade, o que pode ser fonte de felicidade ou de angústia.

Gosto muito do sarcástico gato de *Alice no País das Maravilhas*, que sempre tem respostas para as perguntas que ela deveria ter feito. Quando Alice encontra o gato fazendo suas travessuras no meio do caminho, ela, uma forasteira daqueles jardins encantados, pergunta:

"Gato, qual caminho eu deveria seguir?"
"Para onde você quer ir?"
"Oras, eu não sei."
"Para quem não sabe o destino, qualquer caminho serve".

Se você não sabe por que quer ser líder de si, ou o que é ser líder de você mesma, você pode fazer vários *check-lists*, adotar muitas rotinas saudáveis com despertador às seis da manhã e utilizar *post-its* de maneira que lhe lembrem tudo, e nenhuma dessas coisas, por si só, vai lhe trazer as respostas. Técnicas de organização e produtividade podem lhe levar por estradas melhores, mas não necessariamente àquelas que te direcionam ao seu objetivo.

É normal não ter essa resposta de pronto. Tenho a impressão de que evitamos nos conhecer, por isso nos rodeamos de distrações para evitar uma conversa conosco. É possível obter essa resposta a partir de modelos prontos, o que também é uma escolha sua, a qual você tem o poder de mudar quando **você** quiser. Sucesso, bom salário, posição de prestígio, autoconfiança, assertividade, todas parecem palavras rodeando a ideia de ser líder, mas a pergunta é: "É isso que confere propósito à sua vida?"

Reconhecer-se: a importância do autoconhecimento

Discutimos brevemente que definir seu propósito é uma escolha sua. A imensa liberdade de valorar sua vida da maneira como você queira leva a outra pergunta muito difícil: "Se posso escolher meu propósito, o que quero?"

Arrisco dizer que para algumas pessoas isso esteja claro desde que se dão por gente (e como invejo essas pessoas!), e para outras talvez essa resposta demore a aparecer. Mas se não a buscarmos, jamais a encontraremos. E, para isso, é essencial entender quem é você na sua própria história.

"Conhece-te a ti mesmo", profetizava o oráculo de Delfos, um conhecimento milenar que não deveria ser ouvido como se fosse apenas uma frase de boleia de caminhão. Por que o local alvo dos peregrinos sedentos de respostas os saudava com essa orientação? Buscar entender quem é você e o que você realmente sente diante das situações vividas é a chave para tomar decisões que façam de nossa vida "nossa". Encontrar sua própria voz significa não deixar que você seja o amontoado de pensamentos e ideias que não vieram de dentro de você, mas dos outros. E entendo que, se você não sabe quem é você na sua história de vida, em seus desejos e escolhas, em seus sonhos e aspirações, dificilmente suas escolhas refletirão a imensidão que habita cada um de nós.

Eu gostaria muito de ter uma receita de bolo com vários passos que pudéssemos seguir para alcançar autoconhecimento. Se em Delfos havia alguma, não achei esses mágicos registros em minhas pesquisas no local e, se a achasse, a desacreditaria. Meditação, espiritualidade, Yoga, terapia, conversas com pessoas inspiradoras, longas caminhadas na natureza, rios... Todas essas ferramentas vêm me ajudando a me conhecer melhor, mas nenhuma delas é a chave do baú. Gostaria de dizer que foram suficientes e um dia achei uma luz com várias respostas, mas isso seria faltar com a verdade.

As pessoas mais incríveis que conheço sempre têm dúvidas, mas a diferença que vejo é que não se deixam definir por elas. Nos momentos de dificuldades, elas buscam escutar seu coração, seguindo a tal da intuição para fazer escolhas. Fiquei muito surpresa quando, ao pedir um conselho sobre opções profissionais ao diretor de meu mestrado em Políticas Públicas na Universidade de Oxford, ele me perguntou sobre o que diziam "*my guts*" (algo com meu instinto). "Normalmente, você tem as respostas dentro de você. Escute-as". Curiosamente, algo que minha avó sempre dizia, e que de maneiras diferentes percebi ao longo da vida como algo que apenas é possível quando decidimos silenciar o mundo lá fora e ouvir o mundo de dentro.

Um dos momentos em que mais senti a importância de ouvir-me foi quando decidi fazer Direito. Para muitos, passar no vestibular de uma prestigiada universidade pública é uma grande alegria, mas a Pollyana de 19 anos não saiu da cama quando sua mãe contou que ela havia sido aprovada em Direito no Largo São Francisco. Depois de um ano de cursinho, eu havia me inscrito em medicina em todos os vestibulares possíveis, com exceção da sonhada USP, muito mais por um instinto do que por racionalidade. Tive a sorte e privilégio de ser aprovada em vários vestibulares públicos de medicina, e tinha que escolher onde cursar. A situação é muito bonita de contar e, sem dúvidas, é melhor escolher do que não ter opções, mas acreditem: a angústia de optar por entre duas vidas me paralisou.

Quando entrei em um dos hospitais onde estudaria, senti uma pontada de dor no coração. Não era ali meu lugar. Minha mãe mal tirava do corpo uma camiseta com o escrito "Minha Filha Meu Orgulho - Bixo Medicina" e a família exultava com a ideia de ter sua primeira médica. Ainda que jamais me visse em um tribunal, senti que Direito era meu futuro – e fiz essa opção para a surpresa de todos, menos minha. Eu senti um grande frio na barriga ao decidir. Não sei se foi a escolha certa, mas seguir "meu coração" me trouxe por um caminho em que atuo em políticas públicas para melhorar vidas, o que escolhi como meu propósito, de uma maneira que medicina dificilmente me permitiria realizar.

Entender-se enquanto mulher: desaprender a ser

Ao ler o *Segundo Sexo,* de Simone de Beauvoir, tive muitas revelações e surpresas. Uma que pode parecer menor, mas a mim foi um verdadeiro choque, foi o contexto da frase que tantas vezes escrevi e vi em manifestações feministas: não se nasce mulher, torna-se. No capítulo específico em que essa conhecida afirmação aparece, Beauvoir está descrevendo vários mecanismos sociais (como a criação familiar, a escola, os ensinamentos religiosos etc.) que nos ensinam a ser "femininas", subservientes, inseguras. Beauvoir está ali fazendo uma grande crítica ao que significa se portar como mulher, demonstrando que não nascemos naturalmente inclinadas a comportamentos ditos femininos, como viver uma vida doméstica cuidando dos filhos, mas que aprendemos isso ao longo do caminho.

Se abordamos anteriormente a importância de escolher seu propósito e entender-se a si para ser a guia de suas próprias decisões, vejo como impossível para nós, mulheres, deixarmos de lado o papel desempenhado pela "construção social" de mulher ao entendermos nossos desejos, sonhos e visões de mundo. Explico-me. Sabe a história da Branca de Neve e da Bela Adormecida que, apenas quando acordadas por um beijo de um quase desconhecido, podiam encontrar seu "felizes para sempre"? Ou ainda aqueles comentários pouco elogiosos feitos na sua família que, caso você não se comportasse como uma mocinha (normalmente ditos quando você fazia algo mais energético ou impetuoso), não iria arranjar marido? Muitos deles ensinaram que parte de você, de sua felicidade e propósito estão em outro alguém (e o adjetivo masculino aqui ganha especial importância).

Se não entendemos como o fato de sermos mulheres impacta a formação de nossa personalidade, por vezes silenciou nossa própria voz e molda nossos impulsos e sentimentos diante de situações (fazendo nosso coração falar mais baixo ou se calar), perdemos a oportunidade de dar lugar a uma melhor versão de nós mesmas. As opções e possibilidades que nos foram vetadas por não termos o tal do cromossomo Y silenciam diante de nossa falta de conhecimento de que sim, elas também podem nos pertencer.

Acredito que a única arma contra a naturalização de discriminações que aprendemos desde crianças (e aqui podemos falar de tantas outras, além da de gênero) é o conhecimento, e por isso o feminismo é tão essencial à líder de si mesma[1]. Demorei um bom tempo para abraçar o feminismo, mas quando o fiz, percebi que, como mulher, tinha sempre comportamentos esperados com os quais não me identificava, e que não me faziam feliz. Um, em especial, era minha tendência a ter medo de me posicionar.

Constantemente ouvia em minha cidade de interior que "homem nenhum ia aguentar uma menina com tanta opinião" como eu. Uma parte de mim tinha vergonha de ser a pessoa que falava o que pensava, e eu moldava meu discurso para agradar minha audiência. No feminismo há um termo para isso, que é o tal do *pleasant behaviour* (comportamento de agradar), algo muito comum em mulheres. Percebi que esse constante desejo de agradar anulava o meu próprio, e que ele não era um propósito meu porque eu assim decidi, mas que fui ensinada a querê-lo. Esse conhecimento criou reflexão, e me trouxe liberdade.

Espero que para você o feminismo também lhe ajude a encontrar a liberdade de ser quem realmente existe em você. Sem ele, eu provavelmente não estaria escrevendo aqui a você, estaria me questionando a cada palavra. E que alegria saber que conhecimento nos empodera, transforma e liberta.

Referências

DE BEAUVOIR, S. *O segundo sexo*. Nova Fronteira, 2014.

FRANKL, V. E. *Em busca de sentido: um psicólogo no campo de concentração*. Editora Sinodal, 2013.

---

[1] E aqui tomo a liberdade de recomendar diferentes leituras e materiais, a saber do momento em que você, leitora, se encontra. Livros mais acadêmicos, recomendo aqueles de Simone de Beauvoir, Angela Davis e o "Dominação masculina", de Pierre Bourdieu. Caso você esteja querendo ver vídeos, o incrível tedtalk da escritora Chimamanda Adiche, "Sejamos todas feministas", pode abrir muitas ideias.

36

LIDERANÇA COM JORNADA PARA A LUCIDEZ

Há lugares dentro de si que você só descobre depois de se tornar líder.

A mudança não acontecerá se nós esperarmos por outra pessoa ou se esperarmos por algum outro momento. Nós somos as pessoas pelas quais esperávamos. Nós somos a mudança que buscamos.
Barack Obama

REJANE FILADELFI CABRAL

Graduada em Administração de Empresas pela Universidade Cidade de São Paulo e MBA em Gestão Estratégica de Pessoas pela Universidade São Judas Tadeu. Estudos em *Coaching* (IBC), Programação Neurolinguística (PNL), Autoconhecimento / Transformação (NeuroVox Academy) e Grupos de Estudos com Lousanne Arnoldi.

Rejane Filadelfi Cabral

Contatos
Instagram: @rejfila
LinkedIn: Rejane Filadelfi Cabralr

Quem você era antes de se tornar líder?

Essa é uma pergunta que requer uma resposta mais profunda do que os títulos que você tem em escolas de ensino que estudou. Eu digo que a liderança me fez transitar por caminhos dentro de mim que eu jamais pensei em explorar. Na minha primeira experiência como líder, entendi que não tem como você conseguir inspirar pessoas se não se conhecer primeiro. Seu passado e seu presente lhe mostram quem é você, antes de qualquer título que você possa conquistar.

Meus pais sempre foram um exemplo de humanidade. Em casa, o valor mais forte era o respeito ao ser humano e a honestidade. Meu pai sempre foi cordial com as pessoas e era pelo exemplo que aprendíamos. Minha mãe era sua conselheira em muitas questões de conflitos e decisões, e até hoje tem uma palavra de bênção para nossas vidas.

Desde cedo, meu pai nos incentivou a trabalhar. Ele acreditava que ser funcionário público seria o melhor para uma vida confortável, tranquila e segura, e assim segui. Passei por duas empresas públicas e numa delas exerci a minha primeira liderança. Foi um período muito difícil, fortalecido pelos valores aprendidos em casa e pelo processo de terapia.

Em 2003, enfrentei minhas dores e meus medos e resolvi participar de uma experiência para o meu desenvolvimento pessoal, uma vivência que me deixou mais lúcida. Reconheci que eu não estava sozinha nessa jornada.

Este é um capítulo que vai além da liderança, é um mergulho dentro de si para encontrar o seu verdadeiro eu, porque somente quando soubermos quem somos poderemos nos tornar líderes de nós mesmos e liderarmos as demais pessoas com efetividade e afetividade.

Enxergue o mundo com os seus olhos

Curioso o subtítulo, não é verdade? Sempre dizem que você precisa ter empatia e enxergar os acontecimentos com a visão do outro, entretanto, não é assim que acontece, pois cada um tem uma história e você tem a sua. Apenas respeite o momento de cada um.

Todos nós temos que olhar para a nossa vida e regar o nosso jardim antes de doar. Vão ter dias que você poderá pensar "Por que acordei hoje?", e está tudo bem, porque a vida não é uma linha reta, mas um caminho com curvas, declives, aclives, algumas pedrinhas, e outras pedras maiores, pontes estreitas e altas, e estradas de terra com muitos obstáculos e o mais encantador de tudo isso é que você poderá escolher como vai passar por esse caminho.

Entenda que você é o protagonista das suas escolhas. Será que não é egoísmo pensar assim? Talvez seja isso que você esteja pensando, mas não, não é. Quando você viaja de avião, a orientação é que, ao cair das máscaras, você a coloque em seu rosto primeiro e depois ajude as outras pessoas. Sabe por quê? Como vai ajudar outras pessoas se você estiver sem oxigênio? Como vai ajudar as outras pessoas a se desenvolverem, a se conhecerem e despertarem a melhor versão delas, se você ainda não se conhece?

Antes de iniciares a tarefa de mudar o mundo, dá três voltas na tua própria casa.
(Provérbio chinês)

Lucidez, luz que transforma

Como ser uma pessoa que consegue se conectar consigo mesma?

Depois que comecei a minha busca pelo autoconhecimento, não parei nunca mais. Aproveito as oportunidades quando o assunto é autodesenvolvimento. Faço terapia, participo de grupos de estudos, mentoria e *workshops*.

Alcançar a lucidez é uma experiência maravilhosa e, de certa forma, um pouco assustadora. Sim, nem tudo em nós é luz. Enfrentei e enfrento meus medos e sombras até hoje, e é isso que me faz ser uma pessoa melhor. Busco encontrar a minha verdade. Isso me fez entender que assim como eu tenho sombras e luz, as demais pessoas carregam suas cicatrizes, dores e traumas.

Pedi a uma de minhas gerentes para que comentasse algum fato sobre mim que para ela foi marcante. Ela contou que um dia meu filho ligou na empresa me procurando e eu estava em reunião e que ele ficou bravo porque eu não pude atendê-lo. Quando me passou o recado, eu quis saber como o meu filho a tinha tratado: "Quero saber exatamente o que e como ele falou com você. É muito importante para mim. Estou num processo de educação e me preocupo em ensiná-lo sobre o respeito por todas as pessoas".

Em seguida, relatei a ela um acontecimento onde estávamos eu e meu filho parados no semáforo, e um pedinte se aproximou. Aproveitei o momento e expliquei a ele sobre diferenças sociais e a importância do respeito.

Não é fácil a jornada, qualquer que seja, depende de luta, quedas, alegrias, tristezas, raivas, decepções e de estarmos atentos às mudanças que o aprendizado é capaz de nos proporcionar. "Sim, eu tenho minhas sombras, sigo na minha transformação, me aceito, me amo e sou feliz".

A felicidade é simplesmente uma questão de luz interior.
(Henri Lacordaire)

Se a palavra é de ouro, o silêncio é de prata

Você escuta para responder ou para compreender?

Ter uma boa oratória é um dom maravilhoso, mas a sabedoria que se esconde no silêncio é perfeita. Eu aprendi que quem está em silêncio nunca está sozinho. Está com sua intuição, está consigo. Sabe aquela voz que sempre está com você? A voz que te guia, te ajuda a tomar decisões, que sempre conversa com você? Todos temos essa voz, no entanto, em muitos momentos, o ambiente é tão poluído que não conseguimos ouvi-la.

O poder da escuta ativa é uma das características da gestão humanizada e aqui, da mesma forma que você enquanto líder precisa ouvir seus liderados e compreendê-los, o mesmo precisa acontecer consigo mesmo. Você precisa se ouvir!

Participei do Retiro do Silêncio em 2018 em um templo budista. Foram três dias em total silêncio. Em um dos dias tivemos que cuidar do jardim, tirar as ervas daninhas, carpir. Só o monge falava e passava as instruções. Eu reparei que algumas pessoas estavam sem motivação, meio deitadas, na grama, tirando um por um os matinhos com a mão, como se estivessem fazendo "corpo mole". De repente, veio no meu pensamento: "Você está julgando essas pessoas por quê? Você também não age assim em certos momentos?" Refleti. Estava mesmo julgando o outro. "Quantas vezes fiz isso sem ter consciência do que estava fazendo?" Esse retiro foi uma experiência enriquecedora de aprendizado, conexão e sabedoria.

Ser grata vai transformar sua vida

> *O que é conformar-se, o que é aceitar? O que é gratidão verdadeira mesmo sem ter nada? Às vezes tendo nada temos mais, por que não temos nada a perder. As coisas mudam. Não há nada fixo, nem nada permanente. Então não reclame. Quanto mais você reclama, mais você entra num círculo vicioso[...]*
> (Monja Coen)

Clarissa Pinkola Estès disse: *"Quando as mulheres abrem as portas das suas próprias vidas e examinam o massacre nesses cantos remotos, na maior parte das vezes elas descobrem que estiveram permitindo o assassinato de seus sonhos, objetivos e esperanças mais cruciais".*

Não é fácil entender o que acontece conosco, mas ser grato vai transformar a sua vida. Quase sempre sentimos que não estamos preparados, o medo vem e te faz pensar em todos os cenários piores possíveis, e só ficamos com medo porque não aprendemos a confiar e seguir em frente.

Eu danço tango e descobri na dança uma ponte de conexão comigo e com o outro. No momento em que a música começa, há uma conversa entre nós. E depende dos dois. Um pergunta, o outro escuta e responde, e assim segue a arte de dançar.

Primeiro lugar, PROAM, Tango BA Festival Y Mundial em Brasil/Argentina, com meu professor, Vinicius Souza, e parceiro na competição.

Recordo-me de uma vez que meu professor me convidou para participar do Festival Mundial de Tango. Comentei que não estava pronta para a competição. Ele me fez refletir quando disse que nunca estamos prontos, que eu deveria ir pelo desafio, pela experiência e dar o meu melhor.

Esse episódio me ajudou a assumir a cadeira do RH em 2020 no meio de uma pandemia. Talvez um dos momentos mais desafiadores da minha vida, e me recordei que nunca me sentiria pronta.

Madre Teresa de Calcutá disse que mesmo que você considere que o que faz é uma gota no oceano, sem ela o oceano ficaria menor. Todas as ações que você faz em prol do outro, ainda que pequenas e simples, podem ter um impacto profundo na vida dessa pessoa.

No final de 2020, fizemos na empresa uma ação chamada MURAL DA GRATIDÃO. Montamos um grande painel e distribuímos papel adesivo entre os colaboradores para que eles escrevessem pelo que eram gratos. Reuni todos depois e li as mensagens deixadas. O resultado foi emocionante.

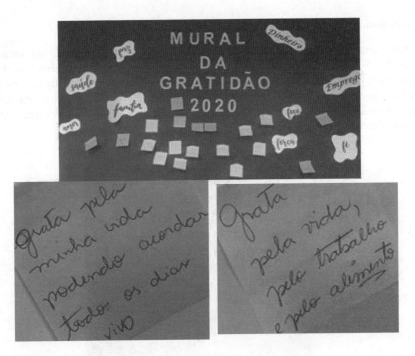

Muitos vieram me agradecer. A energia que emanava foi maravilhosa. Na simplicidade nós conseguimos tocar as pessoas. E você, pelo que é grato?

Encontrando o seu PORQUÊ

No livro "O velho e o menino", de Roberto Tranjan, você encontrará o caminho para a descoberta do seu propósito. Outra ferramenta para descobrir o seu propósito se chama *Ikigai* (em japonês), que significa a razão de viver. Para encontrar o *Ikigai* some a missão, vocação, profissão e paixão.

Paixão: O que você ama + o que você é bom.
Profissão: O que você é bom + o que você é pago para fazer.
Vocação: O que você é pago para fazer + o que o mundo precisa.
Missão: O que o mundo precisa + o que você ama.

Toda manhã é um milagre

Já parou para pensar em quantas pessoas dormem e não acordam mais? Pensar nisso faz com que você já comece o seu dia com gratidão por ter a oportunidade de viver mais um dia. Ter uma rotina matinal antes de ir para o trabalho é algo que muda o seu modo de começar o dia. Meditar, atividade física e Yoga são momentos que me fazem muito bem, além dos vários baralhinhos, que adquiri com frases, perguntas e questionamentos. Às vezes, no dia a dia, diante de alguma situação, eu mentalizo e sinto qual a cartinha que quero receber a mensagem.

Você pode orar, pode meditar, fazer afirmações e visualizações. Sinta o que faz sentido para você. É mágico se sentir vivo.

A sabedoria da vida

Faz 2 anos que perdemos nosso cachorrinho, com apenas 3 anos de vida. Ficamos arrasados. Após a sua morte, meus filhos não queriam outro animalzinho, pois a dor da perda foi muito grande. No ano passado ganhei um quadro lindo, de uma pessoa muito especial, com a foto do meu falecido Oliver. Neste dia, eu entrei em conexão com o Universo e tirei uma carta de um dos meus baralhinhos. A carta trazia a seguinte mensagem:

Então entendi como um sinal, que já era hora de termos novamente um cachorro. Não contei a ninguém e fui atrás de encontrar um cãozinho que me escolhesse. Eu digo que não fui eu que o escolhi, nós nos escolhemos. Hoje tenho uma profunda conexão com o Toby e o amamos demais.

O que quero dizer com esse fato? A vida é muito sábia. Existe um fluxo natural das coisas, e parece que no "fim" tudo se encaixa, talvez não como esperávamos ou queríamos, mas que foi o melhor porque era exatamente o que estava preparado para nós. É preciso confiar em si mesmo, na sabedoria da vida e ter muita fé em Deus. Talvez você deixe de acreditar em si mesmo em algum momento, mas tudo o que deseja está dentro de si. Ninguém conhece a sua própria força até precisar ser forte. Os desafios nos tornam mais fortes se soubermos enxergá-los com gratidão e aceitação.

A liderança me faz passear por todas as ruas dentro de mim que eu nem sequer sabia da existência. Já pensou sobre isso, afinal, quem lidera sua vida?

Eu espero que você esteja apreciando a sua jornada da liderança, aproveitando para ir ao encontro da sua lucidez, fazendo a sua luz brilhar e iluminar todos à sua volta.

> *Existe uma presença e um poder dentro de nós que nos orienta e nos guia, tornando nosso caminho fácil e suave. Nós só precisamos tomar consciência desse poder e deixar que ele trabalhe para nós. Dentro de nós estão as respostas para todas as perguntas que podemos fazer. Você não tem ideia do quanto é sábia.*
> LOUISE HAY

Referências

ESTÉS, C. P. *Mulheres que correm com os lobos*. São Paulo: Rocco, 2018.

MOGI, K. *Ikigai: Os cinco passos para encontrar seu propósito de vida e ser mais feliz*. São Paulo: Astral Cultural, 2018.

TRANJAN, R. *O velho e o menino*. São Paulo: Buzz Editora, 2017.

37

E NA MATERNIDADE APRENDI O SENTIDO EM SER LÍDER DA MINHA VIDA

Neste capítulo, conto sobre a minha transição profissional após a maternidade, por meio de um chamado forte para o meu autoconhecimento, fui convidada a olhar para os meus valores pessoais, mudei o curso da minha vida, e depois de 19 anos dentro das organizações, ocupando inclusive cargos de gestão, hoje me sinto verdadeiramente gestora da minha vida. Um capítulo sobre liderança, sentido, maternidade e propósito, escrito com muito carinho para vocês.

RENATA MARIA DIAS ANDRADE

Renata Maria Dias Andrade

Renata Maria Dias Andrade, 42 anos, casada, mãe da Júlia. Psicóloga, pós-graduada em Gestão de Pessoas, e em Psicologia Positiva, *coach* e *thetahealer*. Possuo 19 anos de experiência em Recursos Humanos, sou apaixonada pelo desenvolvimento humano, com foco no autoconhecimento pessoal e profissional para escolhas assertivas e permanentes. Atualmente, trabalho como autônoma com consultoria de desenvolvimento humano, *coaching* e *thetahealing*. Minha missão: apoiar pessoas ao encontro do seu propósito de vida por meio do amor e do autoconhecimento, tendo a felicidade, a leveza, a flexibilidade, o sentido, a resiliência e a diversão como fatores principais dessa busca.

Contatos
renatamda22@gmail.com
Instagram: @eu.renataandrade
31 99476 5128

Um dia precisei escolher uma profissão. Me vi apaixonada pelo ser humano, pelo desenvolvimento humano e pela busca do autoconhecimento, ali, aos 18 anos. Após muita busca, muita leitura, escolhi a Psicologia. E de lá pra cá já se foram 18 anos de formada e uma longa jornada na busca do autoconhecimento, sempre com foco no desenvolvimento humano. Sou uma eterna apaixonada pelas infinitas possibilidades que a vida nos apresenta. Passei por muitas empresas, conheci muitas pessoas, realizei muitas viagens de trabalho e ministrei vários treinamentos. Fui gestora, tive uma equipe grande de trabalho, cuidei de várias cidades e precisava a cada dia me conhecer ainda mais para ser uma líder que inspirasse e capacitasse meus liderados.

Porém, em 2015, tudo mudou. O sonho de ser mãe se realizou e com ele a Executiva que trabalhava loucamente, viajava todas as semanas e enfrentava grandes desafios, de repente desapareceu, dando espaço para uma mulher com medos, inseguranças e culpa. Sim, uma culpa grande ocupava a minha vida agora, porque, de repente, como eu seguiria dali por diante? Sendo mãe da Júlia ou dando sequência ao meu trabalho que era bem-sucedido e me deixava antes do nascimento dela muito feliz? Após a licença-maternidade, voltei ao trabalho, mas nunca mais com a motivação de antes. Parece que algo havia se desencaixado aqui dentro. Segui por quatro anos como profissional e mãe, tentava ser a profissional de antes e me entregar ao trabalho 24 horas por dia, mas o amor pela minha filha falava mais alto. Ficar dentro de uma empresa o dia todo e só ver a minha filha à noite estava errado. Meu pensamento era "se eu amo ela mais que tudo na vida, é com ela que eu tenho que ficar mais tempo e não no trabalho". Foram anos de angústia, choros, e muita caminhada de autoconhecimento para entender definitivamente que eu tinha mudado a minha vida, que minhas escolhas eram outras e que agora eu teria que mudar o curso da minha vida.

Fiz formação em *Coaching*, que só reforçou os meus valores pessoais e percebi que os principais eram **Família, Liberdade e Fazer o que se Ama**. Sim, essa era a minha meta de vida em 2016, e não por acaso fui demitida pela primeira e única vez na vida e fui me aventurar como autônoma por oito meses. Amei a experiência, ficava mais tempo com a Júlia, tinha liberdade de horário, chegava mais cedo em casa, mas ainda não fazia o que eu amava profissionalmente. Em meio a este trabalho, vieram crenças, medos e perguntas: "Como eu ia ganhar dinheiro sendo autônoma?" Agora eu era mãe e precisava, sim, ter um salário fixo, bons benefícios, era preciso ter juízo. Então, voltei para o mercado por mais três anos e nesse meio continuava a minha busca pelo autoconhecimento. Foi aí que comecei a ter vontade de dar cursos, de fazer uma jornada de autoconhecimento repassando tudo aquilo que eu estava acessando e aprendendo. Mas algo me prendia ainda em não me movimentar. Um dia me sentei e como num passe de mágica escrevi o curso todo, desenhei os temas, fiquei de verdade encantada por tudo que estava vivendo, mas pensava: "Como vou viver dando cursos?" Sou mãe, preciso trabalhar. Muitas vezes me perguntei: "Como vou ser reconhecida pelas pessoas sendo autônoma e dando cursos se não tenho mais uma empresa para me nomear e me legitimar?" Foi aí que me aventurei em fazer uma formação completamente diferente de tudo que eu havia feito, uma formação em *ThetaHealing*. E me peguei cheia de crenças que me limitavam, inclusive a crença de que precisava me apresentar para as pessoas como alguém vinculado a um local, com carteira assinada, salário fixo e benefícios e que somente assim me reconheceriam verdadeiramente. Foi um processo longo de muita angústia perceber que, na verdade, o que eu queria era me libertar de tudo aquilo que estava vivendo, e de fato refazer a minha história com a minha transição de carreira. Precisei abandonar a minha vaidade de ser uma "Executiva" vinculada a um local e a um cargo. Foi preciso me redescobrir como ser humano e profissional. Logo após a minha primeira formação em *ThetaHealing*, vieram mais duas. E, nesse intervalo, eu divulguei o meu curso, o DAQUI POR DIANTE. Afinal, tudo isso falava da minha vida, eu precisava dizer para as pessoas que sim, várias coisas acontecem em nossas vidas, mas o importante de verdade é saber como devemos seguir daqui por diante. E eu só vejo uma maneira: por meio do autoconhecimento, mergulhando na nossa essência e nos libertando de crenças limitantes. E, no meu caso, trabalhando muito a minha vaidade de não ser mais vinculada a nenhum ambiente e acreditando que o sucesso viria através de ser quem eu sou e trabalhar trazendo para as pessoas a minha verdade, os meus conhecimentos e o meu propósito de vida.

Nesse intervalo, consegui liberar o meu curso e comecei as turmas aos sábados de manhã. Que alegria eu sentia em viver o meu propósito acontecendo, que alegria dar um curso que eu havia construído cada etapa, que alegria falar com tanta propriedade da minha jornada de autoconhecimento e ver que fazia sentido na vida dos meus alunos. Quantos *feedbacks* lindos eu recebi, quanta transformação ao longo dessa jornada e como eu acordava feliz dando o meu curso. Era muito diferente o sábado de manhã do restante da semana. Viver do nosso propósito é desafiador, mas traz um sentido para a vida que não conseguia descrever em palavras, apenas em estado de espírito. Todos ao meu redor me falavam o quanto eu estava mais animada, mais feliz, mais conectada à minha essência.

Pedi demissão, com o apoio da família. Olhava para a minha filha e nem acreditava que ficaria mais tempo com ela. Decidida a sublocar um espaço para trabalhar com *Coaching*, Consultoria de Desenvolvimento Humano, *ThetaHealing* e ministrando meus cursos, me vi com coragem e apoiada pelo meu esposo, filha e família em recomeçar. Afinal, tinha me planejado financeiramente para isso e teria as tardes e noites livres para me dedicar. E na parte da manhã ficaria por conta da minha filha, levaria ela para a escola e teríamos um tempo bem maior juntas. Estava animada para viver esta nova vida que havia planejado e ela durou exatamente uma semana. Sim, uma semana e veio a pandemia. A escola da Júlia fechou, o país parou e eu me vi sendo mãe 24 horas por dia e precisando trabalhar. Afinal, são três pilares importantes na minha vida: **Família, Liberdade** e **Fazer o que eu amo**. E abrir mão de viver o meu propósito profissional não estava nos meus planos, eu só queria mudar de "trabalhar muito com algo que não amava mais" para "trabalhar com qualidade naquilo que preenchesse a minha alma com liberdade e muito mais perto da Júlia". Nem parei para sofrer, pensei que teria que fazer daquele momento um processo de oportunidades para realmente focar em divulgar o meu trabalho. E me reconhecer nesta nova fase como mãe, dona de casa, empreendedora e esposa. Os clientes foram vindo, fui criando os meus projetos, atendendo com o *ThetaHealing*. Lembram daquela formação que fiz e transformou muito a minha jornada sendo um dos meus motivadores para a demissão? Pois é, passei a ser uma profissional do *ThetaHealing* e hoje dou meus cursos, faço meus atendimentos e minha consultoria, focada sempre no autoconhecimento pessoal e no autoconhecimento profissional com o foco em escolhas assertivas e perenes.

Um ano e dois meses se passaram da minha demissão, e nesse período estou vivendo meu propósito intensamente. **Família, Liberdade e Fazer o que se ama** são pilares e valores que têm norteado a minha rotina. O medo às vezes vem porque fomos criados para sermos uma repetição do que a sociedade faz, não é verdade? Mas eu escolhi criar a minha obra, viver do meu propósito e deixar o meu legado. Mark Twain diz que "os dias mais importantes da nossa vida são o dia que nascemos e o dia em que descobrimos o porquê". E isso faz muito sentido para mim. No livro *Propósito*, de Sri Prem Baba, ele cita que o propósito é uma vontade imensa de realizar/alcançar algo que de fato faça sentido à minha existência e, consequentemente, me traga o sentimento de felicidade e completude, tanto no pessoal quanto no profissional. E é exatamente isso que eu estou vivendo através das minhas escolhas e dessa jornada que eu escolhi. Segundo Prem Baba, neste mesmo livro ele cita que "O propósito é a realização daquilo que somos e não daquilo que fazemos, ou seja, é a autorrealização que não é profissional e nem material e sim da lembrança verdadeira de quem nós somos, a nossa essência, a nossa raiz".

Se existe algo que traz sentimento de completude para o ser humano é quando ele toma consciência do propósito de sua alma. Quando ocorre este alinhamento, entre o interno e o externo, ser e fazer, sentimos a tão sonhada alegria em acordar pela manhã para colocar nossos dons e talentos em prol do nosso trabalho, da nossa equipe, dos nossos pares e também da nossa família". A verdade é que estamos num momento tão fluido das relações humanas que praticamente não existe a separação entre propósito pessoal e profissional. A ideia que tínhamos antes que a vida começa quando eu saio do trabalho acaba sendo substituída por coisas muito mais atraentes como "trabalho e vida são uma coisa só". Por isso, é preciso fazer sentido, é preciso estarmos no papel de observadores da nossa vida e nos lembrarmos todos os dias: "Por que eu escolhi estar aqui? E o que eu posso fazer para que essa jornada seja repleta de sentido para mim?" Baseada nessas respostas, hoje eu posso afirmar que foi após a maternidade que toda essa transformação aconteceu na minha vida, foi ela que trouxe tantas reflexões e foi encaixando as peças que há muito não faziam mais sentido. Por mieo dessa relação e desse amor conheci os meu valores reais, aqueles que de fato movem a minha vida. Por isso hoje vivo todos os dias mais calma e mais conectada à minha obra, ao meu propósito. E sempre conectada ao legado que quero deixar, especialmente para a minha filha Júlia.

Fica aqui o meu carinho a cada um de vocês que estão lendo este capítulo e espero de verdade que minha história traga sentido à vida de vocês, acessando o propósito e trazendo a coragem para toda e qualquer transformação que seja necessária daqui por diante.

38

O SEXO DO CÉREBRO
EXISTE UMA LIDERANÇA FEMININA DO PONTO DE VISTA NEURAL?

Os cérebros dos homens e das mulheres são diferentes? De onde vêm as diferenças de comportamento? Existe uma liderança feminina e uma liderança masculina?
Não há dúvida que mulheres e homens ocupam posições distintas em nossa sociedade. Basta olhar a política, os lares, os cargos de chefia, a renda...
Mas será que essas diferenças podem ser biologicamente justificadas?
Os recentes estudos da neurociência já veem derrubando pressupostos que sustentavam a medicina, a psicologia, a educação. Agora chegou a vez da liderança.

SOLANGE DE CASTRO

Solange de Castro

Solange de Castro é mestre em Administração, pós-graduada em Administração de Recursos Humanos, em Neurociência Aplicada às Organizações, e tem MBA em Desenvolvimento Integral do Potencial Humano.

Sua formação também inclui especializações em Dinâmica de Grupo, Desenvolvimento de Comunidades de Aprendizagem e *Coaching* com certificações internacionais, com milhares de horas dedicadas ao atendimento e formação de lideranças. Professora de pós-graduação desde 2003, atua em nível nacional com disciplinas ligadas à Liderança, Gestão de Pessoas, Comportamento Organizacional, Dinâmica de Grupo e subsistemas de Recursos Humanos.

Consultora e empresária, tem desenvolvido projetos em instituições públicas e privadas, ajudando as organizações a ajustarem suas culturas a uma visão mais integral do ser humano.

Por reconhecer a relevância das organizações para a sociedade, e do labor para o homem, seu objetivo é mudar a forma como trabalhador, organização e sociedade se relacionam, tendo a liderança como centro dessa transformação.

Contatos
www.caminhosdalideranca.com.br
solange@caminhosdalideranca.com.br
YouTube/ LinkedIn: SolangedeCastro
Facebook: ConsultoraSolangeCastro
Instagram: @solangedc_
61 99111 5161

Vamos começar com um quiz!
Assinale V (verdadeiro) ou F (falso):

☐ Mulheres são mais emotivas do que os homens.

☐ Homens são mais agressivos e pensam mais em sexo.

☐ A mulher é mais sensível, compreensiva e empática do que os homens.

☐ Mulheres se preocupam mais em ajudar os outros, e os homens se preocupam mais com seus objetivos pessoais.

☐ As diferenças morfológicas entre os sexos explicam as diferenças de aptidão, temperamento e inteligência.

☐ Mulheres se destacam pela comunicação e os homens pela facilidade de orientação espacial e raciocínio matemático.

☐ Mulheres preferem profissões ligadas ao cuidado do outro e os homens com sistematização de coisas.

Antes do gabarito, tenho outra pergunta: você acha importante identificar (e explicar) as diferenças entre o sexo feminino e masculino[1]?

Pois saiba que até o final do século XVIII homens e mulheres não pertenciam a sexos diferentes. Para a diferença nas genitálias a explicação era simples: os órgãos sexuais são os mesmos, mas nas mulheres eles estavam localizados no interior do corpo devido à falta de calor vital. Isso mesmo! A mulher era um homem invertido, menos perfeito e hierarquicamente inferior, e bastaria que recebesse mais calor para ascender na hierarquia e virar masculino (LAQUEUR, 2001).

No final do século XVIII essa história mudou. Homens e mulheres passam a ser vistos como opostos, o chamado dimorfismo sexual. A vagina se separa do pênis, os lábios vaginais do prepúcio, o útero do escroto, os ovários dos testículos (lembre-se, era tudo a mesma coisa!). E separam-se também as qualidades humanas em femininas X masculinas.

Voltemos ao quiz que você respondeu. Lá estão "qualidades" femininas e masculinas, certo? Para além das partes íntimas, observe que mulheres são identificadas e diferenciadas por determinadas aptidões, comportamentos, preferências.

---
[1] Sexo diz respeito à anatomia e à fisiologia (natureza), enquanto gênero representa as forças sociais, políticas e institucionais que moldam os comportamentos e as constelações simbólicas sobre o feminino e o masculino.

Isso confirma que existem diferenças entre o cérebro do homem e da mulher? As afirmativas do quiz são verdadeiras? E isso tem impacto na forma como se lidera?

Comecemos pelo cérebro.

Sim, há diferença. O cérebro do homem é maior e têm ventrículos maiores. As mulheres têm um córtex mais espesso, mais substância cinzenta e menos substância branca.

No século XIX, neuroanatomistas acreditavam que nossas funções mentais e intelectuais estavam concentradas no lobo frontal (parte do nosso córtex), e que o tamanho do cérebro tinha relação direta com a inteligência. Nessa época, eles já sabiam que o cérebro dos homens era maior, e acreditavam que eles também tinham um córtex maior. Cérebro maior e córtex maior... Adivinha quem era mais inteligente e capaz?

Com a chegada de um novo século (e de novas tecnologias), descobriu-se que o lobo frontal feminino era, na verdade, maior do que o masculino. E se o tamanho do cérebro fosse importante, a baleia azul – com seu cérebro de mais de 7kg – dominaria o planeta.

Você deve estar pensando que, com esses achados, os cientistas mudaram o discurso e passaram a defender a superioridade da inteligência feminina. Ou ao menos deixaram essas comparações de lado, certo?

Mas como destaca Poeschl (2003), enquanto as classificações e comparações dos seres humanos entre raças e classes sociais se tornaram politicamente incorretas, comparar homens e mulheres não parece ter problema nenhum. E, assim como as baleias, a explicação biológica para a superioridade das "qualidades" masculinas sobre as femininas continuou a ser incansavelmente caçada.

A referida autora realizou uma grande revisão da produção científica desde o século XIX e nos apresenta o que essa "caça" às diferenças encontrou (aproveite para checar suas respostas no quiz).

As mulheres falam mais? Na verdade, os homens interrompem mais a fala (principalmente das mulheres) e, de forma geral, falam mais do que elas.

Empatia e comunicação? As pessoas no exercício de profissões ligadas ao atendimento, como enfermeiros(as) e comissários(as) de bordo, são mais comunicativas e decifram melhor as emoções dos outros (empatia), independentemente de serem mulheres ou homens.

Ajudar os outros? Os homens ajudam mais estranhos em dificuldades e as mulheres são mais prestativas com familiares e com pessoas próximas. A diferença está em quem é ajudado e não no sexo de quem ajuda.

Agressividade? A variação entre os sexos é de apenas 5%.

O fato é que quanto mais se pesquisa, mais se descobre que temos poucas diferenças entre os cérebros de homens e mulheres, que as diferenças existentes são muito pequenas, inconsistentes, variam de acordo com o contexto e podem ser fruto de outras variáveis.

Muito bem, se não há diferenças biológicas entre cérebros femininos e masculinos, se somos muito parecidos em termos de habilidade cognitivas, intelectuais, emocionais, características de personalidade, interesses e atitudes, de onde vêm essas desigualdades entre homens e mulheres? Por que elas ocupam apenas 37,4% dos cargos de chefia, passam o dobro do tempo com os afazeres domésticos, ganham ¾ da remuneração dos homens? E por que essa diferença salarial aumenta quanto mais alto é o cargo na hierarquia da empresa? (IBGE, 2021).

Alguns pesquisadores já têm colocado o dedo nessa ferida e destacam que, ao problematizar as diferenças de gênero do ponto de vista biológico, deixa-se o caminho aberto para que as diferenças cognitivas, comportamentais, bem como as desigualdades sociais entre mulheres e homens, sejam justificadas biologicamente (DO AMARAL, 1985; CITELI, 2001).

A explicação não está no tamanho do cérebro nem na espessura do córtex? Não tem problema! Vamos olhar os genes, os hormônios, vamos procurar em outras áreas do cérebro!

Como nos lembra Citeli (2001), os dados de pesquisa nem sempre levam os cientistas a superar os estereótipos de gênero que enviesam seus olhares sobre a natureza humana. Ao contrário, permitem levar os estereótipos para o nível das células, fazendo-os parecer naturais e impossíveis de serem mudados.

Outros autores vão além e destacam como esses discursos são construídos numa "linguagem técnica", com base em "testes e pesquisas" feitas por pessoas "renomadas", em intuições "conceituadas" e publicadas em revistas "científicas". Ou seja, como questionar se é a ciência que está falando?

Stephen Jay Gould, um biólogo evolutivo dedicado a combater os abusos dessa visão determinística, assim resume essa questão:

> *Poucas tragédias podem ser maiores que a atrofia da vida; poucas injustiças podem ser mais profundas do que o ser privado da oportunidade de competir, ou mesmo de ter esperança, devido à imposição de um limite externo, que se tenta fazer passar por interno.*
> GOULD (1999)

Sim, as mulheres são privadas da oportunidade de competir por não possuírem supostas "qualidades". São limitadas por estereótipos travestidos de ciência e reforçados por uma imprensa que escolhe a manchete que vende em detrimento da análise dos dados das pesquisas, áridos e questionáveis. Estamos usando o aparato neurocientífico para mascarar os verdadeiros problemas sociais que promovem a discriminação das mulheres.

Já sabemos do poder de nossa plasticidade neural. Esta, sim, biologicamente incontestável, e que explica por que meninas, desde muito cedo, acreditam que devem cuidar de pessoas (bonecas), e meninos devem construir coisas (legos). Essa plasticidade (também chamada de aprendizagem), é que deveria estar sendo explorada. Não para justificar as diferenças, e sim para ampliar as qualidades humanas. Se raciocínio matemático, por exemplo, é uma característica importante, que a neurociência seja aplicada para ajudar no seu desenvolvimento, e não para dizer: "não é boa em matemática, mas tudo bem, é uma menina."

Dando um pequeno salto para as organizações e para o fenômeno da liderança, temos observado esses mesmos vieses e estereótipos, só que agora sob o codinome de *liderança feminina X masculina*. As ditas "qualidades femininas" são generalizadas e passam a descrever práticas e estilos de gestão. Basta olhar as afirmativas do nosso quiz e você reconhecerá lá a "liderança feminina" (emotiva, compreensiva, empática, preocupada com o bem-estar da equipe) e a "liderança masculina" (focada em resultados, objetiva, racional, competitiva).

Mas, como vimos, essas não são características masculinas ou femininas, são apenas características. Ponto.

É comum ouvirmos que para crescer na empresa as mulheres precisam se comportar como homens. Se "chegaram lá" é porque abriram mão de suas qualidades femininas. Mas se não existe essa distinção, do que estamos falando?

A discussão, na verdade, é sobre modelo de gestão, cultura organizacional e valores sociais. É sobre as características, qualidades, padrões que o mercado valoriza e premia.

Olhemos o famoso estudo sobre Liderança Alfa, de Kate Ludeman e Eddie Erlandson, por exemplo. Nessa teoria, cujo *assessment* tem sido utilizado por *coaches* e profissionais de RH mundo afora, líder alfa é definido como "uma pessoa que tende a assumir papel dominante em situações sociais ou profissionais, ou que é tida como possuidora das qualidades e confiança para liderança" (LUDEMAN, 2007).

As principais características dos alfas são **agressividade, competitividade, coragem, senso de urgência** e **ambição**. Acredita-se que 50% da média gerência seja formada de alfas e que eles sejam 75% dos altos executivos. Ou seja, sobem mais na hierarquia das empresas as pessoas que possuem essas características (sejam elas homens ou mulheres).

E apesar da teoria falar em "líder" alfa, precisamos fazer mais uma ressalva. Assim como sexo e gênero são coisas diferentes (ainda que correlacionados), gestão e liderança também são coisas diferentes.

Falar de hierarquia, autoridade, competências gerenciais, otimização de recursos, sistemas e processos é falar de gestão. E nossos modelos de gestão estão sustentados em cadeias de controle e comando, com competição acirrada, focadas no curto prazo e que exploram os recursos (onde os humanos são incluídos). Ou seja, temos um modelo alfa de gestão, onde, naturalmente, pessoas com comportamentos alfa serão valorizadas e reconhecidas.

Mas liderança é outro conceito. Primeiramente, enquanto fenômeno social, a liderança extrapola as paredes organizacionais e está presente na política, na religião, nas comunidades, nas escolas, nos movimentos sociais.

Kouzes e Posner (2013) dedicaram suas vidas a entender esse fenômeno. Em 30 anos de pesquisa foram mais de 5 milhões de questionários aplicados em 72 países e, como eu disse, para além do mundo corporativo.

Para entender o que caracteriza esse fenômeno, os autores perguntam aos liderados:

- Que qualidades um líder deve ter para inspirar que você o siga voluntariamente?
- O que faz dessa pessoa um líder para você?
- O que você espera de seus líderes?
- O que gera admiração e respeito?

Desde o início das pesquisas, essas são as características que mais aparecem, disparadas, na frente:

1. Honestidade
2. Antecipar os acontecimentos
3. Ser inspirador
4. Ser competente

Pergunto a você: essas são características masculinas ou femininas?
Como podemos ver, a verdadeira liderança não tem sexo.

Os autores apresentam então os chamados "desafios da liderança", que são as atitudes, comportamentos, as práticas que constroem a liderança e faz com que uma pessoa tenha seguidores:

1. Desafiar o estabelecido
2. Inspirar uma visão compartilhada
3. Permitir que os outros ajam
4. Apontar o caminho
5. Encorajar o coração

Não vou detalhar cada uma delas, pois fugiria do escopo da nossa reflexão, mas novamente não há nada que separe esses desafios em femininos X masculinos. E o mais importante: todas podem ser aprendidas e desenvolvidas. Não existe liderança nata.

E para encerrar, um outro quiz para você. Marque V ou F:

☐ Precisamos rever quais as virtudes e características que queremos para nossas organizações. A discussão é sobre valores e não sobre sexo.

☐ Ao invés de buscar causas biológicas para as desigualdades entre os sexos, deveríamos reconhecer (e combater) a discriminação, os estereótipos, o modelo econômico, os privilégios, os vieses que sustentam essa diferença.

☐ As afirmações das ciências sobre os corpos femininos e masculinos estão impregnadas pelos valores dos pesquisadores e pelo *Zeitgeist* de cada época, não podendo ser tomadas como espelho da natureza.

☐ Nosso cérebro, que está em constante transformação, vai continuar mudando ao longo de nossas vidas, como resultado de nossas experiências, que são únicas, como um mosaico de características masculinas e femininas.

☐ Há poucas diferenças sexuais absolutas e, sem uma plena equidade social, jamais poderemos saber quais são elas.

☐ É hora de abandonar o pensamento binário e celebrar o fato de que existem muitas maneiras de ser homem, ser mulher, de SER humano.

PS.: No 1º quiz, todas as afirmativas são falsas. Neste último, deixo você com a reflexão.

Referências

CITELI, M. T. Fazendo diferenças: teorias sobre gênero, corpo e comportamento. *Revista estudos feministas*, v. 9, n. 1, p. 131-145, 2001.

DO AMARAL, J. H.; DOS SANTOS, L. H. S.; JANDREY, C. M. A biologia e as diferenças de gênero. *na revista Mente&Cérebro*. Disponível em: <http://www.fg2013.wwc2017.eventos.dype.com.br/resources/anais/20/1381512309_ARQUIVO_JonathanHenriquesdoAmaral.pdf>. Acesso em: 02 dez. de 2021.

GOULD, S. J. *A falsa medida do homem*. São Paulo: Martins Fontes, 1999.

IBGE – Instituto Brasileiro de Geografia e Estatística. *Estatísticas de gênero: indicadores sociais das mulheres no Brasil*. 2. ed. 2021. Disponível em: <https://www.ibge.gov.br/estatisticas/multidominio/genero/20163-estatisticas-de-genero-indicadores-sociais-das-mulheres-no-brasil.html?=&t=publicacoes>. Acesso em: 10 abr. de 2021.

KOUZES, J.; POSNER, B. *O desafio da liderança: como aperfeiçoar sua capacidade de liderar*. Elsevier Brasil, 2013.

LAQUEUR, T. *Inventando o sexo*. Rio de Janeiro: Relume Dumará, 2001.

LUDEMAN, K.; ERLANDSON, E. *A síndrome do macho alfa*. Rio de Janeiro: Campus, 2007.

POESCHL, G.; MÚRIAS, C.; RIBEIRO, R. *As diferenças entre os sexos: mito ou realidade?* Análise Psicológica, v. 21, n. 2, p. 213-228, 2003.

39

LIDERE SUA VIDA LITERALMENTE

Relato histórias de sucesso, nas quais acolho mulheres em sofrimento e as convoco a tomar a liderança da vida com a ajuda dessa ferramenta magnífica que é a hipnose, com a qual elas mudam seu quadro clínico de uma vez por todas para só assim tomarem literalmente a liderança da vida em suas mãos, seja na indução do trabalho de parto, na superação da covid-19 ou no controle da diabetes mellitus tipo 1.

TELMA MELLO

Telma Mello

Eu sou Telma Mello, doula e bacharel em Enfermagem, especialista em Enfermagem Obstétrica pela UNASP (Universidade Adventista de São Paulo), com formação pedagógica em Saúde pela FioCruz, possuo diversas formações livres, como em Hipnose Clínica e PNL, Terapia Super Breve e Reprogramação Mental pela SIAH (Sociedade Interamericana de Hipnose), Hipnose Clínica, PNL e HipnoMater pela HipnoBrasil, PNL pelo Instituto Rogério Castilho. Agora estou me especializando por meio da pós-graduação em Hipnose Clínica pela FAMOSP (Faculdade Mozarteum de São Paulo). Atuo no atendimento como Hipnoterapeuta on-line de mulheres do mundo todo, gestantes, puérperas e "tentantes", aquelas que querem engravidar e não conseguem. Atuo também em maternidade pública, na qual posso desenvolver meus conhecimentos para levar as mulheres à liderança da sua vida.

Contatos
www.telmamello.com.br
www.flow.page/telmamello
11 94716 3380

A liderança da mulher é crucial nos tempos atuais, entretanto, eu te pergunto: Você mulher realmente tem total liderança sobre tudo na sua vida? Sobre tudo mesmo?

Como citei, sou especialista em Obstetrícia e em Hipnose, principalmente na Gestação e no Parto. E te digo, minha amiga, nós mulheres perdemos o jeito de liderar nosso corpo durante todo esse período fértil, desde a menarca ao climatério, como faziam brilhantemente nossas tataravós, bisavós, avós e, por que não, mães.

Antigamente, as mulheres sabiam exatamente como controlar as dores menstruais, costumavam tratar corrimentos, percebiam exatamente quando estavam férteis e que estavam grávidas. Não havia aplicativos para fazer esses controles, não existia a Internet para pesquisar sobre seus sinais e sintomas, simplesmente sabiam. Tudo porque sentiam, ousavam sabiamente sentir. Coisa que nós mulheres modernas não temos tempo para fazer, não nos permitimos notar, simplesmente somos consumidas por nossas tarefas diárias, de casa, do trabalho, da vida em geral que galgamos todas essas décadas para conseguir e chegar cada dia mais próximas da igualdade entre gêneros. Contudo, fizemos escolhas, e certas escolhas nos distanciaram da nossa essência, que é ser mãe.

Fomos criadas originalmente para gerar, para dar a vida a um outro ser humano. No entanto, queríamos mais, muito mais, e não há nada de errado nisso. Agora veja, muitas de nós abdicamos de nosso "felling", e isso tem um preço. Esse preço é facilmente quitado com o suor do nosso trabalho na sociedade na qual estamos inseridas, todavia, agora estamos na busca cada dia mais do elo perdido das sensações antes naturais, perdidas no tempo e espaço.

Sabe o que eu quero dizer com isso tudo? Que precisamos honrar a Deusa que existe em nós! Ela está lá, sempre esteve, te protegendo, te guiando sem você se dar conta. Quer ver?

Quantas vezes você estava com cólicas menstruais fortíssimas e pensou em tomar um chá, mas, na verdade, correu para a farmácia? Tudo porque pensou assim: "isso não funciona".

Quantas possibilidades você perdeu quando veio aquela voz interior dizendo para você fazer tal coisa assim e você fez exatamente o contrário porque sua razão disse mais alto que "isso é loucura".

Quantas e quantas vezes isso ou coisas semelhantes aconteceram e você não deu ouvidos. Pare e pense. Você deixou de seguir seus instintos.

"- Ahhh, mas instinto é de animal..."

De acordo, só que nós somos animais mamíferos, não somos?

Hoje eu atendo mulheres que desejam engravidar, "tentantes" que já gastaram rios de dinheiro para fazer tratamentos hormonais e inseminações artificiais. Ainda assim, não conseguem manter a gestação, pois vivem nervosas, ansiosas, cheias de dúvidas, medo e dor. Atendo também grávidas cheias de ansiedade, temerosas de que algo, geralmente de mal, vá acontecer com sua gestação, que vai dar algo muito errado, que não são capazes de levar a gestação até o final, e de que, se levarem, não vão conseguir parir seu bebê naturalmente, vão precisar de um parto cesáreo, eletivo, para ter a completa ilusão de que tem o absoluto controle sobre pelo menos isso, o parto. Todavia, sabem que isso pode não ser o melhor para seu filho, e por isso vêm cheias de culpa e dor por se sentirem impossibilitadas de parir um bebê como suas ancestrais fizeram tão gloriosamente por todos esses séculos.

Estou aqui para ajudar essas mulheres a perceber qual o caminho seguir. Não há nada de inadequado em ter um parto cesáreo, apenas temos de pensar que estamos falando de uma cirurgia que foi criada para salvar vidas e não para ganhar tempo ou ter o controle, pois toda cirurgia tem um risco, que pode ser imediato ou futuramente, em outra época de sua vida. E apenas deve ser indicada por seu médico quando necessitar, quando você ou seu bebê estejam em risco de vida e não por capricho ou medo.

O parto cesáreo surgiu por volta do ano de 1500, mas somente no século XVIII é que esse tipo de parto se tornou uma prática obstétrica para salvar vidas. E nós parimos de parto normal desde que o homem existe, há mais ou menos 400 mil anos: os neandertais (nossos primos evolutivos) começam a surgir e a se deslocar pela Europa e Ásia, e se estão se deslocando, estão procriando e se multiplicando. De 300 mil a 200 mil anos atrás o Homo sapiens (homem moderno) povoou a África. E de 50 mil a 40 mil anos atrás os homens modernos chegaram e começaram a povoar a Europa. Isto é, já chegamos a 7,8 bilhões de humanos no planeta, e em maioria nascemos de parto normal. Então, nascemos há muito mais tempo de parto normal ou até melhor, natural, parto vaginal mesmo, do que de parto cesáreo. Em razão disso, reflita, nós mulheres precisamos liderar novamente nossa forma de parir, a melhor forma é aquela que te faz bem, para o corpo e para a mente, visto que não há real motivo para essas mulheres gestantes estarem tão ansiosas e com esse medo todo, certo? Porém, infelizmente, muitas estão e isso não ajuda a gestação ser tranquila. Pelo contrário, isso pode fazer a mulher perder a chance de curtir plenamente sua gravidez, seu parto, seu bebê, pode até atrapalhar no aleitamento materno, pois hormônios produzidos quando estamos estressadas, com medo, dor, são prejudiciais à apojadura e à lactação.

Na mente, já sabemos que parir de parto vaginal é sem dúvida a melhor alternativa. Todos os trabalhos científicos são unânimes em dizer os benefícios de tal prática, porém, como domar o medo da dor, de não conseguir, de dar algo errado e todos os possíveis medos que surgem na mente de uma gestante durante a gestação inteira. E também, aquele medo que vem indiretamente incutido pela família, seja mãe, pai, marido etc.

Mulheres gestantes me procuram com esses diversos medos incrustados na mente, todavia, sabem que o melhor para ela e o bebê é o parto vaginal, mesmo as que têm um trauma de partos anteriores, que, só de pensar, já revivem aquela sensação anterior. Essas mulheres me procuram para resolver estas questões com a hipnoterapia e assim elas conseguem superar seus traumas e ter um parto inesquecivelmente maravilhoso, sentindo somente o que deve sentir, muito amor com tanta liberação de ocitocina, o hormônio do amor. Eu também atuo na hora do trabalho de parto de mulheres, sem nunca tê-las visto antes, para fazer com que sua experiência seja a mais agradável e tranquila possível. Veja como a seguir.

Houve um caso, em específico, que me chamou a atenção por sua rapidez na resolução do parto. Uma parturiente, gestante em trabalho de parto, estava há mais de quinze horas em indução do parto normal. Eu cheguei no plantão e ela estava totalmente desnorteada, nervosa, sentindo as contrações fortes e implorando por um parto cesáreo ou por uma anestesia peridural. Entretanto no serviço público isso é inviável ainda. Vendo seu sofrimento, indaguei a ela se queria passar por hipnose para aliviar esse desconforto e ter logo seu bebê, tomando para si a liderança do seu trabalho de parto de uma vez por todas. Ela rapidamente disse que sim, até o momento ela estava irredutível em colaborar com a equipe. Coloquei-a em transe, dado que em trabalho de parto isso é bem mais fácil fazer, e lá fomos ao banho de chuveiro. Neste ínterim, os médicos já tinham sido chamados para reavaliarem-na, mas ainda bem que demoraram, pois a hora que cheguei ela estava com seis centímetros de dilatação. Uma hora depois, quando terminou o banho, os médicos chegaram e ela já estava com dilatação total. Eles pediram a ela que fizesse força, mas o bebê não se movimentava no canal. Era óbvio, ela estava deitada e exausta, e foi assim que eu sugeri para ela se levantar e ir andando para a sala em direção à mesa de parto. Com a ajuda da Lei da Gravidade e eu a apoiando no ombro, fui do lado dela, conduzindo literalmente e com voz calma e assertiva ao pé de ouvido, induzindo-a a imaginar o seu bebê após o parto e assim finalmente se tornar mãe. E em minutos seu bebê nasceu de parto normal e ela não parou de falar que a hipnose a ajudou. Ficou muito grata e feliz.

Como trabalho numa maternidade pública, também dou assistência a gestantes e puérperas com covid-19 e com as mais diversas patologias crônico-degenerativas, tipo diabetes gestacional tipo 1, hipertensão arterial etc. Propicio a essas mulheres a entenderem suas condições e trabalharem a própria mente a seu favor, permitindo assim a melhora do quadro que se encontram no momento.

Uma gestante em especial, bem no início da pandemia, me marcou, pois ficou dias na UTI e então foi para o setor de Isolamento em enfermaria para terminar a antibioticoterapia, ainda em uso de cateter nasal de oxigênio, saturando 96%, onde o normal é 100% em ar ambiente. A médica passou em visita para dizer que ela precisava ir desmamando do oxigênio para em três dias ter alta para casa, pois, dependendo do oxigênio, isso não seria possível.

Portanto, ela precisava deixar de usar o cateter, mas ela entrava em desespero. Se ficasse menos de um minuto sem o oxigênio, tinha um rebaixamento da saturação para 93%, que é consideravelmente preocupante, devido às possíveis sequelas.

Então, em minha visita matinal, durante o exame de cardiotocografia fetal que é para ver a vitalidade fetal, que é quando ouvimos e gravamos por vinte minutos os batimentos cardíacos do feto, vi o momento ideal para conversar com ela, uma vez que já estava totalmente paramentada e só sairia após o exame terminar. Indaguei como estava e se queria minha ajuda. Expliquei como, com hipnose, é claro, criando um *rapport* forte por realmente me preocupar com seu caso. Desse modo, a induzi a ouvir os batimentos do filho garantindo que estava tudo bem, que apesar de ter tido essa doença terrível, era uma vitoriosa, pois estava em franca recuperação, superou a covid-19, quando muitos não tiveram a mesma sorte. E devido a isso, saiu da UTI viva e com seu bebê bem dentro da barriga e, ao fundo, o som do coraçãozinho. Assim, eu fui aprofundando o transe e a fiz imaginar seus pulmões finalmente se expandindo como era antes, a cada hora, mais e mais, não sendo necessário mais tanto oxigênio, pois eles estavam novamente captando todo o oxigênio contido no ar ambiente sozinho e na sequência a fiz ver o dia da tão sonhada alta hospitalar. Depois de dias de confinamento, finalmente poderia ver seus familiares e, principalmente, estava viva, sentindo-se superbem e com o bebê muito ativo no útero.

Após o exame, deixei-a em profundo relaxamento, pois a tensão hospitalar é também bem cansativa. Em três horas, ela chamou a técnica para medir sua saturação, pois estava decidida a retirar o cateter. E pasmem, ela não só estava com 98% de saturação em ar ambiente como estava mais tranquila. Levantou-se e andou sem sentir-se ofegante pela primeira vez depois de dias. E assim ficou a noite toda mantendo essa saturação. No dia seguinte, me agradeceu pelo que fiz por ela. Nesse momento, eu disse que foi ela que fez por si mesma e por seu bebê, eu apenas mostrei o caminho. Se ela aceitou segui-lo, a escolha foi dela. Em três dias, ela saiu de alta toda feliz, por ter tomado a liderança de sua vida nas próprias mãos.

Em outra situação, conheci uma jovem mulher que esteve boa parte da gestação internada na maternidade para controlar a diabetes tipo 1 descompensada, que é aquela que o indivíduo nasce com ela, bem diferente da diabetes gestacional, que surge com a gestação e vai embora com ela dias após o parto.

Essa mulher jovem já fazia uso de insulinoterapia análoga normalmente, entretanto, ela era um desafio para a equipe, pois fazia hipoglicemia minutos depois de ter feito uma hiperglicemia e ter sido corrigida com insulina regular. Dessa forma, tinha que corrigir novamente com glicose ou um alimento, que voltava a subir demais a glicemia e vice-versa.

Isso ocorreu por meses, e teve seu bebê com trinta e duas semanas de parto cesáreo, devido esses descontroles glicêmicos colocarem a vida dela e do feto em perigo. E foi assim que ambos foram parar na UTI. Após alguns dias na UTI, essa mãe foi para a enfermaria de alta, quando eu a conheci. E uma vez lá, numa visita matinal, a percebi nervosa, irritada, ansiosa e chorosa. Falava que se sentia uma bomba-relógio, que nunca iria sair de alta, pois sua glicemia não estabilizava nunca, que iria morar lá. E para piorar, ela tinha desenvolvido uma mastite puerperal, pois, como estava na UTI, não amamentou seu bebê que também foi privado do seio materno por ser prematuro e pelas condições maternas.

Compadeci-me com sua história e fiz a ela aquela pergunta, se ela queria minha ajuda. Ela disse que sim, então eu fiz uma sessão de hipnoterapia, visando o controle da glicemia e recuperação da mastite, visualizando o dia da alta.

E foi assim que, a partir desse dia, ela manteve a calma e o controle glicêmico apenas usando sua insulina análoga de praxe, não precisando mais da correção glicêmica com esquema insulínico. Os médicos até desacreditaram que, de repente, ela não teve mais descontrole glicêmico, chegaram a perguntar qual era seu segredo. Ela disse "agora eu lidero minha vida".

Esse último caso foi apresentado no III CongrePICS por conta do sucesso da Hipnoterapia aplicada no SUS.

40

TRAJETÓRIAS DE UMA VIDA EMPREENDEDORA
HISTÓRIAS DE DUAS NUTRICIONISTAS QUE NÃO SE CONTENTAM COM O COMUM

Ser líder e empreendedora não é uma tarefa simples e passa por muitas fases, ainda mais quando se tem uma formação na área da saúde, sendo jovem e mulher. Aqui contamos etapas marcantes do nosso crescimento, como a garantia da qualidade dos alimentos oferecidos durante a Copa do Mundo em 2014, e como desenvolvemos três negócios distintos, mesmo diante de uma pandemia.

THÁGRID ROCHA DE OLIVEIRA E
PAULA MOREIRA RODRIGUES DA COSTA

Thágrid Rocha de Oliveira

Nutricionista formada pela Universidade Católica de Brasília em 2004; pós-graduada em Terapia Nutricional Enteral e Parenteral; especialista em Vigilância Sanitária e Qualidade dos Alimentos. Sócia-proprietária da Vida de Consultoria; sócia-proprietária da Qualifica Alimentos; sócia-proprietária do Selo Alimento Seguro; palestrante e mentora.

Contatos
contato@qualificaalimentos.com
61 3036 9604

Paula Moreira Rodrigues da Costa

Nutricionista formada pela Universidade de Brasília (UnB) em 2010; pós-graduada em Vigilância Sanitária e Qualidade dos Alimentos; especialista em Gestão Ambiental pela Universidade Federal do Paraná – UFPR. Sócia-proprietária da Vida de Consultoria; sócia-proprietária da Qualifica Alimentos; sócia-proprietária do Selo Alimento Seguro; palestrante e mentora.

Contatos
contato@qualificaalimentos.com
61 3036 9604

Quando paramos para pensar na nossa trajetória como empreendedoras, nos vêm à cabeça muitas fases antes de atingirmos o tal do "sucesso". Uso aspas, pois sucesso é muito relativo e acredito que empreendedoras nunca deixam de buscar a evolução de seus negócios. Não existia melhor momento para escrever este capítulo senão agora, quando completamos dez anos de empresa e involuntariamente passa um filme na nossa cabeça com todos os desafios, vitórias e aprendizados. A Qualifica Alimentos surgiu da união de duas meninas querendo fazer a diferença nos negócios de alimentação. Surgiu da observação de empresários cansados de um serviço mais ou menos, sem envolvimento, e nosso maior objetivo sempre foi trazer transformação e resultado. Nossa formação é técnica, somos da área de saúde e, como nutricionistas, não aprendemos a empreender, ter metas e lucro. Nosso início foi na base da tentativa e erro.

Apesar de todas as dificuldades, podemos dizer que somos abençoadas, não só porque nos conhecemos na frente de uma igreja, mas por todas as pessoas que deixaram marcas na nossa história e acreditaram nas duas meninas quando muita gente não acreditava. Nesse contexto, temos um *case* interessante que vale a pena ser contado: uma renomada rede de hotéis contratou uma famosa chef da cidade para prestar consultoria e quis nos apresentá-la, já que o trabalho que ela desenvolveria teria interferência no nosso. Quando ela nos viu, disparou a seguinte pergunta: "São essas duas meninas que cuidam do seu controle de qualidade? Vocês possuem experiência?" Lógico que isso, de cara, nos assustou, mas como posicionamento é tudo, conseguimos mostrar que, apesar da média das nossas idades ser 27 anos naquele momento, sabíamos o que estávamos fazendo, e também tínhamos a confiança do cliente. O resultado foi que a contratação da chef não deu certo e continuamos assessorando a rede por longos anos.

Essa questão da idade e o fato de ser mulher já foram motivos de questionamentos em alguns momentos, mas nunca uma barreira. Sempre soubemos da nossa capacidade e da nossa missão. Diria até que esse foi um diferencial para o nosso crescimento contínuo ao longo da nossa vida profissional. Sempre enxergamos o nosso trabalho como sendo muito impactante para a sociedade, não só porque ajudamos os empresários a terem melhores resultados, a entender seus custos e precificar seus produtos, a viabilizar a venda de um produto por meio da elaboração de uma rotulagem, mas, principalmente, porque nosso trabalho está intimamente ligado à produção de um alimento seguro para a sociedade, para quem come fora de casa ou em casa por meio de *delivery*. E isso tem um impacto direto na saúde púbica. Afinal de contas, a Organização Mundial de Saúde (OMS) considera as doenças transmitidas por alimentos (DTA) uma grande preocupação de saúde pública global e estima que, a cada ano, causem o adoecimento de uma a cada dez pessoas. Além disso, DTAs podem ser fatais, especialmente em crianças menores de cinco anos, causando 420 mil mortes por ano no mundo.

Por acreditar tanto no que fazemos e na força do que entregamos, nosso propósito sempre foi claro: contribuir para a saúde das pessoas por meio da produção de alimentos seguros. O nosso papel junto aos clientes não é prestar um serviço, e sim ensiná-lo a respeitar o cliente. E diante desse cenário de clareza, a empresa foi crescendo naturalmente, assim como novos serviços surgindo. Em 2013, tivemos uma grande surpresa quando a empresa contratada pela FIFA para fazer o *catering* do evento da Copa do Mundo no Brasil pediu uma proposta para assessorarmos a qualidade de todos os alimentos oferecidos nos camarotes, áreas VIP e VVIP do Estádio Mané Garrincha, durante os jogos ocorridos em Brasília. E foi assim que, em 2014, cuidamos da comida de figuras como Dilma Rousseff, Presidente do Brasil na época, e o príncipe britânico Harry.

Antes do início de 2014, passamos por uma fase muito marcante na nossa trajetória profissional. Podemos dizer que foi nesse momento que viramos, de fato, profissionais. Conhecemos uma pessoa que também acreditou muito na gente, acreditou no nosso potencial, a nossa querida guru Zuldene, que nos convidou a escrever este capítulo. E sim, é assim que nos referimos a ela. Dizemos que existe uma Qualifica antes e outra depois da Zuzu, uma Paula e uma Thágrid também transformadas pelas interferências quanto ao posicionamento como empresárias, a visão como líderes, a forma de encarar nossa equipe, entre várias outras questões. Esse feliz encontro com a nossa guru começou como uma contratação para um trabalho de planejamento e organização da empresa e virou uma grande amizade. Gratidão enorme por tudo que fez e ainda faz por nós.

Dessa experiência de assessorar a Copa do Mundo, surgiu um novo serviço, o de realizar o controle de qualidade de eventos de grande porte. Fizemos alguns trabalhos para a presidência, e decidimos "buscar nosso espaço" nesse serviço. Conseguimos o contato dos maiores produtores de eventos aqui de Brasília e agendamos uma reunião para apresentar uma proposta de realizar o serviço de supervisão sanitária para um evento de grande destaque na cidade, sem custo, tendo em troca a divulgação da nossa marca. Dessa parceria inicial, passamos a ser contratadas para todos os eventos que essa produtora realizava, fora outras empresas de eventos que despertaram para essa necessidade. Podemos dizer que hoje assessoramos os principais eventos da cidade.

Parando para pensar, conquistar esse espaço envolveu muita coragem, ousadia e confiança no que nos propomos a fazer, características que nos acompanharam durante toda a nossa jornada. Desde a criação da Qualifica, desenvolvemos um Selo de Qualidade que deveria ser entregue àqueles clientes que se destacam em relação ao controle de qualidade, porém nunca colocamos de fato em prática. Em 2015, desenvolvemos um *check list*, e aplicamos em todos os nossos clientes, na época por volta de 100, para podermos qualificá-los e classificá-los de acordo com os critérios sanitários. Apenas três clientes alcançaram a pontuação para receber o Selo. Fizemos um selo físico e entregamos ao cliente, tiramos foto e, para nossa surpresa, eles ficaram muito orgulhosos com a conquista. Foi desse cenário que surgiu um grande projeto, o Selo de Qualidade Qualifica. Em 2016, tivemos uma grande sacada e a segunda edição foi realizada com um evento de premiação, todo custeado por nós. Quinze clientes foram premiados e foi um sucesso! Fizemos um coquetel, os clientes subiram ao palco, tivemos fotógrafo, assessoria de imprensa e visibilidade. A partir daí, nosso Selo cresceu e, nos anos seguintes, passou a ser patrocinado, tendo, em 2019, cinquenta e três clientes premiados.

Infelizmente (em partes), a pandemia interferiu no nosso planejamento de mais um ano de evento ainda maior, e com ainda mais visibilidade na cidade. Porém, quando eu digo "em partes", é por enxergarmos os problemas como oportunidades e vermos que a população ficou mais exigente quanto à qualidade dos alimentos, à fiscalização mais intensa e o empresário mais consciente da importância do seu papel. Assim, decidimos antecipar nossos planos de expandir o Selo de Qualidade Qualifica para uma certificação nacional, surgindo, então, em 2020, o Selo Alimento Seguro.

Empreendedor é assim, nunca para de inovar, é um incômodo constante com o atual, é uma vontade persistente de ir além. Com esse pensamento, lógico que pensamos em expandir para fora de Brasília. Recebíamos convites para abrir filial, abrir franquia em outras cidades... e passamos a cogitar essa possibilidade. Em 2015, atendemos clientes no Rio; em 2016, tentamos uma expansão para Recife; e em 2017, ensaiamos ir para Goiânia. Mas a verdade é que não é fácil começar do zero de novo, quando já temos tudo encaminhado em outra cidade. Fortalecer nossa marca, conhecer pessoas, entender como as fiscalizações funcionam, estudar o mercado é bastante trabalhoso, ainda mais indo e vindo de outra cidade. Conclusão dessas experiências? Percebemos que queríamos qualidade de vida, e que se fôssemos atuar em outras cidades, isso demandaria muito de nossa energia.

Desistimos da expansão. As pessoas não gostam dessa palavra: desistir. Mas até desistir envolve muita coragem. Tínhamos gastado muita energia tentando expandir, e desistir não foi fácil. Mas não podemos dizer que essas experiências foram em vão. Aprendemos muito. Aprendemos como melhorar nossa forma de se vender e tivemos clareza do que realmente queríamos para nossa carreira e para nossas vidas. Passar por isso foi, principalmente, importante, pois nos permitiu dar mais um passo grande na nossa trajetória. Logo após essa decisão, percebemos que grande parte dos seguidores em nossas redes sociais nos acompanhava, pois eram profissionais que viam em nós uma inspiração e referência. E percebemos isso porque muitos nos procuravam para tirar dúvidas, pedir dicas, conselhos, estágios. Foi daí que percebemos que não existiam muitas pessoas ensinando o que fazíamos, e os cursos que existiam, a nosso ver, não passavam a realidade como ela é. Já dispúnhamos de muito do nosso tempo para ajudar essas pessoas sem esperar nada em troca, e daí surgiu a nossa nova filha.

A Vida de Consultoria foi criada em 2018, com o intuito de ensinar profissionais a atuar como consultores de alimentos. Desde então, temos nos dedicado muito a essa empresa, e já tivemos milhares de alunos de muitas profissões: médicos veterinários, nutricionistas, engenheiros de alimentos, tecnólogos em alimentos, entre outros. Vimos nessa empresa um propósito grande de contribuir com a vida profissional das pessoas e ver o impacto que trazemos para a vida dos nossos alunos é muito gratificante. Contudo, começar algo novo nos trouxe, mais uma vez, aquele incômodo que chamamos de "sair da zona de conforto". Não foi fácil começar a dar aula, a gravar vídeos, a se expor na telinha das redes sociais, do YouTube, dar a cara a tapa, tirar dúvida sobre os mais diversos assuntos. Esse novo projeto exigiu muitas renúncias, coragem da exposição, força, determinação, confiança em nós mesmas. Acredito que essas foram as principais competências envolvidas nessa transição de se afastar do nosso negócio principal e focar em outro novo e incerto.

Com essa transição, começou outro capítulo de dificuldades: conciliar todos os negócios: Qualifica Alimentos, Selo Alimento Seguro e Vida de Consultoria. Percebemos que, com a alta demanda de trabalho, por mais que tivéssemos uma equipe incrível na Qualifica, precisávamos de mais ajuda. Não de mais um apoio técnico, mas de mais mentes pensando no negócio. Foi nesse contexto que estruturamos a entrada das nossas atuais sócias na Qualifica Alimentos. Sempre buscamos valorizar nossa equipe, especialmente quem acreditava na gente e arregaçava a manga para as demandas da empresa, como é o caso da Carol e da Ju. Elas entraram na Qualifica um pouco antes da empresa completar dois anos de vida, e esperamos que fiquem para sempre. Em 2019, concretizamos um plano que já vínhamos estruturando. Cedemos cotas da empresa para elas e, assim, essas profissionais brilhantes se tornaram nossas sócias. Cedemos essas cotas porque elas merecem, elas não tinham que pagar para entrar, elas pagaram com toda a dedicação ao longo dos anos. Isso se chama gratidão. Não é possível mensurar a importância da nossa parceria com elas. A Carol se parece muito comigo, Paula. E a Ju se parece muito com a Thágrid. Assim, formamos um quarteto perfeito.

Tivemos que fazer uma preparação para essa nova estrutura de sociedade e esse processo não foi tão simples como imaginávamos. Hoje, com um pouco mais de um ano nesse novo formato, podemos dizer que estamos no caminho certo. Em vista do pouco tempo dessa mudança, associada à pandemia que chegou no início do processo, nos saímos muito bem, e temos muito orgulho das nossas sócias. Nem tudo são flores e as coisas saíram um pouco do controle em um determinado momento, já que o combo "nova dinâmica societária + pandemia + licença-maternidade" não estava no *script*. Com o início da pandemia, todos os negócios de alguma forma foram impactados, porém o ramo de alimentação está em sétimo lugar como segmento mais afetado segundo o Ministério da Economia e isso teve total impacto no nosso negócio. Nossos clientes suspenderam contratos e, por alguns meses, ficamos com 30% dos contratos, nos obrigando a tomar decisões muito difíceis, como a de reduzir nossa equipe. Porém, usamos isso a nosso favor e aproveitamos para realinhar, do zero, diversos procedimentos. Lógico que fazer isso deu muito trabalho.

O dia em que minha filha escolheu nascer foi cabalístico: Dia do fechamento do comércio em Brasília pela primeira vez. O combo estava completo, e isso impactou nosso planejamento. A Thágrid ficou bastante sobrecarregada, nossas novas sócias aprenderam muita coisa "na marra", inovamos e sobrevivemos. Como estávamos diante de um momento de inseguranças, dúvidas e empatia, decidimos reunir nossos clientes para alinhar procedimentos, tirar dúvidas, chamamos profissionais externos para auxiliar ao máximo os questionamentos desses empresários. Chamamos também clientes que estavam se saindo bem com estratégias inovadoras para inspirar e gerar um ambiente de ajuda mútua. Assim, surgiu nosso conselho estratégico, que existe até hoje. E é um grande diferencial que os clientes levam em conta na hora de optar pela contratação dos nossos serviços.

Quando você é empresária, o campo "maternidade" sempre vem associado a certo receio. Receio de como se afastar pelo período no qual o bebê mais precisa de você, de não ser a mãe presente que gostaria em virtude das demandas do negócio, de ficar sem salário nesses meses de ausência, dos seus clientes a substituírem nesse período em que seu foco está dividido. Por ser uma empresa 100% feminina, com muito orgulho, precisamos aprender a lidar com isso. Ainda estamos aprendendo. Reconhecer a força feminina e organizar a eventual ausência de parte da equipe passou a ser uma meta e um desafio. Justamente por sermos mulheres, temos muita força e garra para fazer a diferença e mostrar para que viemos. E um dos pontos que nos diferenciamos é no relacionamento com o cliente. Temos certeza de que muitos clientes permanecem conosco, ano após ano, em função do nosso atendimento, que sempre foi nossa prioridade. Entendemos que o cliente é nossa joia, e por isso devemos tratá-lo com cuidado e carinho durante toda a sua trajetória na empresa. Na maioria das vezes, nossos clientes permanecem conosco em um regime de monitoramento, e acabam por contratar outros tipos de serviços e nos indicando para outros clientes. E é assim que temos crescido. Nunca precisamos investir em marketing, foi natural no "boca a boca": um cliente fala bem do nosso serviço para outro empresário, e nada melhor do que a recomendação para conquistar a confiança de potenciais clientes.

Nossa trajetória como empreendedoras teve e ainda terá muitas fases, sempre movida por desafios que nos incentivam e nos fazem querer nos destacar e crescer. O caminho não é fácil, mas a sensação de euforia a cada novo projeto não tem preço. A satisfação de colher os resultados do nosso esforço não pode ser medida. Como diz meu marido: "É lindo ver você chegar em casa às 23h depois de um dia exaustivo de trabalho conversando empolgada sobre os planos para a empresa". Enquanto essa empolgação existir, sei que estamos no caminho certo e no local em que deveríamos estar. Aprendemos com essa trajetória que o planejamento para vivermos felizes nas nossas empresas é um norte para termos clareza de onde queremos chegar, e para nos mostrar as opções de caminho para chegar lá. Esse norte é flexível e editável, de acordo com o momento. Afinal de contas, podemos ser atingidos por uma pandemia e mudar tudo, não é mesmo?

41

AUTOLIDERANÇA PARA EMPREENDER
ESTRATÉGIAS PARA VOCÊ SAIR DA CLT E VIVER A LIBERDADE DE EMPREENDER

Neste capítulo, você encontrará um pouquinho da minha trajetória profissional e as estratégias que utilizei para sair de uma carreira CLT e viver os desafios e a liberdade de empreender.

THALITA LOPES

Thalita Lopes

Psicóloga, graduada pela UNIRV (2012), com MBA em Gestão de Pessoas por Competência pelo IPOG (2014). *Coach* e *Executive Coach* certificada pela SLAC – Sociedade Latino-americana de Coaching (2018 e 2019). Analista Disc Comportamental, certificada pela *Atools International* (2018). Carreira focada há mais de 8 anos em Recursos Humanos com experiência em empresas de médio e grande porte no segmento do Agronegócio. Vivência em gerenciamento de pessoas e rotinas de RH. Atualmente, realiza atendimentos como *coach*, mapeamento de perfil para carreira, desenvolvimento e capacitação de líderes com foco em competências. Ministra palestras e treinamentos com foco em inteligência emocional e habilidades comportamentais. Coautora do livro: *Coaching no DNA*, capítulo: "Estratégias de *coaching* para o sucesso profissional".

Contatos
thalita.psirv@gmail.com
Instagram: @thallita.lopes
64 99247 8523

Sempre me perguntei por que algumas mulheres prosperam na carreira e outras não. Por que algumas constroem grandes negócios e conseguem viver uma vida com liberdade e, acima de tudo, sentem realização pessoal? Minha curiosidade me fez observar.

Desde muito nova, quando era uma menina sonhadora, e, principalmente, no momento em que iniciei no mercado de trabalho com 16 anos, admirava as mulheres executivas que usavam salto alto e exerciam cargos de liderança. Eu olhava para aquelas mulheres e pensava: "Um dia quero ser bem-sucedida como elas"; pelo menos, era assim que eu as enxergava.

Eu cresci em uma família muito simples, humilde e com pouco recurso financeiro. Sempre vi minha mãe trabalhar para ajudar no sustento de casa, cenário ainda muito comum em vários contextos familiares.

Iniciei minha carreira profissional e sempre tive claro que queria fazer faculdade de Psicologia. Mesmo sem condições financeiras. Busquei um emprego e fui atrás de bolsa de estudos para conseguir me formar.

Durante minha caminhada profissional até os dias de hoje, conheci muitas mulheres que viviam ou vivem uma vida profissional frustrada, o que faz com que muitas deixem seus sonhos de lado.

Mas, também observo o perfil da mulher que consegue sair do cenário de frustração, vencendo suas batalhas internas para construir uma carreira com significado e liberdade financeira.

Hoje, defino liberdade financeira como a possibilidade de desfrutar da vida, num cenário em que o dinheiro não seja a principal causa para a não realização dos sonhos. Claro que acredito que o dinheiro não é o principal fator para a felicidade, mas uma vida financeira saudável contribui para a conquista de bens materiais que trazem conforto.

Comecei a refletir sobre como ajudar mulheres a viverem o sonho de ter liberdade por meio do empreendedorismo. Decidi compartilhar com você algumas estratégias que utilizo na minha carreira, agora mais recente, como empreendedora.

Antes de falar sobre as estratégias, quero falar sobre a minha história. Sou formada há pouco mais de oito anos e meio e, desde adolescente, trabalhava como CLT (Consolidação das Leis do Trabalho). Sempre tive o sonho de ter o meu próprio negócio, mas não sabia por onde começar.

Como aprendi que segurança é algo muito importante, não tinha coragem de me arriscar em nada que não houvesse um carimbo e uma assinatura na minha carteira de trabalho.

Qualificar-me tecnicamente foi o primeiro passo que segui, busquei ter uma boa rede de *network* e mentores para me ensinar, mas percebi que faltava algo muito importante: autoconhecimento. Foi quando virei a chave e foquei nesse processo.

No ano de 2020, em meio ao caos da pandemia, decidi sair da casa da minha mãe e morar sozinha. Foi nesse período em que também vivi a maior crise de ansiedade desencadeada pela minha carreira profissional. Atuava como gestora de RH e não estava conseguindo implantar os projetos que acreditava serem necessários para o desenvolvimento de líderes e equipes devido a cultura da empresa ser focada em processos e não em pessoas. Por isso, busquei o processo de *coaching* para começar a traçar meu plano de voo, pois me sentia uma peça fora do quebra-cabeças naquele local.

Após meu desligamento, como já tinha clareza das minhas habilidades, foquei nos atendimentos como *Coach* que eu já realizava em paralelo ao meu trabalho CLT e entrei em contato com pessoas conhecidas para informar meu novo formato de trabalho, agora como Consultora.

Nesse novo processo, naturalmente, os clientes foram surgindo e muitos vindos por indicação de pessoas que me conhecem ou conheciam o meu trabalho. Confesso que até tentei voltar para o mundo CLT, fiz várias entrevistas, passei em algumas, dentre elas, aceitei uma oportunidade em um frigorífico em uma cidade próxima, onde eu passava a semana toda e no final de semana voltava para casa. Foi uma tentativa frustrada, que estava completamente desalinhada com os meus valores pessoais, mas que precisei vivenciar para ter ainda mais certeza que não era mais aquele caminho que queria seguir. Então pedi meu desligamento.

Hoje, eu enxergo que posso ajudar muito mais pessoas sendo a dona do meu próprio negócio, o que me faz faturar bem mais. Em menos de um ano, me livrei de uma crise forte de ansiedade sem a necessidade de medicação e encontrei meu propósito de vida, que é desenvolver pessoas em busca dos seus sonhos.

Compartilho as principais estratégias que utilizei e ainda utilizo que podem servir como um direcionamento e ponto de partida para você que quer empreender.

Autoconhecimento: identifique suas crenças

Por onde começar? Pela jornada mais desafiadora, complexa e prazerosa que eu conheço: o autoconhecimento.

Defino como desafiadora porque você precisa se desafiar a olhar pra dentro, saindo do botão automático de buscar respostas externas. Acredite ou não, mas tudo que você procura está dentro, assim como diz a filosofia da cultura oriental que tudo que buscamos está no nosso interior. Meu coração sempre me dizia que era pra continuar no caminho de empreender, mas minha insegurança me fez duvidar, me fazendo voltar para a CLT e só depois ter a certeza de que não era mais o que eu queria.

Complexa porque não é uma tarefa fácil interpretar o que se passa por dentro. Gera muitas dúvidas e nos faz questionar se estamos no caminho certo, assim como aconteceu comigo.

Prazerosa, pois quanto mais você se encontra, mais é possível mudar e se tornar sua melhor versão.

Nós crescemos influenciados pelo nosso meio, nossas experiências nos geram crenças que influenciam a maneira como enxergamos a vida, e são essas crenças que irão direcionar o nosso comportamento.

As crenças são verdades que criamos em nossa mente a partir das experiências que vivemos. Elas podem ser ensinadas ou adquiridas na nossa história.

Entendendo qual é o seu padrão de comportamento diante das situações que acontecem na sua vida, é possível identificar algumas crenças. Observe como você reage às coisas que te acontecem. O que você pensa? O que você sente? E como você age?

Existem crenças que limitam e crenças que fortalecem.

Se você internalizar a partir das suas experiências que precisa de um trabalho que lhe dê segurança, dificilmente você irá conseguir se desapegar do modelo CLT para empreender.

Digo dificilmente porque são as crenças que direcionam nosso comportamento e elas estão guardadas no nosso subconsciente, onde buscam situações que comprovem que elas são verdadeiras.

Não existe nada de errado com quem queira seguir uma carreira CLT, mas se você tem o desejo de ter liberdade, aumentar seus ganhos financeiros e viver do seu próprio negócio, pensar dessa maneira só alimenta a crença limitante que te impede de ir atrás do seu sonho.

A crença fortalecedora, como o próprio nome diz, fortalece pensamentos positivos que te levam à ação. Poderia, por exemplo, substituir "eu preciso de segurança no trabalho" por "eu consigo me adaptar a cenários inseguros". Dessa forma, você está dizendo para si mesma que cenários inseguros podem acontecer na sua vida, mas que buscará estratégias para superá-los.

Identificar e ressignificar uma crença não é um processo simples e muito menos fácil. Porém, é possível, se você recorrer à autorreflexão e observação das suas reações diante das coisas que acontecem na sua vida. Para encurtar esse processo, você pode procurar apoio de um profissional da psicoterapia, um processo de *coaching* ou treinamento de desenvolvimento pessoal.

Outro ponto do autoconhecimento que vai te apoiar no caminho do empreendedorismo é conhecer suas habilidades. Para isso, se pergunte: "O que sou boa pra fazer?" "O que eu percebo que faço muito bem?" "O que eu faço que as pessoas sempre elogiam?"

Identifique suas qualidades, se reconheça nelas e busque se aperfeiçoar constantemente.

Autoconfiança para seguir em frente

Tomar a decisão de empreender não é uma tarefa fácil para a maioria das pessoas, mas quando ela é pautada em uma preparação interna e externa, o caminho pode ser mais assertivo.

O caminho interno consiste em ter clareza do que busca para sua vida, reconhecendo suas habilidades, pontos de desenvolvimento e entendendo seu propósito. Descobrir o seu propósito requer muita observação, talvez não seja algo que descubra tão rápido. O propósito é uma causa, algo que você agrega valor para o mundo.

O caminho externo é analisar o cenário e traçar estratégias através de um bom plano de ação para alcançar os resultados almejados.

O que você gosta de fazer? Como aplicar suas habilidades em um negócio para empreender?

Quanto mais você se conhece, mais possibilita aumentar sua autoconfiança. A autoconfiança está ligada à forma com que você reconhece suas habilidades e se sente segura para tomar decisões, se arriscar e se posicionar. Para decidir empreender é muito importante que seu tanque de autoconfiança esteja abastecido. Autoconfiança também te faz enxergar soluções para enfrentar obstáculos nos cenários em que as coisas não vão bem.

Analise o mercado no segmento em que deseja empreender, avalie quais são os possíveis desafios e concorrentes, e observe o que você pode entregar como diferencial. Esse ponto te ajudará a se destacar do meio.

Autoliderança: faça sua gestão

Para assumir o protagonismo da sua carreira de empreendedora é muito importante que você desenvolva a habilidade de autoliderança. Ela vem como resultado de um bom processo de autoconhecimento. Consiste em conhecer suas habilidades e agir com persistência, disciplina, responsabilidade e motivação diante dos obstáculos, cumprindo um bom planejamento.

Nesse processo, é muito importante que você acredite no seu potencial, reconheça suas habilidades e tenha clareza dos seus pontos de limitação.

Busque parceiros para te apoiar, mentores e se prepare tecnicamente. Se espelhe em pessoas que já conseguiram conquistar a tão sonhada liberdade vinda do empreendedorismo. Se organize financeiramente para esse momento.

Uma dica: se possível, inicie o seu negócio de forma paralela ao seu trabalho CLT. Isto porque o início exigirá mais esforço e dedicação, porém te ajudará a ter mais segurança e fará com que você perceba se aquele cenário faz sentido pra você.

Outro elemento fundamental para essa virada de chave dar certo é ter paixão pelo que você faz. Tudo que envolve paixão traz brilho nos olhos e sentimento de satisfação. Se você colocar o dinheiro como prioridade, esquecendo desse ponto tão importante, pode acabar se frustrando. O dinheiro vem como consequência de um trabalho que agrega valor para alguém.

Considero-me uma mulher jovem e fora dos padrões, pois geralmente as pessoas escolhem o caminho do empreendedorismo depois de pelo menos 20 anos de carreira em um cenário CLT. Bom, se eu ficasse apegada a essa estatística, provavelmente ainda estaria vivendo a minha crise de ansiedade.

Hoje enxergo que cada fase da minha carreira foi importante para me trazer até aqui e não descarto a possibilidade de voltar para o mundo CLT, caso faça sentido e esteja de acordo com os meus valores.

Espero ter contribuído de alguma maneira, compartilhando um pouco da minha trajetória profissional e as estratégias que funcionaram pra mim.

Desejo a você sucesso e coragem para viver o seu sonho de empreender.

42

COMPETÊNCIAS DE LIDERANÇA QUE PODEM LEVAR VOCÊ AO TOPO

Alguém vai chegar ao topo! Por que não você?
Neste capítulo, a partir da minha história profissional, você vai conhecer algumas competências que foram determinantes na minha jornada e saber como desenvolvê-las!

VIRGÍNIA LIMA RIBEIRO

Virgínia Lima Ribeiro

Economista pela Universidade de Brasília – UnB (1982), com MBA em Finanças pelo IBMEC (1998) e mestrado em Gestão Econômica de Negócios pela UnB (2005). Formação em *Coaching* e *Practitioner* em PNL pelo ICL – Instituto de Coaching e Linguística - Portugal (2016). Executiva do setor bancário, com atuação internacional, *coach* executiva e mentora de líderes. Desenvolve trabalho voluntário como uma das líderes do Comitê de Empreendedorismo do Núcleo Lisboa, do Grupo Mulheres do Brasil.

Contatos
virginialribeiro@gmail.com
Instagram: @virginiarib
Facebook: Virginia Ribeiro

Nada de esplêndido jamais foi realizado a não ser por aqueles que ousaram acreditar que algo dentro deles era superior às circunstâncias.
Bruce Barton

Em maio de 2012, faltando um mês para completar 54 anos, desembarquei em Lisboa para assumir o cargo de administradora do Banco do Brasil em Portugal. Na época, o Banco tinha em torno de 120 mil funcionários e apenas um pouco mais de 70 deles ocupavam cargos da empresa no exterior. Quando fui nomeada, eu era a única mulher do banco ocupando um cargo fora do país. Não fui a primeira mulher a alcançar essa posição. Algumas poucas, bem poucas, já tinham sido administradoras no exterior. Mas naquela ocasião eu era a única mulher. Só isso já justificaria escrever um capítulo deste livro. Por que apenas uma mulher em meio a tantos homens?

Vejo com grande satisfação algumas iniciativas para aumentar o número de mulheres em cargos de liderança no mundo corporativo. A partir do movimento que as próprias mulheres vêm fazendo, alguns passos têm sido dados.

Organizações como o Grupo Mulheres do Brasil, um grupo de voluntariado do qual tenho a alegria de participar, têm se empenhado no sentido de acelerar o processo de redução dessa desigualdade.

Vim para Portugal com o meu marido, que na época já havia se aposentado, e as nossas duas filhas, então adolescentes.

Sempre tive em mente que para aceitar qualquer cargo na empresa teria que ser possível conciliar o desempenho da função com a condição de ser uma mãe presente e participar ativamente da educação das filhas. Considero que atuar como executiva em uma grande empresa é fator de empoderamento feminino, com tudo que isso significa: independência financeira, realização pessoal e exemplo para outras mulheres. Mas também sempre tive o sentimento de que nada poderia ser mais engrandecedor para mim do que estar presente na criação das filhas.

O caminho até a igualdade de gênero no mundo corporativo é longo, árduo e muito necessário. Mas não é sobre igualdade de gênero que vou falar neste capítulo. Vou falar sobre competências de liderança que a meu ver podem fazer grande diferença na carreira profissional. Vou destacar competências que desenvolvi e que foram determinantes no meu trajeto.

Ocupar cargo de administrador no exterior na empresa em que trabalhei é desejo de muitos. Demorei a acreditar que tinha alcançado essa posição, ainda mais sendo mulher e já estando com quase 54 anos.

Eu podia ter me aposentado aos 50 anos, mas me sentia produtiva, cheia de energia e ainda com muitos sonhos profissionais a realizar.

Demorei a refletir sobre o que tinha me levado a chegar lá. Quando parei e analisei todo o meu trajeto, tive clareza de muitas coisas importantes que fiz, ainda que inconscientemente, e que fizeram com que me destacasse. Também refleti sobre coisas que não fiz e que, caso tivesse feito, poderiam ter facilitado muito o meu caminho.

Nem tudo depende de nós, mas me guio pelo princípio de que focar naquilo que não controlamos é puro desperdício de energia. O alto desempenho acontece quando alocamos esforços naquilo que está sob nosso controle. Por essa razão, vamos focar neste capítulo em ações que dependem de nós.

É uma alegria poder compartilhar a minha experiência e de alguma forma contribuir para ajudar outras mulheres. Vamos a isso!

Trabalhe como se você fosse o dono da empresa

A primeira competência que destaco é o "sentimento de dono". Sempre trabalhei como se a empresa fosse minha. Não tinha consciência de que isso era uma competência tão importante e tão valorizada pelas empresas. Tampouco sabia que não é uma competência que todos têm. Parece óbvio, e deveria estar presente em todos os profissionais, mas nem todo mundo trabalha com a consciência de tomar decisões e agir como se a empresa fosse sua.

O "sentimento de dono" é uma mentalidade, é uma forma de atuar em que o profissional faz escolhas e toma decisões que são compatíveis com os objetivos da empresa.

E como fazer para criar em si o "sentimento de dono"? Procure conhecer o propósito, os valores e os objetivos da empresa e busque compreender a cultura da organização. Também procure saber a que normas a empresa está sujeita.

Pergunte-se, todos os dias, se a sua atuação está contribuindo para que a empresa atinja os objetivos. Mantenha-se alinhado com a estratégia da organização e não se distraia disso. Vale a pena experimentar! Ganha a empresa, ganha você!

Seja sua melhor versão

Quando a empresa não tem critérios claros para evolução na carreira e quando não há prática de oferecer *feedback*, as pessoas não sabem o que precisam fazer para se destacar. É comum sentirem-se perdidas e ficarem descrentes de que possam ocupar cargos mais altos e seguir carreira dentro da organização. Muitos profissionais pedem demissão e outros passam a agir sem motivação, fazendo apenas o mínimo necessário, o que acaba por fornecer razões para que de fato não cresçam na carreira.

Então, o que fazer? Certifique-se de que está explorando todo o seu potencial! Identifique os seus pontos fortes e procure aproveitá-los no desempenho das funções. Conheça os pontos de melhoria e procure formas de se desenvolver. Seja o melhor possível naquilo que você faz!

No livro *"So good they can't ignore you"* (2016), ainda sem tradução para o português, o autor, Cal Newport, diz que tendemos a nos apaixonar por aquilo que fazemos bem. Ao contrário do que costumamos ouvir, uma carreira de sucesso não é construída com base na ideia de buscar fazer o que ama, mas sim na ideia de que quando você se tornar realmente bom no seu trabalho você aprenderá a amar o que faz. A paixão pelo trabalho vem com a maestria no desempenho, defende o autor.

A ideia é que, em vez de ficar consumindo energia para encontrar um trabalho que você imagina que vai amar fazer, dedicar-se para desenvolver habilidades no que faz é que vai lhe dar controle e autonomia na carreira. Não se trata de abdicar da paixão, mas sim de cultivá-la. Esse é o ponto!

Na minha carreira, nem sempre pude escolher aquilo que mais gostava de fazer. Mas claramente fui aumentando o gosto pelas atividades que desenvolvia, à medida que me dedicava a fazer o melhor. E à medida que me aperfeiçoava, ficava mais fácil enxergar e aproveitar oportunidades no meu caminho.

Acredito muito que tornar-se a melhor versão se si mesmo é uma ótima forma de atingir objetivos! Se ainda não utiliza essa estratégia, sugiro implementá-la e experimentar os resultados!

E como incorporar isso na rotina? Eleja a aprendizagem contínua como o seu fator de motivação preferido.

Por vezes, na minha carreira, me deparei com oportunidades de poder optar entre diferentes projetos. Meu critério de escolha sempre foi o nível de aprendizagem que o trabalho me proporcionaria. O crescimento pessoal tende a ser caminho sem volta. Quanto mais aprendemos, mais queremos aprender!

Quem pode ajudar você? Uma pergunta poderosa!

Sabemos que o ser humano se destacou diante dos outros animais por ser racional, pela capacidade de pensar e de usar a inteligência. Mas é possível observar que não foi a inteligência individual que levou o ser humano tão longe. Foi a inteligência colaborativa. Nenhum ser humano sozinho, por mais inteligente que fosse, conseguiria atingir os resultados que foram alcançados para a espécie.

No mundo corporativo, vários são os exemplos de pessoas que fazem sucesso e que destacam as ajudas importantes que fizeram diferença na carreira. Mas muitas vezes em nossas jornadas nos esquecermos de pedir ajuda.

Na minha vida profissional, deparei-me com pessoas com as quais aprendi muito e que me deram oportunidades de crescimento. Mas hoje percebo que poderia ter buscado mais ajuda. Isso teria me feito ganhar tempo e cortar caminhos. Desperdicei muita energia buscando sozinha os melhores caminhos. E, por essa razão, considero que a capacidade para buscar ajuda é uma competência que pode fazer grande diferença na carreira.

Tomar consciência de que precisa de ajuda é o primeiro passo! Para isso, é preciso refletir e identificar as ajudas que são necessárias. De que forma, em meio a tantos afazeres? "Marque uma reunião com você mesmo"! Registre na agenda! Quando você se habituar a ter um tempo para você, a sua produtividade vai começar a mudar. Essa é uma sugestão do Christian Barbosa, considerado por muitos o maior especialista em produtividade no Brasil.

Nas reuniões com você mesmo, faça-se esta pergunta: "O que pode me impedir de atingir meu objetivo?" Ao se fazer essa pergunta, você vai descobrir todos os recursos de que precisa. A resposta para essa questão é a lista de recursos de que vai necessitar por exemplo, competências específicas e informações.

Uma vez consciente dos recursos necessários para atingir as suas metas, pergunte-se: "Quem pode me ajudar a obter esses recursos?" Pode ser o seu chefe, um colega, um parente, um mentor ou um *coach*, por exemplo. Treinamentos e bons livros também funcionam como verdadeiros mentores!

Sugiro então que você não perca tempo: identifique as necessidades e busque ajuda!

Seja produtivo, entregue resultados

Sabemos que ser produtivo é uma condição necessária para atingir o sucesso, mas produtividade não é um conceito facilmente compreendido. Afinal, o que é ser produtivo?

O *coach* Gerônimo Theml, no livro *Produtividade para quem quer tempo*, diz que ser produtivo é fazer coisas que nos levam a atingir os nossos objetivos. Compreender esse conceito pode ser transformador!

É comum achar que estamos sendo produtivos e na verdade estarmos apenas nos ocupando. Realizar tarefas que não estejam levando para o alcance do objetivo estabelecido é apenas se ocupar, não é produzir, é o que diz Theml na sua metodologia de produtividade.

Há muitos profissionais que se consideram produtivos porque trabalham o dia inteiro e ainda levam trabalho para casa, mas na verdade estão apenas se ocupando. Muitos se frustram quando são demitidos e não conseguem compreender a razão, já que se dedicaram tanto ao trabalho.

Mas como saber se estamos produzindo ou simplesmente nos ocupando? Antes de tudo é preciso ter clareza de onde quer chegar. É preciso definir os objetivos pessoais, conhecer os objetivos da empresa e torná-los compatíveis. Fazer esse alinhamento é fundamental.

Uma vez tendo clareza de aonde quer chegar, é preciso identificar, dentre tudo o que você faz, quais são as atividades que o estão levando para o objetivo. Quanto mais você realiza atividades que o levam a atingir os objetivos estabelecidos, mais produtivo você é.

Ocupar-se sem produzir, além de ser prejudicial para a empresa, gera muita frustração para o profissional. E infelizmente é comum ver pessoas trabalhando muito, sem que estejam de fato produzindo. E, o que é pior, não têm consciência disso. Observe-se ao longo do dia de trabalho e se pergunte: "Estou produzindo ou apenas me ocupando?"

Compreender o que é produzir de verdade vai ser um grande diferencial na sua carreira! Aposte nisso!

Conclusão

Ter clareza de aonde quer chegar e ter consciência de qual é a jornada até o sucesso é um verdadeiro tesouro! A partir disso, é preciso identificar as competências que serão necessárias para o trajeto e empenhar-se para desenvolvê-las. E, sim, competências de liderança podem ser desenvolvidas!

Assuma um compromisso consigo mesmo na busca dos sonhos, lembrando-se de alocar esforços apenas naquilo que está sob o seu controle! Isso vale para a carreira e para as demais áreas da vida.

Então, você está produzindo? Alguém vai chegar ao topo, por que não você?

Referências

NEWPORT, C. *So good they can't ignore you: why skills trump passion in the quest for work you love.* Business Plus, 2012.

THEML, G. *Produtividade para quem quer tempo.* São Paulo: Editora Gente, 2016.